KB267435

너를 기다릴 시간에
나를 사랑하기로 했다

너를 기다릴 시간에
나를 사랑하기로 했다

지은이 · **질리언 투레키**Jillian Turecki

전 세계 수천 명의 삶을 변화시킨 관계 전문가. 20년 넘게 인간관계의 복잡한 역학과 심리를 탐구하며, 삶과 관계에서 근본적인 치유와 변화를 이끌어 내는 방법을 제시해 왔다. 인기 팟캐스트 〈질리언 온 러브Jillian on Love〉를 비롯해 뉴스레터, 강의, 소셜 미디어 등 다양한 채널을 통해 '나를 잃지 않으며 건강하게 사랑하고 사랑받는 법'을 명쾌하고 공감 어린 언어로 전파하여 폭발적인 지지를 얻고 있다. 실제 상담과 강의에서 다루는 핵심 내용을 그대로 담은《너를 기다릴 시간에 나를 사랑하기로 했다》는 출간 즉시 뉴욕타임스 베스트셀러에 오르며, 많은 독자에게 "인생의 주도권을 되찾아 준 최고의 가이드"라는 찬사를 받았다.

www.jillianturecki.com | @Jillianturecki

너를 기다릴 시간에
나를 사랑하기로 했다

나를 잃지 않고도 사랑하고 사랑받는 법

◇

질리언 투레키 지음
조경실 옮김

부·키

조경실

성신여대 영문학과를 졸업하고 산업 전시와 미술 전시 기획자로 일했다. 글밥아카데미 영어출판번역 과정 수료 후 바른번역 소속 번역가로 활동하고 있다. 옮긴 책으로 《잉크와 별의 소녀》《핸디맨》《레니와 마고의 백 년》《일상이 예술이 되는 곳, 메인》《현대미술은 처음인데요》 등이 있다.

너를 기다릴 시간에 나를 사랑하기로 했다

2026년 3월 11일 초판 1쇄 발행
2026년 3월 27일 초판 2쇄 발행

지은이 질리언 투레키
옮긴이 조경실
발행인 박윤우
편집 김유진 박영서 박혜민 백은영 성한경 유소영 장미숙
마케팅 박서연 정미진 정시원 조아현 함석영
디자인 박아형 이세연
경영지원 이지영 주진호
발행처 부키(주) | 출판신고 2012년 9월 27일
주소 서울시 마포구 양화로 125 경남관광빌딩 7층
전화 02-325-0846 | 팩스 02-325-0841
이메일 webmaster@bookie.co.kr
ISBN 979-11-7578-008-8 03190

잘못된 책은 구입하신 서점에서 바꿔드립니다.

만든사람들 편집 김유진 · 디자인 박아형

사랑 앞에서 늘 나를 마지막에 두어 왔다면, 이 책은 피하고 싶었던 질문을 마주하게 한다.

'모든 건 나의 문제가 아니었을까?'

관계가 흔들릴 때마다 늘 같은 생각을 했다. 저 사람은 왜 변했을까, 왜 저렇게 행동할까. 그런데 이 책은 시선을 상대가 아닌 나에게로 되돌려 놓는다. 나와 내 친구들의 연애를 닮은 이야기들을 통해 관계 속에서 나는 어땠는지 돌아보게 한다.

지금 생각해 보면 나는 누군가를 사랑한 것이 아니라 혼자설 용기가 없었던 것인지도 모른다. 아니, 사랑이 무엇인지조차 알지 못했는지도. 어리고 미숙한 채로 관계라는 울타리가 그저 좋아서, 그 안이 곪아 가는 줄도 모르고 지내다가 끝내 상처로 마감했던 기억들이 떠오른다.

치유되지 않은 내 마음속 무언가가 계속해서 나를 불행하게 만드는 선택으로 이끌고 있는 건 아닌지, 누군가를 사랑한다는 말 속에 상대를 가둬 둔 채 내가 옳다고 믿는 방식으로만 대한 건 아닌지 성찰이 따른다.

그리고 사랑에는 수많은 노력이 필요하지만, 나를 소모하는 방식으로 사랑을 지키지는 않아도 된다는 것을 깨닫게 해 준다.

함께 있을 때 나의 진짜 모습을 드러낼 수 있고, 진정한 유대감을 느낄 수 있는 좋은 사랑. 그런 사랑을 하기 위해 나 자신부터 사랑해 보는 연습이 필요한 모든 이들에게 이 책을 건네고 싶다.

최서영 | 《어른의 품위》 저자, 유튜브 '말많은소녀' 크리에이터

차례

◆

관계를 변화시킬 힘은 나에게 있다

2014년 6월 2일, 내 삶은 산산조각 났다. 얼마 전 말기 암 진단을 받은 어머니가 3개월 시한부 인생을 살고 계셨고, 나는 세 번째 유산을 했던 그날, 남편이 나를 떠났다. 그는 내게 전화로 이별을 통보했다.

처음에 문자가 왔을 때, 나는 개를 데리고 집 앞 벤치에 앉아 있었다. 뭔가 크게 잘못됐다는 건 이미 느끼고 있었다. 아침에 아이가 유산됐다는 걸 알게 됐는데도 남편에게서 하루 종일 아무 연락이 없었으니까. 남편이 떠나려 한다는 걸 직감한 나는 내내 마음이 불안했다. 마침내 문자가 온 건 오후 5시쯤이었고, 그가 남긴 말은 "며칠간 부모님 댁에서 지낼게"가 전부였다.

너무 황당해서 전화를 걸었다. 다행히 남편이 내 전화를 피하진 않았다. 그리고 이어진 20분간의 통화는 내 인생 최악의 순간으로 기억될 만하다. 그가 했던 말을 지금도 기억한다. "우린 그냥 서로 다른 길을 가고 있을 뿐이야."

"뭐? 지금 무슨 헛소릴 하고 있는 거야? 집에 안 들어온다니? 우리 아기가 잘못돼서 나는 이렇게 피를 쏟고 있는데, 당신은 집을 나가겠다고?" 전화기를 붙잡고 길거리를 왔다 갔다 하고 있던 나는 완전히 미친 사람이 된 기분이었다(다른 사람들 눈에도 그렇게 보였을 것이다).

우리가 줄곧 힘겨운 시간을 보낸 건 사실이었다. 지난 2년 동안, 나는 그에게 내가 사랑받을 만한 사람이라는 확신을 주려고 필사적으로 애썼다. 그러면서도 마음 깊숙한 곳에서는 그가 이렇게 갑자기 떠날 수도 있다는 걸 조금은 느끼고 있었다. 한편으로는 이 괴로운 결혼 생활이 그만 끝났으면 하는 마음도 없지 않았지만, 내가 먼저 떠나는 건 상상할 수도 없었다. 그 사람 없이 산다는 게 너무나도 두려웠다.

이후 남편은 두 번 다시 집에 오지 않았고, 내 인생은 완전히 무너져 버렸다. 6월 2일은 그때까지 내가 알던 삶이 끝난 날이자, '건강하고 지속적인 관계를 맺으려면 대체 뭘 어떻게 해야 하는지' 찾아 나서는 여정을 시작한 날이다. 이후 깨닫게 된 진실은 아주 뜻밖이었다. 그건 운이나 우주의 섭리, 나이, 심지어 좋은 사람이 되는 것과도 거의 관련이 없었다. 그 대신 나 자신과 맺는 관계가 전부였다. 관계는 거울과 같아서, 내가 나와 맺는 관계가 타인과의 관계에도 그대로 투영된다. 따라서 누군가와 허물없이 가깝고, 친밀하고, 안정적이며, 의미 있는 관계를 맺으려면 스스로 책임을 져야 한다는 걸 깨달았다.

이건 자신을 비난하거나 부끄럽게 여기라는 뜻이 아니다. 나는 이 책을 읽는 독자들이 관계를 원하는 대로 변화시킬 열쇠를 자신이 쥐고 있다는 것, 자신에게 그럴 힘이 있다는 것을 알았으면 좋겠다. 불안형 애착이든, 회피형 애착이든, 어떤 다른 어려움을 품고 있더라도 마찬가지다. 당신은 '분명히' 건강한 관계를 맺을 수 있다. 망한 것도 아니고, 평생 혼자 살 거나 죽을 때까지 제대로 된 연애 한 번 못 해 볼 운명도 아니다. 자신의 과거나 애착 유형에 갇혀서는 안 된다. 이것은 변화를 만들어 내는 것에 관한 이야기이다.

자신과의 관계가
모든 관계의 바탕이다

전남편을 처음 만났을 때, 나는 내가 충분히 성숙해서 진정으로 사랑하는 사람과 좋은 동반자 관계를 맺을 준비가 됐다고 생각했다. 12년간 요가 수련을 했고, 가르친 기간도 8년이나 됐다. 그동안 몇 명의 남자를 만났고, 그중에는 관계가 너무 폭력적이어서 처참하고 힘든 적도 있었지만, 잘 정리하고 극복했다고 믿었다. 심리 치료를 받은 경험도 있었다. 아버지와의 사이에는 여전히 가시 같은 게 남아 마음을 괴롭혔지만(이 이야기는 나중에 자세히 하겠다), 그건 쉽게 사라지지 않을 문제라 여기고 그냥 적응한 채 살고 있었다. 나는 관계에 대한 나름의 청사진을 그려 놓았다. '먼저 나를 설레게 하는 사람을 만나 사귀고, 나한테 잘해 준다는 확신이 들 때 결혼하면, 우리는 서로에게 평생의 반려자가 될 거야'라는 게 내 생각이었다.

그러나 2년간 고통스러운 결혼 생활을 하며, 내가 지적이고 다정한 요가 강사이자 심리 치료 경험도 있는 사람이라는 사실은 관계를 원만하게 유지하는 데 충분조건이 되지 않는다는 걸 깨달았다. 몸과 마음에 관해 오래 연구해 왔음에도 내게는 중요한 맹점이 있었고, 그로 인해 결혼 생활이 말 그대로 엉망진창이 되어 버렸다. 이 일을 계기로 나는 전에는 결코 생각해 보지 않았던 나의 감정, 신념, 두려움, 행동, 그 모든 걸 포함하는 나 자신을 탐구하는 데 깊이 몰두하게 되었다.

내 관계의 청사진에는 현실적으로 중요한 뭔가가 빠져 있었다. 내가 나와 맺는 관계야말로 인생에서 가장 중요한 관계이며, 타인과 잘 지내려면 먼저 자신과의 관계를 돌봐야 한다는 것을 놓치고 있었다. 결혼 생활을 통해 배운 뼈 아픈 교훈은, 자기 성찰과 내면 들여다보기를 게을리하면 어떤 관계도 잘 유지할 수 없다는 사실이다. 우리는 자신과의 관계를 개선할 때, 타인과의 관계도 개선할 수 있다. 이건 누구도 쉽게 반박할 수 없는 진리다.

몸과 마음을 함께 돌보는 관계 코칭

20년이 넘는 시간 동안 나는 사람들이 자기 자신, 그리고 타인과의 관계를 치유하도록 돕는 일을 해 왔다. 관계 코치가 되는 인생의 행로는 뜻밖에도 요가 매트 위에서 시작되었다. 당시 나는 뉴욕에서 가장 유명한 요가 스튜디오 중 한 곳에서 강사로 일하고 있었다. 그룹 레슨과 개인 레슨은 물론, 커플이나 가족을 위한 수업을 진행하며 사람들의 아픈 곳을 돌봤다. 수강생 중에는 어깨가 아픈 사람도 있었고, 허리 통증이 있거나 햄스트링 부상을 입은 사람도 있었다. 더불어 정서적 아픔은 거의 누구에게나 있었기에, 그런 부분까지 어루만지려고 노력했다.

수업 시간에 나는 몸이 우리의 감정 상태를 드러내는 창일 뿐 아니라, 몸을 통해 감정을 바꿀 수 있다는 사실도 함께 가르쳤다. 특히 커플에게 요가를 가르치며 많은 걸 깨달았다. 수업을 시작하고 10여 분이 지나도록 긴장을 풀지 못하는 커플들을 자주 봤는데, 그런 사람들은 마음을 한곳에 집중하지 못하고 무척 산만하게 움직였다. 때로는 내 앞에서 다투기도 했다. 그러나 한 시간이 지나면 누구도 예외 없이 서로의 손을 잡은 채 나란히 누워 '사바사나'라고 부르는 마지막 자세를 취했고, 몸과 마음이 완전히 이완된 상태로 휴식했다. 몸과 마음이 편안해야 자신과의 관계를 비롯한 모든 관계가 좋아진다는 사실을 나는 요가를 통해 배웠다.

예전에 나도 전남편과 커플 상담을 받아 봤지만 도움이 되지 않았는데, 무너진 관계 속에서 각자가 어떤 잘못을 했는지 돌아볼 시간이 없었고, 가장 깊은 두려움과 욕구에 대해 솔직하게 터놓고 말할 기회도 없었기 때문이다. 그런 경험을 하면서, 커플들이 좋은 관계를 유지할 수 있도록 돕는 더 나은 방법을 찾아야겠다고 결심했다. 그렇게 요가를 가르치던 커뮤니티 안에서 관계 코칭을 시작했다.

요가 강사로 일하며 쌓은 깊은 지식을 바탕으로, 나는 몸과 마음이 어떻게 하나로 연결되어 있는지 알고 있다. 신체 감각은 감정에 영향을 미치고, 감정 상태는 몸에 반영된다. 또한 호흡은 신경계를 진정시키거나 활성화하는 수단이라는 사실도 안다. 누군가 숨을 참고 있다면, 전화기 너머라 해도 금세 알아차린다. 이를 악물거나 갈고 있을 때, 상대의 긴장을 읽을 수 있다. 굳은 몸은 곧 굳은 마음이고, 굳은 마음은 곧 굳은 몸을 의미한다. 몸의 긴장은 일종의 불균형을 드러내는 신호다. 긴장은 우리가 통제력을 잃거나 불안하다고 느낄 때 몸이 보이는 자연스러운 반응이기 때문이다.

그래서 코칭을 받는 사람들에게 "숨을 깊이 들이마시고, 길게 내뱉으세요"라는 말을 자주 한다. 때로는 "지금 잠깐 자리에서 일어나 밖에 나가서 물 한 잔 드세요. 긴장부터 풀어 볼게요"라고 제안할 때도 있다. 그런 사소한 동작으로 몸의 상태를 바꿔 주면, 감정 상태도 달라진다. 혹은 분위기가 밝아지도록 가벼운 농담을 던지기도 하는데, 긴장을 해소하는 데는 웃음만 한 게 없어서다. 그러고 나면 사람들은 자신이 처한 상황을 전혀 다른 시각으로 바라보게 된다.

이렇게 특정한 움직임이나 호흡법을 활용해 사람들이 자신을 더 강하다고 느끼고, 명료하게 사고하며, 정서적 균형을 되찾을 수 있도록 돕는 능력은 나를 더 특별한 관계 코치로 만들어 주었다.

나는 스승과 제자의 관계가 무척 신성하다고 생각하며, 그런 점에서 스스로 복이 많은 사람이라고 여긴다. 훌륭한 요가 스승들을 만났고, 내 삶을 바꾸도록 돕고 지금까지도 더 심도 있는 코칭과 교육을 할 수 있도록 이끌어 주는 멘토들과 인연을 맺었다. 준비된 사람 앞에 스승도 나타난다고 한다. 당신이 이 책을 읽고 있다면, 내가 당신의 멘토가 될 기회를 얻은 셈이니 큰 행

운이자 영광이다. 당신이 성숙한 관계를 맺고 인생을 변화시킬
수 있게 힘껏 이끌어 보려 한다.

사랑에 관해 당신이 알아야 할
아홉 가지 진실

나는 모든 사람이 인생의 어느 지점에서는 자기 자신을 돌
아보고 성장시키는 탐구를 해야 한다고 믿는다. 그렇다면 스스
로 원하는 사랑과 관계를 경험하기 위해 우리가 반드시 해야 하
는 내면 탐구란 무엇일까? 그건 대다수 사람이 생각하는 것과는
조금 다르다.

누구나 타인과 관계를 맺지만, 훌륭하고 건강한 관계를 만
들어 가는 것은 아무도 제대로 가르쳐 주지 않은 기술이다. 우리
는 연애 상대를 고르는 법이나, 겁먹고 당황했을 때, 화나고 스
트레스 받을 때 어떻게 사랑해야 하는지 배운 적이 없다. 상대가
더 이상 나를 사랑하지 않을 때조차 자기 자신을 사랑하는 법도
배운 적이 없다. 또한 관계란 우리 신경계를 지지해 주는 것이어
야지, 망가뜨리는 게 아니라는 사실도 배우지 못했다.

관계를 개선하고 싶다면, 자신이 가진 두려움과 마주하고
실수할 각오를 해야 한다. 그것 말고 다른 길은 없다. '자신을 돌

아보고 성장시킨다'는 건 그런 의미다. 다만 분명히 해야 할 것은, 우리는 모두 여전히 변화하는 과정에 있다는 사실이다. 우리의 목표는 천하무적이 되는 것이 아니다. 건강한 관계를 맺기 위해 겁도 없고 트라우마도 없고 항상 행복하기만 한 사람이 될 필요는 없다. 물론 알아차림이 핵심이지만, 거기서 멈춰서는 안 된다. 제아무리 세상 모든 걸 다 알아차리고 자신의 트라우마를 줄줄이 꿰고 있어도, 그걸 넘어서지 못하면 만족스러운 관계를 유지할 수 없고, 여전히 답답하고 불행하다고 느낄 수밖에 없다.

내가 이 책을 쓰기로 결심한 이유가 여기에 있다. 지금 당신이 혼자든, 최근에 이별의 아픔을 겪었든, 현재의 관계를 개선하고 싶든 상관없다. 과거에 어떤 연애를 했는지도, 혹은 연애 경험이 전혀 없어도 상관없다. 나는 우리가 사랑하는 사람과의 관계에서 왜 그토록 힘들어하는지, 그것을 어떻게 극복할 수 있는지를 보여 주려고 한다. 우리는 분명 건강하고 사랑이 넘치는 관계를 맺을 수 있으며, 이 책이 그 방법을 알려 줄 것이다.

앞으로 책에서 다룰, 인생을 바꾸는 사랑과 관계에 관한 아홉 가지 진실은 다음과 같다.

- **진실 1** 모든 건 나로부터 시작한다.
- **진실 2** 마음은 전쟁터다.
- **진실 3** 욕망과 사랑은 다르다.

- **진실 4**   자기 자신을 사랑해야 한다.
- **진실 5**   목소리를 내어 진실을 말해야 한다.
- **진실 6**   최선의 내가 되어야 한다.
- **진실 7**   상대가 나를 사랑하도록 설득할 수는 없다.
- **진실 8**   누구도 나를 구하러 오지 않는다.
- **진실 9**   부모와의 관계를 치유해야 한다.

이 진실들을 삶에 적용하기 위해 용기 있게 자기 자신을 마주하고 노력했던 사람들의 실제 사례가 장마다 담겨 있다. 이 책에서 다루는 모든 내용은 내가 코칭 현장에서 내담자들에게 전달하는 내용과 정확히 동일하다. 나를 찾아온 사람 대부분이 여성이었지만, 이 메시지들은 성별이나 성적 지향과 관계없이 모두에게 해당된다. 각 장의 마지막에는 자기 인식을 깨우는 질문과 변화를 만들어 내기 위한 구체적인 실천 방법을 정리해 두었다.

직접 겪은 변화와 지난 10년간 진행해 온 수천 건의 코칭 경험을 바탕으로 나는 이 아홉 가지 진실에 도달했다. 어떤 진실은 다른 것보다 유독 더 아프게 다가올 수도 있다. 하지만 마음을 열고 각각의 메시지를 받아들인다면, 건강한 사랑, 그리고 궁극적으로 자기 자신을 사랑하는 길로 나아가는 데 빛을 비춰 줄 거라 확신한다.

모든 변화는 나로부터 시작한다.

모든 건
———————————
나로부터
———————————
시작한다
———————————

먼저 자신과의 관계를 치유하지 않고서는 사랑하는 사람과의 관계를 치유하는 것도 불가능하다. 우리가 맺는 모든 관계에는 한 가지 공통 요소가 있는데, 그건 바로 '나 자신'이다. 관계 속에서 내가 하는 역할을 이해하지 못하면 우리는 줄곧 불만과 무력함을 느끼고, 자신을 피해자라고 여기게 된다.

이 말을 하는 이유는 당신을 비난하거나 부끄럽게 하려는 게 아니다. 힘을 찾아 주기 위해서다. 어린 시절의 상처와 지난 관계에 휘둘리는 대신, 현재 관계를 더 나은 방향으로 전환시킬 열쇠를 쥔 사람이 바로 나라는 사실을 자각해야 한다. 과거에 겪었던 모든 아픔과 실망은 사실 만족스러운 관계를 맺을 기회를 가로막는 우리 자신의 두려움, 특정한 행동 패턴, 신념에 관해 말해 주고 있다. 이 근본적인 진실을 이해하면, 우리가 관계에 미치는 영향력이 생각보다 훨씬 크다는 것도 알게 된다. 자신을 변화시킴으로써 관계를 변화시킬 힘을 얻을 수 있다.

연인 관계에서 책임감 있는 태도를 갖는 것이야말로 관계를 치유하는 일이다. 그런 태도는 우리가 자신을 바라보는 시각을 완전히 바꿔 놓는다. 어찌할 줄 모르고 수동적으로 끌려가던 상태에서 마침내 능동적으로 움직이고 제어하는 힘을 갖게 된다.

과거에 맺었던 모든 관계의 공통 요소가 '나'였다는 사실을 깨닫고 나자, 내 인생은 완전히 달라졌다. 당신의 인생 역시 달라질 수 있다. 관계 때문에 힘들었던 이유가 매번 '그 사람'이 나를 속여서가 아니라, 내가 위험 신호를 무시한 채 그런 사람을 계속 만났기 때문이라는 사실을 깨닫는다면 말이다. 진짜 문제는 "괜찮은 사람은 이미 다 임자가 있다"는 것이 아니라, 내가 계속해서 구제 불능인 사람에게 끌린다는 점이다. 좋은 사람이 나를 선택하지 않은 게 아니라, 내가 나를 선택하지 않았다는 게 문제다. 단지 상대가 회피적 성향을 지녀서가 아니라, 내 불안감도 한몫했을 가능성이 높다는 게 문제다.

때때로 관계가 잘 풀리지 않을 때가 있다. 우리는 모두 자신이나 연인에게 도움이 되지 않는 행동 패턴을 갖고 있다. 마음 한편에 응어리 하나 없이 사는 사람은 없다. 다만 각자의 성숙도와 경험치 안에서 최선을 다하고 있을 뿐이다. 이 책을 통해 내가 도우려는 지점이 그 부분이다. 나는 당신이 상상하지 못했던 방식으로 성장하는 법을 보여 주려고 한다. 앞으로 배우게 될 관계의 도구와 통찰은 당신이 주도적으로 사랑을 이끌어 가는 사람이 되도록 도와줄 것이다.

'모든 건 나로부터 시작한다'는 단순하지만 인생을 변화시킬 중요한 진실을 나는 책의 마지막 장까지 계속 상기시킬 생각이다. 사랑이 넘치는, 건강하고 서로에게 힘이 되고, 가슴 설레는 관계를 원한다면 당신이 할 일은 가능한 한 용기를 내어 최선의 내가 되고자 끊임없이 노력하는 것이다. 내가 키워 나가고 싶은 사랑의 모습을 스스로 보여 줘야 한다. 스스로의 기대치를 넘어설 만큼 솔직하게 소통해야 하며, 다리가 후들거릴 만큼 매력적인 상대 앞에서도 온전히 진짜 자기 모습을 드러내야 한다. 항상 꿈꾸던 이상형을 만나더라도, 우리는 여전히 자기 안의 그림자들을 마주해야 한다는 것, 그게 진실이다. 우리는 언제나 자신과 직면해야 한다.

성숙한 관계는 우리가 한 단계 성장하기를 요구한다. 익숙한 안전지대에서 벗어나 감정적으로 성숙해지고, 정서 지능을 한 단계 끌어올릴 수 있어야 한다. 상대에게서 문제의 원인을 찾는 대신, 잠시 숨을 고르고 한 발짝 뒤로 물러나 이 관계의 역학 속에서 내가 맡고 있는 역할이 관계의 정서적 안정에 도움이 되는 방향인지 점검해야 한다. 간단히 말해, 관계가 달라지길 바란다면 자기 내면을 먼저 들여다봐야 한다는 뜻이다. 그게 유일한 방법이다.

case study 1 ▶ 나는 왜 매번 거짓말쟁이들만 만날까

정치 분야에서 경력을 쌓은 37세의 성공한 여성 제니퍼가 나를 찾아왔다. 그녀는 똑똑하고 매력 있고 자립심도 강한 사람이었다. 하지만 만났던 남자들이 매번 자기를 배신했다는 사실 때문에 힘들어했다.

제니퍼가 굳게 믿는 두 가지가 있었다. 첫째, 남자는 전부 바람둥이라 믿을 수 없다. 둘째, 나는 건강한 관계를 맺는 능력이 부족한 사람이다. 그래서 차라리 혼자 지내는 게 더 낫다고 생각하면서도, 다른 한편으로는 오래 함께할 수 있는 좋은 동반자를 절실히 바랐다. 몇 년 동안 이런 상반된 생각이 충돌하다 보니 머릿속이 늘 혼란스러웠다.

좋은 사람을 사귀고 싶은 욕구는 종종 관계에 대한 두려움을 눌렀고, 결국 제니퍼는 토니라는 남자와 만나기 시작했다. 그는 다정하고 배려심 많고 솔직하며 책임감도 있었다. 나는 뭔가 잘못된 점이 있는지 그의 행동을 유심히 살폈지만, 제니퍼가 들려준 연애 초기의 세세한 이야기 속에서는 어떤 이상한 부분도 찾을 수 없었다.

두 사람이 함께하는 시간이 길어지고 공식적인 연인이 되었을 때, 문제는 토니가 아니라 제니퍼 쪽에서 나타났다. 제니퍼는 언제 터질지 모르는, 걸어 다니는 폭탄 같았다. 토니가 숨기는 게 전혀 없는데도 제니퍼는 집착하고 질투하는 모습을 보였다. 토니가 다른 여자와 이야기하는 모습만 봐도 불안해 어쩔 줄 몰라 했다. 감정 상태가 이렇다 보니 현실 인식이 왜곡되었고, 제니퍼는 토니의 친구 관계에 간섭할 권리가 있다고 스스로 정당화했다. 그가 다른 여자와 대화하는 것을 자신이 왜 그토록 싫어하는지 "이해시키기 위해" 어떤 말을 해야 할지 혼자 머릿속으로 대본을 짜곤 했다.

줌으로 상담하는 동안 제니퍼의 신경이 한껏 곤두서 있는 게 눈에 보였다. 어깨가 말려 올라갔고, 턱 근육은 잔뜩 긴장해 있었다. 오는 주말에 뭘 할지 묻는 문자에 아직도 토니의 답장이 오지 않았다고 말하는 그녀의 목소리는 매우 크고 빨랐다(그때는 목요일이었고, 그는 이제껏 답장하지 않은 적이 없었다). 제니퍼의 말을 듣고 있자니 불안감이 몰려와서 나까지 몸이 경직되는 기분이었다.

"잠깐만요, 제니퍼. 이건 토니랑은 아무 상관이 없고, 전적으로 당신 문제예요."

"하지만⋯." 대답하는 제니퍼의 몸이 한층 더 뻣뻣하게 굳고 있었다.

"지금 제니퍼는 이 관계를 심각하게 망치려 하고 있는데, 그걸 바라진 않잖아요? 그러니까 일단 심호흡을 해 봐요."

나는 제니퍼가 코로 숨을 크게 들이마시는 모습을 지켜보았다. "잘했어요. 이제 천천히 입으로 숨을 내뱉어요."

경직됐던 제니퍼의 몸이 누그러지는 걸 보니, 내 신경도 한결 편안해졌다.

"자, 그럼 종이랑 펜을 꺼내 봐요."

이어진 한 시간 동안, 나는 제니퍼에게 그동안 자신을 배신했던 남자들에게서 보고도 그냥 무시했던 경고 신호를 모조리 적어 보라고 했다. 말할 것도 없이, 목록은 끝도 없이 이어졌다. 제니퍼는 "알코올 중독" "예전에도 바람피운 적 있음" "분노 조절에 문제가 있음" "직장을 쉽게 그만둠" 같은 내용들을 적었고, 이런 위험 징후는 모두 사귀기 시작하고 2~3개월도 지나지 않아 나타났다고 했다.

"중요한 건 남자들이 당신을 속였다는 사실이 아니에요. 그렇게 거짓말하는 사람을 당신이 자꾸 골랐다는 거죠. 분명히 심각한 문제가 있는데도 제대로 해결하지 않은 사람에게 매번 끌렸으니, 사이가 나빠질 수밖에요. 그럼 이번에는 엇나간 관계에서 '당신'이 어떤 기여를 했는지 써 볼까요?"

제니퍼는 술을 잔뜩 마시고 싸움을 걸었던 일부터 상대를 교묘하게 속인 경험, 어디서 뭘 하는지 끊임없이 확인했던 일, 당하고도 가만히 있었던 일, 원하는 것을 전혀 표현하지 않았던 태도까지 자신이 문제를 어떤 식으로 키워 왔는지 구체적으로 적어 내려갔다. 상담이 끝날 때쯤에는 종이가 빈틈없이 빼곡히 채워져 있었다.

당연히 다음 단계에서는 제니퍼가 왜 이런 건강하지 못한 행동을 반복할 수밖에 없었는지 그 이유를 함께 찾아봐야 했다. 하지만 그 전에 먼저, 그녀가 자기 파괴적인 사고방식에 갇혀 있었다는 사실을 깨닫게 해야만 했다. 남 탓을 멈추고 스스로 책임지겠다는 마음을 먹지 않는 한, 제니퍼는 자신이 바라는 관계에 결코 도달할 수 없었다. 책임감 없이 바뀌는 건 아무것도 없기 때문이다.

제니퍼는 자신이 적은 내용을 처음부터 끝까지 살펴보더니 말했다. "와, 저 방금 뭔가 깨달았어요. 그동안 저는 제가 상대에게 충분하지 않다고 생각해서 늘 겁을 먹고 있었던 것 같아요. 상대가 오래 함께 있고 싶어 할 만한 사람이 아니라고 여겼던 거죠. 왜 그랬는지 모르겠지만, 행복한 관계를 맺을 자격이 없다고 믿었나 봐요."

앞으로 제니퍼의 연애 경험을 바꿔놓을 귀중한 발견이었다.

나는 충분하지 않다는 착각

내가 열한 살 때, 소아 정신과 의사였던 아버지는 《까다로운 아이The Difficult Child》라는 제목의 책을 썼다. 이 책은 출간되자마자 당시 아동 심리학 분야에서 매우 획기적인 주제를 다뤘다며 호평을 받았고, 벤저민 스포크 박사처럼 이 분야의 전설과도 같은 유명 저자들의 책과 나란히 서점에 진열되었다. 아버지는 〈오프라 윈프리 쇼〉에도 두 번이나 초대받았다. 한 번은 홍보 겸 책 이야기를 하기 위해, 또 한 번은 오프라가 꼽은 믿을 만한 아동 심리 전문가로서 다양한 주제에 대해 조언하기 위해 출연했다.

그런데 그 책에서 말한 "까다로운 아이"란 누구였을까? 바로 나였다. 갓난아기였을 때 나는 온종일 울어댔고, 수면 주기도 불규칙해서 제멋대로 자고 깼다. 걸음마를 뗀 후에는 끝없이 많은 규칙과 체계가 필요했고, 특정한 소재의 천이 피부에 닿는 촉감을 싫어했으며, 몇 달 동안 줄곧 점심에는 볼로냐 샌드위치, 저녁에는 미트 소스 스파게티만 먹으며 지냈다. 또한 늘 짜증이 나 있었다. 반면 두 언니는 훨씬 차분한 기질을 지닌 "정상적인" 아이들이었다.

아버지는 내가 왜 그런 식으로 행동하는지 이해가 되지 않았다. 이 아이는 왜 뚜렷한 이유도 없이 공원에서 갑자기 성질을 내며 소리 지르고 우는지, 그때마다 왜 아이 엄마는 아이를 달래

느라 혼이 쏙 빠지도록 고생해야 하는지 궁금했다. 그래서 내 일상을 자세히 들여다보며 연구했고, 나를 "까다로운 아이"라고 진단 내렸다.

아버지는 까다로운 아이는 천성적으로 그렇게 태어나기 때문에 부모의 잘못이 아니라며 독자들을 안심시켰다. 그러면서 일관된 규칙을 세우고, 특별한 방식으로 소통할 것 등을 제안하며 까다로운 아이 다루는 법을 알려 주었다. 책의 마지막에는 내가 재밌고 똑똑하며, 상상력이 풍부하고, 다른 아이들과 잘 어울린다며 장점도 있다(그러니 다 나쁘기만 한 건 아니다!)고 썼다. 또한 내가 열한 살쯤 되자 사실상 까다로운 기질을 상당 부분 극복해서 사회에 잘 적응하는 정상적인 아이가 되었다면서, 언젠가 독자의 자녀들도 그렇게 될 수 있다는 기대감을 심어 주었다.

나는 자라면서 "까다로운" 성향을 떨쳐 냈지만, 한번 생긴 정체성은 쉽게 사라지지 않았다. 어린 시절 내내 그런 식으로 불린 것도 모자라, 성인이 된 후에도 내 이름을 알게 된 어른들이 "어머, 나도 너희 아버지가 쓰신 책 읽었어!"라며 신나서 아는 체하는 일이 종종 있었다. 그럴 때 나는 그냥 질리언이 아니라, "까다로운" 아이의 대명사였다. 그렇게 나는 내가 부족한 사람이라고 느끼게 되었다.

사랑하는 사람과 건강한 관계를 만들어 가려면 먼저 이해해야 할 중요한 사실이 있다. 그건 누구나 어떤 식으로든 자신에게 부족한 면이 있다고 생각한다는 점이다. 사람들은 자신이 예쁘지 않고, 똑똑하지 않고, 날씬하지 않고, 멋있지 않고, 돈이 많지 않고, 섹시하지 않고, 이룬 게 없고, 너그럽지 않고, 재밌지 않다고 여긴다. 특히 상대와 비교해 스스로 부족하다고 느끼고, 심지어 데이트도 몇 번 안 한 사이에서조차 그런 생각을 한다. 어떤 애착 유형을 가졌느냐는 별로 중요하지 않다.

거부당하거나 버림받기를 바라는 사람은 세상에 아무도 없다. 그래서 우리는 부족한 자신에게 그런 일이 벌어지지 않게 하려고 무슨 짓이든 한다. 매달리고, 거짓말하고, 기분을 맞춰 주고, 회피하고, 소리치고, 울고, 마음을 닫고, 자기가 아닌 다른 사람인 척 연기하고, 작전을 짜고, 뭔가를 조작하고, 스스로 고립시키기도 한다. 혹은 상대가 자신에게 싫증을 느끼거나 사랑이 식었을 때 크게 상처받을 것이 두려워, 먼저 관계를 끝내기도 한다.

코칭을 진행하며 제니퍼는 결국 토니와 헤어지기로 마음먹었다. 토니를 좋아했고, 그가 바람을 피우거나 제니퍼의 예전 연인들처럼 나쁜 행동을 한 건 아니었지만, 두 사람은 몇몇 중요한 부분에서 서로 의견이 달랐기 때문이다. 토니는 아이를 낳고 싶어 했지만, 제니퍼는 아니었다. 토니는 다른 도시로 이사 가길 원했지만, 제니퍼는 지금 사는 곳에 계속 머물고 싶었다. 그러나 이전 관계와 달리, 제니퍼는 아주 명료하고 이성적인 판단을 통해 이번 관계를 마무리할 수 있었다. 외로움이 두려워 맞지 않는 관계에 매달리기보다는, 혼자 지내는 게 더 나은 선택이라는 사실을 깨달은 것이다.

제니퍼는 이제 자신이 꼭 맞는 상대와 행복한 관계를 맺을 자격이 있다는 걸 알았다. 처음으로 관계를 스스로 정리했고, 다시 자신에게 맞는 사람을 찾을 때까지 혼자만의 시간을 기꺼이 받아들이기로 했다. 난생처음 '상대'가 아닌 '자신'을 선택한 것이다.

나는 제니퍼가 애인을 찾는 데 집착하는 대신, 의미 있는 방식으로 자기 욕구를 충족하고 자신과의 관계를 돌볼 수 있도록 도왔다(이와 관련한 자세한 내용은 '진실 4'에서 다루겠다). 제니퍼는 새로운 프로젝트를 시작했고, 정원을 가꾸었으며, 가족과도 더 의미 있는 시간을 보냈다. 예전에는 외부의 자극에 감정적으로 반응하는 편이었다면, 이제는 반응하기 전에 먼저 심호흡을 하며 마음 챙김을 실천했다. 또한 자신이 가장 중요하게 여기는 가치가 마음의 평화, 소통, 솔직한 태도라는 걸 발견했다.

제니퍼의 가장 큰 강점은 책임감이었다. 그녀는 기꺼이 자기 자신과 대면하여 내면을 성찰했고, 나에게 솔직한 건 물론, 자기 자신에게도 놀랄 만큼 솔직한 모습을 보여 주었다. 이런 강점 덕분에 그녀는 자신을 변화시킬 수 있었다. 제니퍼가 했던 그 말을 나는 지금도 잊을 수 없다. "몇 주, 몇 달, 몇 년이 걸린대도 좋아요. 나와 가치관이 맞는 좋은 사람을 만날 때까지 얼마든지

기다릴 생각이에요. 그동안은 가족, 일, 그리고 멋진 친구들에게 집중할 거예요."

그 말을 듣는데, 눈시울이 뜨거워졌다. 한때 모든 남자가 자신을 속인다고 믿고 혼자인 걸 두려워하던 사람이 이렇게 달라진 건, 정말이지 엄청난 변화였다. 주도적으로 결정하고 행동함으로써 제니퍼는 자신을 선택하는 법을 배웠다. 그리고 몇 달 지나지 않아 자신이 바라던 좋은 사람을 만났고, 지금까지도 안정적으로 관계를 유지하고 있다.

치유 과정에서 정말 중요한 부분은, 자신이 지닌 결점에도 불구하고 자신을 받아들이는 법을 배우는 일이다. 관계 속에서 치유란, 자신이 충분하지 않다고 느껴지는 순간이 오더라도, 그 두려움이 관계를 압도하고 규정하지 못하도록 다르게 반응하는 것을 의미한다. 그 첫 번째 단계로, 자기 내면의 어려움이 어떤 행동 패턴으로 나타나서 관계에 부정적 영향을 미치는지 이해해야 한다. 스스로 '부족하다'고 느끼는 지점이 무엇인지, 그 두려움이 관계를 어떻게 흔드는지 알아야 한다. 자신의 패턴을 이해하고 싶다면, 사랑받지 못할까 봐 두렵고 불안할 때, 자신이 어떤 행동과 선택을 반복하는지 파악할 필요가 있다.

"떨어져 지내는 게 최선일 수도 있다면서, 몇 달간 별거하자고 하더라고요."

줌 상담을 시작한 지 10분밖에 안 됐는데, 크리스티나는 벌써 훌쩍이고 있었다.

"남편분이 별거를 원한 이유가 뭔가요?" 내가 물었다.

"그 사람 말이, 관계를 개선하려고 1년 넘게 노력했지만 별 소용이 없었다는 거예요. 저는 그 사람이 노력을 제대로 안 해서 그렇다고 계속 말했고요."

결혼 4년 차인 크리스티나는 남편 브래드가 별거를 요구하자 엄청난 충격을 받고 나를 찾아왔다. 첫 상담은 딱히 한 것도 없이 그녀가 하소연하듯 쏟아 내는 얘기를 들어 주다 끝났다.

크리스티나는 눈물을 흘리며 브래드를 매섭게 비난했다. "그 사람은 회피적인 성향이 너무 강하고, 도무지 저와 소통하려고 하질 않아요. 우리 문제에 관해 얘기 좀 하자고 하면 매번 너무 바빠 그럴 시간이 없다며 변명만 늘어놔요. 전 우리 관계가 나아지길 바라거든요. 그래서 더 적극적으로 노력하고 싶은데, 저 혼자 할 수 있는 일은 아니잖아요."

크리스티나가 거짓말을 하는 걸로 보이진 않았기에, 하마터면 나는 이렇게 말할 뻔했다. "당연하죠! 그걸 어떻게 혼자 해요? 남편분 진짜 못 쓰겠네요! 말도 안 되는 변명 집어치우고, 행동 똑바로 하라고 하세요.”

하지만 다행히 그러진 않았다. 코치로서 내담자의 말을 믿어 주고 편들어 주는 게 그리 어려운 일은 아니고, 어쩌면 당연한 일이기도 하다. 하지만 편이 되어 준다는 건, 그 사람을 도와준다는 뜻이지 그 사람 말에 동조한다는 뜻은 아니다. 그 순간, 내 멘토가 했던 말이 떠올랐다. “코칭 받는 사람의 상황에 자신의 개인적 경험을 투사해선 안 돼요. 그들이 스스로 믿는 이야기를 항상 의심해야 하며, (폭력이나 학대의 경우를 제외하면) 언제나 다른 관점의 이야기도 존재한다는 사실을 기억해야 합니다.”

어떤 상황인지 이해도 되고 크리스티나가 느끼는 좌절감에도 공감했지만, 내 안의 현명한 스승은 이 이야기에 분명 다른 뭔가가 더 있다고 말하고 있었다. 브래드에게 문제가 있다는 걸 의심하진 않았지만, 크리스티나와 더 깊이 이야기를 나눌수록 ‘이 어긋난 관계에 크리스티나도 어느 정도는 역할을 하지 않았을까’라는 생각을 자꾸 하게 됐다.

“두 사람 사이에 어떤 점이 잘 안 풀렸는지 말해 줄래요?”

“우리는 친구 소개로 만났는데, 얘기가 잘 통해서 곧바로 사귀기 시작했어요. 금세 사랑에 빠졌죠. 브래드와 있으면 그냥 마음이 편하더라고요. 그 사람도 저를 원했고요. 전에는 그런 느낌을 받아 본 적이 없었는데, 선택받았다는 느낌이 뭔가 특별했어요. 1년 반 뒤에 결혼했고, 처음 2년 동안은 모든 게 다 좋았어요. 진짜 행복했죠! 그런데 그 사람이 점점 멀어지기 시작하더니….”

“브래드가 멀어지기 시작했을 때 무슨 일이 있었죠?” 내가 말을 끊고 물었다.

“잘 모르겠어요. 아마도 우리가 자주 싸우기 시작하면서 그렇게 된 것 같아요. 당시 그 사람 회사 일이 정말 바빴거든요. 회사를 막 창업한 데다 원래도 직업 정신이 투철한 사람이어서요. 남편의 꿈을 항상 응원하지만, 일이 점점 바빠지면서 함께하는 시간이 줄어드니, 저를 별로 중요하게 여기지 않는다는 느낌이 들더라고요. 저도 제 일을 사랑하지만, 일과 삶의 균형이 더 중요하다고 생각하는 편이거든요.”

“남편에게 관심을 듬뿍 받다가 예전 같지 않아지면 분명 속상한 기분이 들 거예요.” 나는 맞장구를 쳤다.

“맞아요, 그래서 짜증도 부리고 화도 많이 냈죠.”

“어떤 식으로요?” 나는 모니터 앞으로 더 바싹 다가앉으며 말했다. 크리스티나가 짜증을 부리고 화낸 사실을 인정하자, 관계 안에서 그녀가 어떤 역할을 했는지 단서가 보이기 시작했다.

“음, 브래드가 회사에서 일하다가 전화하면 안 받았어요. 바빠서 그랬던 건 아니고요. 그러니까… ‘너도 한번 당해 봐라’ 하는 마음이었다고 할까요?” 크리스티나는 쿠키를 몰래 먹다 들킨

아이 같은 표정을 지었다. "제가 잘했다는 건 아니지만, 그 정도로 마음에 상처를 받았었다고요. 그 사람은 자기 생각을 잘 표현하질 않았어요. 뭐든 쉽게 넘어가려 하고, 제가 싫은 소리를 하면 그냥 자리를 피하려고만 했죠. 그런 행동을 보면 저는 더 화가 났고요. 그렇게 그 사람이 멀어진다는 느낌을 받을 때마다 불만이 쌓이고, 참다 참다 결국 폭발하게 되더라고요."

크리스티나가 자기 행동을 자각하고 솔직하게 털어놓은 건 고맙고 감동스러운 일이었지만, 한쪽 이야기만 듣는 것으로는 부족했다. 평소 나는 관계 개선을 위해 찾아오는 사람들에게 적어도 한 번은 파트너와 함께 상담하는 시간을 갖자고 제안하곤 한다. 하지만 아쉽게도 브래드는 나와 단둘이 하는 상담도, 셋이 하는 상담도 모두 거절했다. 심리 치료나 관계 상담은 이미 해 볼 만큼 해 봤다며 지긋지긋해하고 있었다. 그렇게 느끼는 것도 무리는 아니었다. 할 때마다 효과가 없었다면 나라도 그랬을 것 같았다.

이런 상황에서 내가 할 수 있는 일은, 크리스티나가 자신의 행동 패턴을 바꾸고 원하는 변화를 직접 실천하도록 조언하면서, 그것이 관계 개선에 도움이 되길 바라는 수밖에 없었다.

나는 터놓고 얘기하기로 했다. "크리스티나, 그동안 브래드가 제대로 소통하지 않았고, 그래서 당신이 상처받았다는 건 의심할 여지가 없어요. 하지만 브래드는 상담에 참여하려 하지 않으니, 관계가 좋아지길 바란다면 당신이 먼저 몇 가지 행동을 바꿔야만 해요. 당신부터 시작하는 거죠. 아무리 두렵고 불안하고 실망스럽다 해도, 건강한 관계 만들기에 전념하는 동안 우리 밀고 당기는 게임은 하지 않기로 해요. 대신 솔직하게 말해요. 그게 항상 쉽지는 않겠지만, 그렇게 복잡한 일도 아니에요.”

사람은 채찍보다 당근에 움직인다

크리스티나와 브래드 사이의 문제는 그리 특별한 경우가 아니다. 우리는 사랑하는 사람이 나를 가장 중요한 존재로 여겨 주고, 두 사람의 관계가 모든 일의 최우선이길 바란다. 그런데 어느 순간 관계보다 더 큰 비중을 차지하는 일이 생기면(브래드의 경우에는 사업을 키우는 일이었다), 상대가 자신을 예전만큼 중요하게 여기지 않는다며 실망하고, 그때부터 불안감에 빠진다. 잃어버린 주도권을 되찾으려고 머리를 굴리며 필사적으로 애쓰게 된다. 가슴에 손을 얹고 생각해 보면, 그럴 때 상대의 관심을 끌어내려고 일부러 사랑하는 마음이나 그 표현을 억누른 적이 있음을 인정할 수밖에 없을 것이다. 그게 바로 크리스티나의 전략이었다. 그녀는 ‘내가 관심 없는 척하고, 일부러 전화도 받지 않

으면서 튕기면 그 사람이 다시 나한테 돌아올지도 모른다'고 생
각했다. 하지만 남편이 자신에게 더 신경 써 주길 바랐다면, 사
실은 다른 전략이 필요했다.

나는 단도직입적으로 말했다. "당신은 매일 밤 옆에서 같이
잠들고, 속마음까지 다 보여 주며 평생을 함께하기로 했던 사람
이 더 이상 자신을 사랑하지 않을까 봐 겁이 난 거예요. 1년이 넘
도록 그 두려움을 안고 산 거죠. 그게 어떤 기분인지 알아요. 저
도 그랬으니까요. 두려우면 엇나간 행동을 하게 된다는 것도 알
아요. 브래드가 다 잘했다는 말이 아니에요, 그렇게 전화를 받지
않고 상처를 주거나 싸움을 거는 식으로는 절대 남편을 더 가까
이 오게 할 수 없어요. 저는 당신이 브래드에게 진심으로 이해받
길 바라요. 그러려면 당신도 그의 말을 들어 줘야 해요."

크리스티나는 울기 시작했다. "그걸 어떻게 해야 하죠?"

"아직 남편분을 사랑하시죠?" 내가 물었다.

"네, 브래드는 정말 특별한 사람이에요. 좋은 사람이고요."
그녀는 훌쩍이며 대답했다. 그 여린 모습에 나까지 울컥해졌다.

"그럼, 제가 방법을 알려 드릴게요."

이후 몇 주 동안 나는 크리스티나가 브래드에게 어떻게 다
른 방식으로 마음을 표현하면 좋을지, 다양한 소통 방법을 알려
주었다. 처음 나를 찾아왔을 때, 크리스티나는 둘 사이의 모든
문제가 브래드의 바쁜 일정과 문제가 생길 때마다 도망치는 성

격 탓이라고만 믿고 있었다. 그녀의 눈에 브래드는 관계를 파괴하는 사람이었다. 하지만 이어진 상담에서 크리스티나 역시 관계 단절에 일정한 역할을 했다는 사실이 점점 분명해졌다.

브래드도 크리스티나와 소통하려고 자주 시도했지만 매번 거절당했다. 회사에서 있었던 일을 이야기하려 해도 그녀는 휴대폰만 들여다보느라 바빴다. 출장 간 동안 하루에도 여러 번 전화를 걸었지만, 결국 돌아온 건 왜 더 자주 전화하지 않느냐는 불평이나 냉담한 반응뿐이었다. 나는 이런 점들을 지적하면 크리스티나가 자신을 방어할 거라고 예상했다. 그런데 그러지 않아서 마음이 놓였다. 그녀는 상황을 다르게 보려고 힘껏 노력하고 있었다. 관계 역학에서 자신과 파트너 각각의 역할이 있다는 사실, 그리고 그저 힘든 일을 겪으며 서로 소통하는 법을 알지 못한 두 사람이 있을 뿐, 둘 중 누구도 일방적인 가해자나 희생자가 아니라는 사실을 받아들이려고 애썼다.

크리스티나는 마음 깊은 곳에 자신이 사랑받을 만한 사람이 아니라는 불안감을 품고 있었고, 브래드의 태도가 왜 변했는지 이해하지 못해 혼란스러웠다. 그녀는 자신이 '거절당했다'고 느꼈다. 그래서 쌀쌀맞게 브래드를 몰아세우며 불평했고, 솔직하게 소통하기를 거부했던 것이다. 자신의 욕구에만 집착한 나머지, 크리스티나는 상대의 욕구에 대해서는 헤아리지 못했다.

나는 브래드가 가장 중요하게 생각하는 사랑, 안정감, 재미에 대한 욕구를 채워 줄 수 있는 30일 챌린지를 해 보자고 크리스티나에게 제안했다. 챌린지 내용은 연애 초기를 떠올리며 그때의 마음으로 브래드에게 사랑을 표현하는 것이었다. 그렇게 해서 크리스티나가 여전히 그를 원하고 고맙게 여긴다는 사실을 브래드가 느끼도록 했다. 물론 그 과정에서 크리스티나가 자기 욕구를 다 포기하길 바라지는 않았기에, 우리는 일주일에도 여러 번 상황을 점검했다. 그녀가 브래드를 다르게 대했을 때 브래드도 자신이 인정받는다고 느끼며 변하려고 하는지 살폈다. 만약 그래도 달라지는 게 없다면, 크리스티나가 마음을 접을 수 있게 도와줘야 했다.

감사하게도 그럴 필요는 없었다. 바란 대로 브래드는 더 이상 별거 이야기를 꺼내지 않았고, 30일 챌린지 중 19일째가 되던 날, 커플 상담에 참여하겠다는 의향을 밝혔다. 내 도움을 받으며 두 사람은 내면의 고통, 원망, 두려움에 대해 서로에게 좀 더 솔직하게 털어놓기 시작했다. 브래드가 주말 내내 일하느라 바쁠 때는 저녁에 따로 데이트 계획을 세워, 크리스티나가 서운한 마음이 들지 않게 노력했다. 챌린지가 끝날 무렵에는 주말을 이용해 가까운 곳으로 여행을 떠날 계획도 세우고 있었다.

두 사람의 결말은 행복했지만, 그 과정이 영화처럼 아름답지만은 않았다. 챌린지와 상담을 진행하는 동안 크리스티나가 눈물을 보이며, 불편하고 두렵다고 고백한 순간도 많았다. 하지만 그녀는 남편을 계속 비난할지, 아니면 자신의 힘을 되찾아 결혼 생활을 자신이 바라는 모습으로 변화시킬지 선택할 권한이 자신에게 있다는 걸 알았다. 이런 노력이 효과가 없었다 하더라도, 적어도 크리스티나는 자신을 되돌아보는 시간을 보냈고, 자신이 한 단계 나아갔음을 스스로 깨달았을 터였다. 그저 버림받고 끝나는 것보다 훨씬 나은 결말이라는 건 확실했다.

반복되는 패턴을 바꿀 의지가 있는가

인스타그램을 통해 누군가 내게 이런 질문을 한 적이 있다. "저는 만나는 사람에게 늘 심리 치료사 역할을 하게 되는데, 어떻게 하면 이걸 그만둘 수 있을까요?"

나는 이렇게 답했다. "내가 중요하고 괜찮은 사람이라고 느끼기 위해 꼭 남의 상처를 돌보고, 잘못을 바로잡아 주고, 힘든 상황에서 구해 줘야만 하는 건 아니에요. 그걸 깨달았을 때, 더 이상 '구해주지 않아도 되는' 상대를 고르게 될 거예요."

우리는 모두 로맨틱한 관계에 도움이 되지 않는 행동 패턴을 가지고 있고, 그걸 바꾸기 위해 노력하기도 한다. 인스타그램 메시지를 보낸 사람처럼 '나는 충분하지 않다'는 두려움 때문에 연인에게 '필요한 존재'가 되려고 하는 사람도 있다. 연애 상대가 아니라, 내가 고쳐 줄 수 있고, 그래서 나를 영웅처럼 여기고 의지하며 결코 떠나지 않을 사람을 찾는 것이다.

여기서 다시 한번 강조하고 싶은 점이 있다. 우리는 완벽해질 필요가 없다. 행복하고 충만한 관계를 유지하기 위해 우리에게 필요한 건 자기 마음을 알아차리려는 노력, 그리고 지금까지와는 다르게 행동하려는 의지다. 상처를 치유하고 성장하려면, 거울에 비친 자신을 들여다보는 일을 피해선 안 된다. 어떤 자극을 받더라도 아이처럼 행동하지 않도록 노력해야 하고, 남을 탓하고 싶을 때도 스스로 책임지는 모습을 보여야 한다.

누군가와 관계를 맺는다는 것은 마음을 열고, 자기 생각을 말하며, 낡은 행동 패턴을 깨는 걸 의미한다. 아무리 잘 맞는 사람을 만나더라도 우리는 결국 자기 자신과 마주해야 한다. 그렇다고 미리 낙담할 필요는 없다. 앞서 말했듯이, 그동안 우리는 두렵고, 당황스럽고, 화나고, 스트레스받을 때 사랑하는 법을 배운 적이 없다. 좋은 파트너가 된다는 게 어떤 의미인지, 좋은 사람에게 마음을 주는 법이나 그렇지 않은 사람으로부터 마음을 지키는 법도 배우지 못했다. 하지만 이제라도 배우면 된다.

관계란 궁극적으로 우리 몸에서 기분 좋게 느껴지는 것이어야 한다. 불안하고 긴장되는 시기를 겪더라도, 결국은 돌아와 편히 쉴 수 있는 안전한 항구 같은 느낌을 주어야 한다.

▼

연습하기

관계 속에서 내 역할 파악하기

관계가 잘 풀리지 않을 때 '나는 이 관계에 어떻게 기여하고 있는가?'라고 질문을 던지며 자신을 먼저 돌아보는 것이 필요하다. 구체적으로 다음 질문에 대한 답을 적어 보자.

- 사귈 사람을 고를 때 좀 더 신중해질 수 있을까?
- 감정적인 상태일 때, 나는 어떤 식으로 반응하나?
- 타인에게 부당한 대우를 받을 때, 나는 어떤 식으로 참는가?
- 내가 사랑받을 자격이 있음을 받아들이기가 왜 그렇게 힘들까?
- 내가 말하기 어려워하는 주제는 무엇인가?
- 꺼리는 주제에 대해 나는 어떤 식으로 대화를 회피하는가?

앞서 얘기한 제니퍼의 경우, 관계에서 그녀가 극복해야 할 어려움 중 하나는 극도로 예민한 성향이었다. 제니퍼는 불안한 생각이 들면 잠시 멈춰서 감정을 추스르는 대신 즉각 반응하며 상대에게 싸움을 걸곤 했다. 그래서 나는 감정이 일어나는 순간과 거기에 반응하는 순간 사이의 시간을 늘리는 연습을 그녀에게 제안했다. 위협을 느낄 때 몸에서 어떤 일이 벌어지는지 먼저 알아차린 다음, 몇 분간 심호흡하며 자신의 생각을 점검한 뒤에 반응하여, 상대를 마구 몰아세우는 일이 없게 했다. 제니퍼는 참을성과 성실함을 갖고 연습에 연습을 반복했다. (자극에 덜 민감하게 반응하는 구체적인 방법은 '진실 6'에서 자세히 설명할 예정이다.)

강조했듯이, 관계가 바뀌길 바란다면 내가 먼저 변화를 실천해야 한다. 모든 것은 나로부터 시작한다는 사실을 기억하고 책임감 있는 자세를 취하는 것이 변화를 끌어낼 유일한 방법이다. 그리고 이 책임감의 상당 부분은 자기 자신을 어떻게 돌보느냐에 달려 있다.

나를 돌보는 습관

건강한 관계는 자신과의 관계를 잘 보살피는 데서부터 출발한다. 먼저 자신의 특성을 이해해야 한다. 예민한 기질을 가진 사람(주변 환경과 타인의 감정에 매우 민감하게 반응하거나 심리적·육체적 자극이 많으면 쉽게 압도당하는 사람), 주는 걸 좋아하는 사람(선뜻 남을 돕고 뭔가를 보살피는 걸 좋아하는 사람), 또는 두 가지 성향을 모두 가진 사람은 자신을 우선순위에 놓기 위해 더 많은 노력이 필요할 수도 있다.

예민하다는 건, 성격상의 결함이 아니라 타고난 기질이다. 주는 걸 좋아한다는 건, 베푸는 일을 가치 있게 여기고 그걸 통해 즐거움을 얻는다는 뜻이다. 이 역시 결함이 아니다. 자신의 예민함을 부정하는 것은 자기 자신과 전쟁을 치르겠다는 소리나 마찬가지다. 우리는 이런 기질을 자신의 일부로 존중해야 하며, 동시에 몸과 마음의 균형을 통해 회복탄력성을 키워 나가야 한다.

아래는 내가 상담했던 모든 사람에게 제안했던 방법들이다. 주변 상황에 쉽게 휘둘리는 사람, 또는 생각이 너무 많거나 관계에서 경계를 정하는 데 어려움을 겪는 사람에게 특히 도움이 될 것이다.

- 신체 활동

에너지를 소모하는 게 아니라 충전하는 방식으로 몸을 움직여야 한다. 산책, 요가, 필라테스, 근력 운동, 수영, 춤은 몸과 마음의 균형을 이루고 싶은 사람에게 내가 항상 추천하는 활동들이다. 특히 복잡한 생각에서 벗어나는 데는 좋아하는 음악에 맞춰 춤추는 것만큼 좋은 게 없다. 만약 스포츠를 좋아한다면 그것도 자신을 보살피는 아주 훌륭한 방법이다. 테니스나 팀 운동처럼 여러 사람과 함께하는 활동이 놀랄 만큼 도움이 될 때가 있는데, 몸을 움직이는 동시에 유대감과 소속감 같은 욕구까지 충족시켜 주기 때문이다. 이런 활동을 야외에서 하면 효과가 더욱 좋다. 여건이 안 된다면, 야외에서 보내는 시간이라도 더 늘릴 수 있게 노력하자. 연인 또는 배우자와 함께 걷는 것은 서로의 감정을 안정시키고 신체적 긴장을 완화하는 데도 놀랄 만큼 효과가 있다.

• 놀이

사람들은 놀 때 가장 살아 있다고 느끼면서도 놀이를 과소평가하는 경향이 있다. 대부분의 관계에 더 많이 필요한 것도 바로 이 '살아 있다는 느낌'이다. 내면을 돌보는 연습은 어떤 면에서 우리가 살면서 짊어진 규칙과 기대를 내려놓고, 어떻게 하면 아이처럼 장난기 많고, 모험적이고, 창의적인 자신으로 돌아갈 수 있는지, 그 방법을 배우는 일이기도 하다. 놀이는 우리를 복잡한 생각에서 벗어나 지금 이 순간에 머물게 한다. 놀이는 우리를 웃게 하고, 웃음은 놀랄 만큼 끈끈한 유대감을 형성하게 한다.

재밌는 일을 더 많이 하자. 친구들과 함께 보내는 시간을 늘리자. 연인과 함께 또는 혼자 대담한 모험을 해 보자. 파트너에게 웃긴 영상을 보내도 좋고, 보드게임을 하는 것도 좋다. 가끔은 조금 유치해져도 괜찮다. 그리고 사랑하는 사람의 손을 잡고, 더 많이 안아 주자. 스킨십은 우리 신경계를 차분하게 한다.

• 휴식

우리는 매일 쉴 시간을 만들어야 한다. 20분 정도 누워 있어도 되고, 그냥 멍하니 앉아 있어도 좋다. 일주일에 하루는 아무 계획 없이 보낼 수도 있다. 그중에서도 명상은 가장 좋은 형태의 휴식이라 할 수 있다. 명상도 종류가 다양하기 때문에 어떤 명상이 내게 잘 맞는지 알아봐야 한다. 명상이 처음이라면, 구글에 "명상 가이드"라고 치고, 마음을 진정시키는 목소리가 담긴 가이드 영상을 찾아 하루 두 번, 10분에서 20분 정도 따라 하는 것이 좋다. 스트레스와 압박감을 극복하는 데 신의 한 수가 될 것이다.

자신의 내면을 들여다보는 데는 매우 큰 용기가 필요하다. 자기 삶에 책임을 질 뿐만 아니라, 마음속 깊은 곳까지 내려가서 변화에 필요한 의지, 결단력, 영감을 찾아내야 한다. 이런 노력을 흔쾌히 하려는 사람은 많지 않은데, 내 안에 무엇이 숨어 있을지 두렵기 때문이다. 모든 걸 남의 탓으로 돌리느라 바빠서일 수도 있다. 하지만 당신이 성장하고 싶어 하고, 사랑하는 사람과의 관계에서 주도권을 잡아 바람직한 방향으로 이끌어 가고 싶어 한다면 그 자체로 특별하고 대단한 일이다. 가장 약하다고 생각되는 순간에도 우리에게는 자기 자신과 관계를 치유할 수 있는 힘이 있다.

마음은

전쟁터다

머릿속에만 갇혀 있으면, 관계는 죽은 거나 다름없다. 관계가 힘들어지는 이유 중 상당수는 상대와 소통하지 않은 채 현실적 근거가 없는 이야기를 지어내며 그 생각에만 빠져들기 때문이다. 자신감이 없고, 의심만 가득하고, 나에 대한 상대의 감정에 확신이 없을 때, 우리는 그 사람이 무슨 생각을 하고 어떤 기분을 느끼는지 쉽게 (그리고 집요하게) 상상하곤 한다. 실제로는 전혀 모르면서도 말이다.

하지만 상대의 마음을 다 안다고 확신하면 할수록, 거절당했다는 느낌, 좌절감, 분노, 상처는 더 커진다. 그런 감정이 쌓이면 우리는 과격한 행동을 하고, 화를 터뜨리고, 상대방을 응징하고, 감정을 숨기고, 집착하고, 내 감정을 상대에게 투사하고, 갈등을 부추기고, 그러다 결국 관계를 스스로 망치기 쉽다.

그렇게 우리의 마음은 전쟁터가 되는데, 그 싸움을 멈출 수 있는 사람은 오직 우리 자신뿐이다.

case study 1 ▸ 최악의 시나리오를 상상하는 마음

모든 걸 완벽하게 통제해야 직성이 풀리는 켈리는 느긋한 성격의 남편 마이크 때문에 이만저만 답답한 게 아니었다. 나를 만나 제일 먼저 한 말이 "남편은 제 감정을 인정하지 않아요"였다. 배우자가 자기 감정을 인정해 주지 않는다고 이렇게 확신에 차서 말할 때는, 부부 관계가 대단히 심각한 상태라는 걸 바로 알 수 있다. 이런 경우는 대개 이혼으로 이어지거나, 이혼까지 가진 않더라도 두 사람이 서로를 투명인간 취급하며 괴롭고 비참한 상태로 지낼 가능성이 매우 높다.

"제가 하는 일이 너무 많아요. 평소에도 늘 정신없이 바쁘지만, 특히 지난 주말에는 아이 생일 파티를 준비하느라 하나부터 열까지 챙길 게 정말 많았거든요. 그런데도 마이크는 계속 진정하라고만 하는 거예요. 제가 너무 힘들고 스트레스도 심하다고 아무리 얘길 해도 그 사람은 그냥 이해를 못 하는 것 같아요. 예전에 아버지가 엄마한테 꼭 그랬는데, 자꾸 아버지 생각이 난다니까요."

확실히 켈리는 남편을 매우 못마땅하게 여기고 있었다.

"마이크는 제 감정 같은 건 인정하지 않는 것 같아요. 제가 기대하는 걸 채워 주고 있는지도 잘 모르겠고요." 켈리의 말투에 분노가 서려 있었다.

"기대하는 걸 채워 주지 못한다니, 그게 무슨 말이죠?"

"뭐랄까, 그 사람은 저를 전혀 이해하지 못하는 것 같아요." 켈리의 눈에 왈칵 눈물이 솟았다.

"그럴 때 기분은요?"

"그 사람이 정말로 나를 보고 있지 않다는 느낌이 들어요. 저한테 신경도 안 쓰는 것 같고요." 그녀의 목소리가 작아졌다.

"마이크가 신경을 안 쓴다는 건…?"

"그건… 저를 사랑하지 않는다는 뜻이겠죠. 예전만큼 중요한 사람으로 생각하지도 않고요." 눈물이 뺨을 타고 흘렀고, 켈리의 분노는 슬픔으로 바뀌었다.

지난 몇 달 동안, 켈리는 자신이 일에 치여 그렇게 스트레스를 받는데도 마이크가 신경 쓰지 않는 건, 이제는 자신을 진심으로 사랑하지 않아서라는 생각이 줄곧 머릿속에 맴돌았다. 자신이 덜 불안해하도록 위로조차 해 주지 않는 걸 보면, 그는 자신을 걱정하지도 않고, 자신이 필요로 하는 걸 채워 줄 사람도 아니라고 결론을 내렸다. 그러자 자연스레 결혼 생활에도 회의를 품게 되었다.

"왜 그렇게 스트레스가 심한 건가요?"

"그냥 온종일 해야 할 일이 지긋지긋하게 많아요. 요리사로 시간제 근무를 하고 있고, 마라톤에 나가려고 훈련도 받고 있고, 아들 학교 행사에도 참여해야 하고요. 저한테 모든 걸 다 통제하려는 성향이 있다는 건 알고 있어요. 요즘 고치려고 노력 중이고요. 최근에 요가를 시작했거든요. 요가를 하면서 일이 다 완벽하고 매끄럽게 돌아가지 않더라도 너무 걱정하지 말자고 스스로 다독이고 있어요." 그녀는 한숨을 푹 내쉬었다.

뉴욕에 사는 여자들 중에는 '하루에 이 많은 일을 다 하고도 어쩜 그렇게 외모까지 완벽하게 가꾸는 거지?' 싶은 대단한 사람들이 많은데, 켈리가 꼭 그랬다. 그녀의 모습은 슈퍼우먼이 되어야 한다고 느끼는 수많은 여성의 모습이기도 하다. 요즘 여성들은 이것저것 다 해야 할 뿐 아니라, 완벽하게 해내야 한다는 압박에 시달리며 너무 많은 일과 책임을 혼자 떠안으려 한다. 그러다 자신이 감당할 수 있는 범위를 넘어섰다고 느끼면 패닉 상태에 빠지고, 결국에는 자신이 무능하다는 생각에 사로잡힌다. 스스로를 실패한 사람처럼 느끼는 것이다.

나는 이렇게 일에 압도당하는 기분이 어떤 건지 잘 안다. 그런 경험을 한 수많은 여성을 오랫동안 상담하기도 했다.

"그러니까 그날이 아이의 생일이었고, 평소보다 더 부담을 느꼈지만, 마이크는 아무것도 도와주지 않았다고 했죠? 뭐라고 말은 해 봤어요? 그때 남편에게 어떻게 반응했나요?" 내가 물었다.

"으으, 마이크한테 너무 짜증이 났어요! 목소리만 들어도 제가 열받았다는 걸 분명 알았을 거예요."

"마이크에게도 꽤나 스트레스가 되는 상황이었겠네요."

"아, 거기까진 생각을 못 했어요." 순간 당황한 표정을 지은 켈리가 솔직하게 대답했다.

"사실은 마이크도 켈리를 무척 신경 쓰고 있는데, 두 사람이 평소 서로에게 반응하는 방식이 일종의 패턴으로 굳어져서 이렇게 된 거라는 생각은 들지 않으세요?"

"마이크는 굉장히 느긋한 성격이에요. 저는 A형 성격 유형목표지향적이며 계획하고 경쟁하기를 좋아하는 유형—옮긴이을 가진 사람이고요."

"그렇다면 아들의 생일 파티를 준비하는 동안 두 사람은 서로의 행동 방식이 자신과 맞지 않아 부담스럽다고 느꼈을 수도 있겠네요."

켈리의 요구에 마이크가 좀 더 주의를 기울였어야 한다는 점에는 나도 동의했다. 하지만 마이크가 켈리를 사랑하지 않아서 신경을 쓰지 않은 건 아닐 거라는 생각이 들었다. 오히려 모든 것을 완벽하게 준비하려는 켈리의 요구 때문에 마이크가 감당하기 힘들 정도로 무력감을 느꼈을 수도 있다고 짐작했다. 그래서 아내의 스트레스로부터 자신을 보호하려고 마음의 문을 닫은 건 아닐까.

그런데 켈리는 '그 사람이 나를 정말로 사랑한다면 분명 …했을 텐데'라는 믿음에 사로잡혀 있었다. 나는 그녀가 상황을 다르게 보고 남편과의 사이를 개선할 수 있도록 도와야 했다.

"마이크가 예전만큼 당신을 사랑하지 않는 것 같아 걱정되고 슬프다는 거, 마이크도 알고 있나요? 혹시 켈리가 자기를 아무 도움도 안 되는 짜증 나는 인간으로만 여긴다고 생각하진 않을까요?" 나는 살짝 미소를 지으며 눈을 찡긋했다. 난감한 걸 묻긴 했지만, 그래도 여전히 내가 그녀 편이라는 메시지를 전하고 싶었다.

켈리는 두 손으로 얼굴을 감쌌다. "윽, 모르겠어요. 내가 마이크에게 너무 심하게 굴었다는 생각이 들 때도 있긴 해요. 하지만 가끔은, 도움이 절실한데도 전혀 따라 주지 않으니 더 스트레스를 받는단 말이에요!"

"그 마음 이해해요. 정말로요. 그런데 우리 내면의 목소리는 관계에 엄청난 영향을 미치거든요. 그 목소리를 의심하지 않으면, 관계를 망가뜨릴 수도 있어요. 지금 켈리는 마이크의 의도를 머릿속에서 마음대로 상상하는 것 같아요. 켈리의 스트레스가 마이크에게 어떤 영향을 주는지는 고려하지 않고, 마이크가 나를 '신경조차' 쓰지 않는다고 단정 짓고 있잖아요. 두 사람의 반복되는 행동 패턴 속에서 내가 어떤 역할을 하는지는 보지 않고,

그저 상대를 원망만 하고 있어요. 사실 원망의 밑바닥에는 두려움과 상처가 있다는 걸 이제 우리 둘 다 알잖아요? 그럼에도 지금 켈리는 남편에 대한 반감이 너무 높게 쌓여서, 남편을 나를 사랑하지도 않는 무심하고 나쁜 인간으로 만드는 이야기에 갇혀 있어요. 하지만 이 이야기에는 분명 다른 측면이 있을 거란 생각이 강하게 드네요.”

내 머릿속 이야기를
의심하라

여기에 받아들이기 어려운 진실이 숨어 있다. (자신과의 관계를 포함해) 관계에서 생기는 문제 대부분이 우리가 만들어 낸 부정적인 생각과 이야기에서 비롯된다는 점이다. 그리고 자신과의 관계에서 우리가 가장 치열하게 싸우게 되는 무서운 상대는, 자신을 가치 없는 존재라고 깎아내리는 비판적인 마음이다. 어떤 커플이 싸움을 멈추지 못할 때, 두 사람은 서로와 싸우는 게 아니다. 서로에 관해 각자가 지어낸 이야기와 싸우고 있는 것이다.

마이크가 켈리의 힘든 상황을 알아주려고 좀 더 노력했어야 한다는 점은 분명하지만, 그럼에도 켈리가 몇 가지 사실을 바탕으로 만들어 낸 이야기에는 과장된 면이 없지 않았다. 아버지가 어머니에게 그랬던 것처럼, 마이크도 무심하고 이기적이고 쌀쌀맞은 남편일지도 모른다는 두려움이 그런 이야기를 만들어 낸 듯했다. 또한 켈리의 이야기에는 결정적인 정보가 빠져 있었다. 바로 마이크의 경험과 감정이었다.

나는 켈리에게 다음과 같은 의도를 갖고 마이크와 대화를 나눠 보라고 조언했다.

- 상대의 입장에서 이야기를 들어볼 것(적극적으로 듣기)
- 사랑받지 못한다는 생각 때문에 얼마나 두려운지, 자신의 감정을 솔직하게 말할 것(감정적 취약성 드러내기)
- 상대를 나쁜 사람으로 몰아간 것에 대해 진심으로 미안한 마음을 전할 것(자기 행동에 책임지기)
- 일이 많아 감당이 안 될 때, 어떤 도움이 필요한지 구체적으로 말할 것(요구 사항을 분명하게 표현하기)

켈리는 이 대화를 통해 큰 깨달음을 얻었다. 그동안 자신이 종종 스트레스를 심하게 받는다는 건 알았지만, 그런 모습이 마이크에게 어떤 영향을 미치는지는 미처 알지 못했다. 그동안 켈리는 마이크에게 도와달라고 미리 요청하는 대신 자기 머릿속으로 들어가 버리곤 했다. 마이크의 감정을 혼자 이리저리 추측하다가 마음은 전쟁터가 되었고, 그러다 보니 더욱 화가 나 마구 불만을 터트렸다. 한편 마이크는 정신없이 상황을 통제하려는 켈리의 기에 눌려, 무력감을 느끼거나 위축되는 일이 반복되고 있었다.

단 한 번의 솔직한 대화만으로 켈리는 마이크가 자신을 지지하지 않는 무심한 남편이라는 믿음을 내려놓게 됐다. 그리고 상담을 이어 가면서, 슈퍼우먼이 되어야 한다는 강박을 버리고, 대신 스트레스를 건강하게 다루는 법을 배우기 시작했다. 또한 마이크에게 바라는 점이 있을 때는, 자기 마음을 알아채지 못한다고 원망하기보다는 자신의 의사를 더 분명하게 전달하는 방법도 연습했다.

마음을 다스리는 훈련을 하지 않으면, 우리는 사랑하는 사람을 제대로 보는 데 실패하고 만다. 상대를 있는 그대로 보지 못하고 어머니나 아버지, 예전 연인의 모습을 그 위에 덧씌운다. 더 건강한 관계를 원할 때 우리가 할 일은, 상대와 소통 없이 혼자 상상으로 만들어 낸 이야기에 의문을 던지는 것이다. 그렇게 하지 않으면 상대에 대한 저항감만 쌓이고, 저항감은 원망으로 이어지며, 원망이 커질수록 우리는 더 마음을 닫게 된다. 마음을 닫으면 유대감은 희미해지고, 그럴수록 우리는 쉽게 과민 반응을 보이거나 상대를 비난하게 된다. 이런 식으로 서로에 대한 부정적인 이야기가 걷잡을 수 없이 커지다 보면, 결국 관계가 깨지게 될 때가 많다.

다행히 전쟁에서 승리하는 일은 생각만큼 복잡하지 않다. 자신이 머릿속에 갇혀 있다는 것, 두려움이 만들어 낸 이야기에 빠져 있다는 것을 알아차리는 것만으로도 우리는 이미 한 걸음 크게 나아간 셈이다. 내 마음이 나를 지배하고 있었을지도 모른다는 사실을 인정하는 순간, 두려움을 다스리고, 상황을 다르게 바라보는 열린 마음을 키울 수 있다. 이것이야말로 성숙한 관계의 기술이다. 누구나 이 기술을 익힐 수 있지만, 그 과정에는 책임감이 요구된다. 서운함이 쌓이지 않도록 책임감 있는 태도로 솔직하게 소통해야 한다. 이 책임을 외면하면, 연인이나 배우자와 계속 싸우다 결국 헤어지거나, 헤어지지 않더라도 불행한 관계를 이어 가게 된다.

사랑하는 사람이 내 마음을 아프게 할 때, 우리는 말로 다할 수 없는 충격과 절망감을 경험한다. 때로는 그 사람이 나와는 전혀 관계가 없는 어떤 문제나 스트레스 때문에 필요한 만큼 내곁에 있어 주지 못할 수도 있다. 또 어떤 경우는 그 사람이 내가 인생에서 추구하는 것과 다른 것을 원할 수도 있다. 그런데 이런 일이 벌어졌을 때, 많은 이들이 자신이 좀 더 사랑스러웠다면, 예뻤다면, 중요한 사람이었다면, 상대방이 모든 문제를 잊고 나를 선택했을 거라며 스스로를 비난하곤 한다. 사실은 상대가 나와의 관계에 앞서 해결해야 할 일이 있었다는 것을 제대로 인식하지 못하고, 내가 부족한 사람이어서 상대가 나를 떠났다는 식의 엉뚱한 상상을 하게 되는 것이다. 하지만 그건 우리 삶을 망가뜨리는 거짓된 이야기다.

생각 지옥에 갇힌 사람들

우리 마음속에는 길들여지지 않은 채 제멋대로 날뛰는 원숭이가 산다. 겁이 많고 매사에 부정적인 이 원숭이는 이 생각에서 저 생각으로 계속 어지럽게 뛰어다닌다. '원숭이 같은 마음monkey mind'은 통제되지 않고 끊임없이 흔들리는 마음 상태를 가리키는 불교 개념으로, 곧 고통을 의미한다.

원숭이 같은 마음에 사로잡히면 우리는 불안하고 초조해지며, 켈리처럼 좌절하거나 남을 원망하게 되기도 한다. 이 마음은 제어하기가 힘들고 혼란스러워서 우리 삶을 쉽게 파괴할 수 있다. 정신 건강을 해치고, 이별의 아픔에서 벗어나지 못하게 만들고, 관계를 망쳐 놓기도 한다. 자기 생각에 의문을 던져 원숭이 같은 마음이 관계를 지배하지 못하게 하는 것은 무척 중요한 관계의 기술이다.

원숭이 같은 마음을 다스리기 위해 누구보다 치열하게 노력해야 했던 사람이 바로 나다. 나는 매사에 예민하게 반응하는 편인데, 이런 성향이 창의적이고 전문적인 일을 할 때는 도움이 되지만, 마음챙김 명상과 부단한 훈련이 없었다면 내게 큰 고통을 안겨 주는 원인이 되었을 것이다. 때로 너무 많은 생각은 삶을 마비시킬 만큼 압도적이다.

확실히 어떤 사람은 지나치게 많은 생각 때문에 다른 사람들보다 훨씬 더 힘들어하기도 한다. 하지만 자기 생각에 사로잡힌다는 게 어떤 건지 모르는 사람은 없다. 베스트셀러 작가인 웨인 다이어Wayne Dyer는 "생각을 바꾸면 인생이 바뀐다"고 했는데, 나는 그 말에 이렇게 덧붙이고 싶다. "이야기를 바꾸면 인생이 바뀐다."

우리가 살면서 겪게 되는 가장 고통스러운 경험 중 하나가 사랑하는 사람과의 이별일 것이다. 이미 끝난 관계를 놓아 주고 앞으로 나아가야 하는 아픔만큼 우리를 머릿속에 갇히게 만드는 일도 드물다. 모든 이별이 같지는 않지만, 어떤 이별은 정신적으로 큰 재앙이 되기도 한다. 우리를 완전히 무너뜨리고, 존재 자체를 의심하게 만들기 때문이다. 고통스러운 이별 앞에서, 그 이별에 관해 스스로에게 들려주는 이야기가 그것을 어떻게 극복할지 결정한다는 사실을 나는 직업적으로도, 그리고 개인적 경험을 통해서도 알게 되었다.

이별을 겪을 때 사람들은 '상실의 5단계'와 비슷한 여러 단계를 거치게 되는데, 그 시작은 매우 격렬해서 마치 약물 금단 증상과도 유사하다. 인생에서 가장 중요한 사람을 잃은 것 같고,

심지어는 팔다리가 잘린 것처럼 느껴지기도 한다. 이런 초기 단계에서 사람들은 정체성의 혼란을 겪는다. 더 이상 누군가의 남자 친구나 여자 친구, 배우자가 아니라 혼자이기 때문이다.

누군가와 관계를 맺는 동안 우리의 신경계는 서로 동기화된다. 말 그대로 상대에게 '맞춰져' 있다. 그러다 이별이 찾아오면 하루의 흐름, 일상의 습관, 사회적 관계 같은 삶의 자연스러운 질서가 송두리째 흔들린다. 이별을 겪어 본 사람이라면 누구나, 그때 우리 마음이 얼마나 엉망이 되는지 안다. 우리는 모든 것에 회의를 느낀다. 신을 믿던 사람은 신의 존재를 의심하고, 자신이 혼자서 살아갈 능력이 있는지 의심하고, 자신의 결정, 행동, 가치에 끝없이 의심을 품는다. 특정 대화 내용을 머릿속에서 반복 재생하며, 자기 마음을 통제할 수 없다는 느낌에 사로잡혀 일종의 강박 상태에 빠져든다.

이별의 시간을 거치는 동안 사람들은 제정신이 아닌 듯한 기분을 자주 느낀다. 한동안은 헤어진 연인을 간절히 그리워하다, 다음 순간에는 미치도록 증오하기도 한다. 극단적인 감정의 파도 속에서 하루하루를 버티는 것이다. 생각과 감정의 노예가 된 것 같은 이 느낌은 크나큰 고통을 준다. 실연의 아픔이란 바로 이런 것이다.

물론 이별 후 회복 과정은 사람마다 다르고, 관계의 깊이, 헤어진 방식, 주변인들의 도움에 따라서도 달라진다. 그래도 대개는 6개월이 지나면 조금씩 나아지다가 1년쯤 되면 본래의 자신으로 되돌아왔다고 느끼게 된다. 하지만 어떤 사람은 자신의 아픔에 관한 이야기 속에 갇혀서 새로운 삶을 시작하는 데 애를 먹기도 한다. 사라가 그랬다.

case study 2 ▸ 함께 있지만 다른 곳을 바라볼 때

사라는 친구들과 여행을 다녀온 직후, 3년 사귄 남자 친구와 헤어졌다. 그리고 8개월이 지나서야 나를 찾아왔다. 첫 상담에서 그녀는 남자 친구와 헤어졌을 때 이야기를 들려주었다.

"가장 친한 친구를 잃어버린 느낌이었어요. 우린 진짜 가까웠거든요. 그런데 어쩌다 여기까지 왔는지 모르겠어요."

"어떤 일이 있었죠? 사라가 보기엔 왜 헤어진 것 같아요?"

"마지막 1년 동안은 사이가 그리 좋지 않았어요. 한번씩 정말 크게 말다툼을 하곤 했죠. 저는 아버지 때문에 마음에 상처가 있어요. 어렸을 때 아버지가 늘 집에 없었거든요. 그래서 남자 친구와 싸울 때마다 너무너무 불안해졌고, 그래서 계속 매달리게 됐던 것 같아요. 심리 상담을 받았고, 남자 친구도 받았어요. 그게 약간 도움이 되긴 했지만, 결국 합의점에 다다르진 못했던 것 같아요."

"무슨 일 때문에 싸웠어요?"

"처음 만났을 때 제 나이는 서른다섯, 남자 친구는 서른일곱이었어요. 아이를 낳고 싶은지 확신이 없었고, 그건 남자 친구도 마찬가지였어요. 그래서 한동안 미뤄 두고 지냈죠. 그런데 2년이 지나 제가 서른일곱이 되니까, 아이가 생기면 좋겠다는 생각이 들었어요. 그래서 남자 친구에게 얘기를 꺼냈더니, 자기는 아이를 원하는지 잘 모르겠다고 말하더라고요. 그때부터 둘 사이가 이상해지기 시작했어요. 그 일에 대해 여러 번 대화를 나눴는데, 남자 친구는 저를 사랑하지만 가족을 이루고 싶지는 않다고 했어요. 근데 정말 사랑한다면 가족을 이루고 싶어 해야 하는 거 아닌가요?"

사라는 눈물을 참으며 빠르게 말을 쏟아 냈다. 나는 사라에게 한 손을 가슴에 얹고 천천히 깊게 숨을 들이마신 다음, 내쉬는 숨에 집중하면서 몸 상태를 느껴 보라고 했다.

"정말 쉽지 않은 일이죠. 한 사람은 아이를 원하는데 다른 사람은 원하지 않는다면, 그건 보통 까다로운 문제가 아니에요."

사라는 고개를 끄덕였다. "네, 맞아요. 아이를 갖고 싶다는 마음은 그만 접자고 스스로를 달래기도 했었어요."

"그래서 그 문제를 어떻게 해결했나요? 아무래도 그 일로 두 사람이 헤어진 것 같은데요?" 내가 물었다.

"생각이 왔다 갔다 하는 채로 1년이 흘렀어요. 그런데 남자 친구를 원망하는 마음이 자꾸 들더라고요. 제가 남자 친구의 생각을 바꾸려고 하니까, 남자 친구가 저에게 화를 낸 적도 몇 번 있었어요. 서로에게 점점 짜증이 나기 시작했고, 잠시 떨어져 있는 게 좋겠다 싶어 친구들과 여행을 가기로 한 거죠. 남자 친구는 일이 많았거든요. 그래서 주말 동안 저만 친구들과 여행을 갔다 돌아왔는데, 글쎄 저한테 '다 끝났다'고 말하는 거예요."

"정말 그렇게 말했다고요? 그 전에 무슨 얘기가 오간 것도 아니고요?"

"그렇다니까요. 남자 친구는 '다 끝났다'는 식으로 말했고, 저는 '그게 무슨 소리냐'고 했죠. 남자 친구 말로는, 아이를 낳고 가족을 꾸리려는 저를 자기가 가로막고 있다는 생각이 들었대요. 그러면서 그동안 너무 큰 부담감을 느꼈는데, 자신은 아이를 원하지 않는다는 생각이 확고하다고 했어요. 앞으로도 그 생각이 바뀔 것 같지 않다면서, 제 미래를 방해하고 싶지 않다고요. 그래서 저는 말했죠. 내가 원하는 건 '너와 함께' 아이를 갖는 거라고요!"

사라의 이야기를 들으며, 나는 평소보다 더 감정이 동요하는 걸 느꼈다. 내 전남편은 진심으로 아이를 원했고, 나 역시 그랬지만, 유산이라는 힘든 일을 겪으며 우리가 아이를 갖는 게 과연 가능한 일인지 다시 생각하게 됐다. 그 후 아이를 낳을지 말지가 우리 관계의 중심 주제가 되었고, 결국 우리 사이를 멀어지게 만든 원인이 되었다.

사라가 말했다. "그 사람이 저한테 헤어지자고 말한 방식이 정말 너무했다는 생각이 계속 들어요. 완전히 배신당한 기분이었어요. 저를 사랑한다면서 어떻게 그럴 수가 있죠?"

'배신'이라는 말을 듣자마자, 내 귀가 쫑긋해졌다. 사라가 8개월이 지나도록 이별에서 헤어 나오지 못하는 이유가 자신이 배신당했다는 생각 때문일지도 모른다는 느낌이 들었기 때문이다.

이별을 다르게 해석하는 법

나에게는 이별 후의 아픔을 극복하는 데 전환점이 된 순간이 있었다. 내 삶이 앞으로 나아가지 못하는 이유가 사실은 전남편과 아무 관련도 없다는 걸 깨달았을 때였다. 그보다는 내가 사랑받을 만한 가치가 없는 사람이라는 믿음, 남편에게 내가 별로 중요하지 않은 존재였다는 생각이 진짜 걸림돌이었다. 전남편이 관계를 끝낸 방식이 나의 그런 믿음을 강화했다. 남편은 문자로 집에 오지 않겠다고 말했고, 이어진 대화도 전화 통화로만 이루어졌는데, 하필 그 시기는 우리 엄마가 폐암으로 투병하던 때였다.

이별 후 오랜 시간이 지나도 슬픔의 단계에 단단히 갇혀 헤어 나오지 못하는 사람들에게서 나는 매번 같은 모습을 본다. 어느 순간, 문제는 더 이상 두 사람 사이의 일이 아니다. 우리가 스스로에게 들려주는 이야기, 그리고 그 이야기가 우리의 존재 의미와 가치를 의심하게 만드는 것과 더 관련이 있다. 한차례 슬픔이 지나간 자리에는 '나는 부족한 사람이야'라는 믿음이 들어서고, 그 믿음 때문에 앞으로 나아가는 일이 무척 어려워진다.

하지만 진실은 이렇다. 두 사람은 서로 사랑할 수 있고, 서로에게 큰 의미가 될 수 있지만, 그와 동시에 서로의 마음을 아프게 할 수도 있다. 이별은 누구에게나 아주 어려운 일이다. 대부분의 관계는 사랑하지 않아서 끝나는 게 아니기 때문이다. 도저히 맞춰질 수 없는 차이 때문에 끝이 날 때가 더 많다.

사라는 스스로에게 '배신당했다'는 이야기를 계속해서 들려주고 있었고, 나는 그 이야기를 바꾸도록 도와주고 싶었다.

사라에게 물었다. "두 사람은 행복했었나요? 사라는 아이를 원하지만, 남자 친구는 그렇지 않다는 걸 알고 난 후로 많이 다퉜을 것 같아요. 둘 다 스트레스가 심했을 거예요. 사람들은 헤어지고 나면 그 전까지 얼마나 불행하고 지쳐 있었는지 잊어버리고 기억을 미화할 때가 있거든요."

사라는 잠시 생각하더니, 한숨을 크게 내쉬었다. "마지막 1년은 정말 힘들었어요. 사이가 좋지 않았거든요."

"매일 밤 연인과 나란히 누워 있으면서도 사이가 좋지 않은

게 어떤 건지 저도 잘 알아요. 인생의 지향점이 서로 다르다는 뼈아픈 현실을 직면하는 것도, 해결점에 도달하지 못할 것 같은 느낌도 알고요. 두 사람이 얼마나 힘들었을지 상상이 가요."

사라의 눈에 눈물이 고였다.

나는 이어서 말했다. "두 사람은 오를 수 없을 것 같은 큰 산을 마주했던 거예요. 대부분의 커플은 언젠가 그 산을 마주하게 되고, 함께 오를지 말지 결정해야 하죠. 둘이 함께 산을 오르는 방법을 찾아내지 못한 것이 큰 문제는 아니에요. 그것도 삶의 일부니까요. 사라의 이야기를 들어 보면, 두 사람은 정말 할 수 있는 최선을 다한 것 같아요. 서로 사랑했다는 게 분명히 느껴지거든요. 제 생각엔, 남자 친구도 이별을 결심하기가 쉽지만은 않았을 거예요. 다만 두 사람이 계속 비참하게 지내지 않도록 먼저 결단을 내린 거겠죠."

합의점을 찾기 힘든 상황에서 두 사람이 어떻게든 헤쳐 나가려고 애쓰는데도 관계가 뜻대로 굴러가지 않으면, 우리는 심리적으로 부담을 느끼며 엄청난 에너지를 소모하게 된다. 헤어져야 할 이유가 분명하고 타당할 때조차, 사랑하던 사람에게서 멀어지는 것은 무척이나 어려운 법이다.

사라와 코칭을 진행하며, 그녀가 새로운 삶을 살도록 돕는 것을 목표로 삼았다. 그녀가 더 이상 지난 관계에 얽매이지 않고 자신에게 집중할 수 있게 하려면, 이별을 다른 관점에서 보도록 해야 했다.

"만약에 남자 친구가 헤어지자고 안 했으면, 지금도 계속 함께였을까요?" 내가 물었다.

"아마도요. 저는 먼저 헤어지자고 말하는 스타일은 아니거든요. 유효기간이 지난 관계도 쉽게 벗어나지 못하는 패턴이 있어요. 다 내려놓는 일이 너무 힘들더라고요."

"저랑 비슷한 부류시네요." 내가 눈을 찡긋하자, 사라가 웃었다. "하지만 그때 헤어지지 않았다면 마흔이 돼서도 여전히 아이 없이 지내고 있을 거예요."

"그렇지만 지금도 아이 없이 지낼 가능성이 높은걸요! 싱글이잖아요!"

"그래도 지금은 가능성이 약간은 있죠. 어쩌면, 어쩌면 말이에요. 남자 친구가 먼저 헤어지자고 한 게 잘된 일일 수도 있어요." 내가 조심스럽게 말했다. "남자 친구가 좀 더 사려 깊게 말했다면 좋았을 거라는 아쉬움은 있어요. 여행에서 돌아오자마자 그런 말을 꺼내지 않았더라면 좋았겠죠. 남자 친구가 지금 여기 있다면, 그건 잘못이었다고 말할 거예요. 하지만 당신을 보내 주는 게 그 사람이 할 수 있는 유일한 선택이자, 옳은 일이라고 느꼈다면 어떨까요? 당신이 진짜로 원하는 삶을 더는 막을 수 없다고 생각했다면요?"

"맞아요, 남자 친구도 그런 식으로 말했었어요." 사라가 인정했다.

"그렇다고 슬픔이 줄어드는 건 아니에요. 이별은 누구에게
나 힘들고 아픈 일이에요. 하지만 적어도 남자 친구가 그저 당신
을 신경 쓰지 않아서 헤어진 건 아니라는 게 진실이에요. 제 생
각에, 두 사람 모두 마음 깊은 곳에서는 어떤 길이 옳은지 이미
알고 있었을 거예요. 남자 친구가 그걸 행동으로 옮긴 거고요.
이별하는 데 '옳은' 방법 같은 건 없을 때가 많아요. 특히 두 사람
처럼 1년을 다퉈 온 사이라면요."

사라는 처음에 넋이 나간 듯한 상태로 나를 찾아왔었다. 그
녀의 머릿속은 남자 친구가 자신을 배신했고, 심지어 사랑하지
도 않았다는 생각으로 가득 차 있었다. 나는 사라가 두 사람 사
이에 일어난 일의 진실을 깨닫고, 떠난 사람은 그녀의 운명이 아
니었다는 사실을 이해할 수 있도록 도왔다. 그리고 시간이 지나
면 사라도 그 이유를 알게 될 거라고 말해 주었다.

이제 마흔두 살이 된 사라는 결혼했고, 최근에 아기를 낳았다.

연습하기

부정적인 생각에서 빠져나오기

관계에 얽힌 문제는 상대방에 관해 혼자 머릿속으로 이야기를 만들어 내다가 생기는 경우가 많다. 거기에 소통 부족까지 더해지면, 둘 사이는 혼돈에 빠질 수밖에 없다. 따라서 건강한 관계를 맺으려면 자기 생각에서 빠져나오는 연습을 꾸준히 해야 한다. 아래는 사랑하는 사람이나 자기 자신에 대한 부정적인 생각에 휩싸일 때, 생각의 틀을 바꾸기 위해 실천할 수 있는 구체적인 단계들이다.

1. 알아차리기

부정적인 생각이 반복해서 떠올라 머릿속을 떠나지 않을 때, 우선 그런 상태를 자각해야 한다. '지금 나는 생각이 너무 많아. 머릿속 이야기에 갇혀 있어. 잠시 멈추는 시간이 필요해'라는 식으로 자신을 관찰한다. 알아차리는 연습을 하면, 상황을 있는 그대로 바라보는 법을 배울 수 있다. 반대로 생각에 너무 몰두하면, 몸에서도 특정한 신호가 나타난다. 턱에 힘이 들어가고, 목과 어깨가 경직되고, 호흡이 얕아지며, 얼굴 근육, 특히 눈 주위와 눈썹 사이가 긴장한다. 이런 몸의 변화에 주의를 기울이면 자신의 상태를 알아차리는 데 도움이 된다.

2. 멈추기

잠시 멈춰서 숨을 깊게 들이마셨다가 깊게 내쉰다. 적극적으로 호흡하며 몸과 마음의 긴장을 덜어 낸다. 어떤 이야기에 사로잡히면 생각이 빠르게 돌아가는데, 호흡을 활용하여 그 속도를 늦출 수 있다. 생각은 원래 반복되는 경향이 있어서, 속도만 늦춰 줘도 도움이 된다.

3. 믿을 만한 조언자에게 연락하기

친구, 가족, 심리 치료사처럼 믿을 만한 사람에게 연락해서 "내가 자꾸 이런저런 생각을 하고 있다"고 털어놓는다. 이때 상대방은 화풀이 대상이 아니다. 지금 내 마음이 전쟁터처럼 혼란스러운지 아닌지 판단할 수 있도록 이성적인 목소리를 들려주는 사람이어야 한다. 마음이 전쟁터가 될 때, 우리는 이성을 잃는다. 그럴 때는 내 생각에 같이 휘말리지 않고, "어쩌면 지금 너무 과하게 반응하고 있는 걸 수도 있어"라고 말하며 나를 현실로 돌아오게 하고, 다른 관점을 제시해 줄 누군가가 필요하다.

4. 몸 움직이기

운동은 자꾸 반복되는 생각을 끊어 내는 데 매우 효과적이다. 장시간 산책 역시 도움이 된다. 더 자세한 내용은 '진실 1 연습하기'를 참고하자.

5. 주의를 전환하는 질문하기

새로운 관계든 오래된 관계든, 관계 때문에 스트레스를 받을 때 그 생각에서 벗어나기란 쉽지 않다. 신경이 곤두서 짜증을 내거나 두려움에 사로잡히고 내면의 지혜, 직관, 이성적 사고와 멀어진다. 이런 상태에서는 자기도 모르게 이기적이거나 자기중심적이 되어, 상대의 욕구나 관계에 필요한 것에도 동등하게 관심을 갖는 대신, 자신의 욕구와 상대방이 그 욕구를 충족시켜 주는지에만 골몰하게 된다. 상대의 장점에 감사하기보다 그 사람의 결점과 잘못된 것에 집착한다. 새로 만난 연인에게 마음을 여는 대신 지나치게 경계하며 문제의 징후를 찾는다.

이럴 때는 다음과 같은 질문을 스스로에게 던져 보는 것이 좋다. '나는 지금 무엇에 집중하고 있는가? 이 상황을 다른 의미로도 해석할 수 있을까? 내가 기분이 안 좋거나 스트레스가 심해서 상황을 명확하게 보지 못하는 건 아닐까? 이 이야기에 또 다른 측면이 있진 않을까?'

6. 내면의 지혜와 직관에 귀 기울이기

내면의 소리에 귀 기울인다는 건, 사랑하는 사람을 있는 그대로의 모습으로 바라본다는 뜻이다. 또한 상대와 함께 있을 때 내 몸이 하는 말에 귀 기울인다는 의미이기도 하다. '이 사람과 함께 있으면 기분이 좋은가? 혹시 과거의 일로 불필요하게 긴장하고 있는 건 아닐까? 지금 이 순간 내 몸에서 어떤 감각이 느껴지는가?' 같은 질문을 해 보자.

연애할 때 우리는 종종 자신을 부족하다고 느끼거나 상대의 말과 행동을 과도하게 분석하면서 심리적 혼란에 빠진다. 데이트를 하고 돌아와서 대화 내용을 되짚어 보며 멋지고, 똑똑하고, 재미있는 인상을 주지 못했다고 후회한 적이 얼마나 많은가? 상대방이 내가 보낸 문자를 읽고도 답이 없을 때, 그 사람의 행동, 생각, 느낌을 혼자 머릿속으로 상상한 적은? 그런 때일수록 머릿속에서 빠져나와 몸의 반응에 집중해야 한다. '내가 정말로 이 사람을 좋아하는 걸까, 아니면 나를 좋아하게 만들려고 집착하고 있는 건 아닐까?'라고 스스로에게 물어보자.

스트레스에 대처하기

스트레스는 관계에 엄청난 영향을 미치는데도 그동안 이 점이 제대로 논의된 적이 없는 것 같다. 스트레스란 어떤 것을 불확실하고 통제 불가능하다고 느끼는 감정적·생리적 상태를 가리킨다. 극도의 스트레스를 받을 때, 우리는 일상적인 요구들에 대처할 능력이 부족하다고 느끼고, 파트너와의 관계에 시간과 에너지를 쏟으려는 의욕마저 잃어버린다.

살다 보면 유독 어려운 문제들이 생길 때가 있고, 그럴 때 스트레스를 느끼는 건 자연스러운 일이다. 하지만 스트레스가 관계에 미치는 영향은 반드시 정확히 알 필요가 있다. 파트너에게 계속해서 감정을 쏟아 내고 있진 않은가? 상대를 자기 뜻대로 통제하려 하진 않나? 지금 이 순간에 집중하지 못할 때가 많은가? 버럭 화를 낼 때가 잦은가? 마음을 닫아 버리진 않았나? 다른 사람에게 의존하게 되는가? 재미있는 일을 하는 걸 멈추진 않았나?

스트레스로 지쳤을 때, 우리는 자신과 주변 상황을 제대로 보지 못하고, 머릿속 생각에만 더 깊이 사로잡힌다. 사람들은 스트레스가 줄어들면 타인과의 관계도 저절로 좋아질 거라고 생각하지만, 안타깝게도 그렇지 않다. 관계를 개선하려면 먼저 스트레스에 반응하는 방식을 바꿔야 한다. 이를 위해 다음과 같은 방법들을 추천한다.

- 매일 명상하기

- 요가 니드라 하기(편안한 자세로 누워, 안내에 따라 몸과 마음의 긴장을 서서히 단계적으로 해소해서 깊은 이완 상태에 다다르는 요가 수행법의 하나다. 유튜브에 무료로 공개된 짧은 가이드 영상들이 많다.)

- 매일 움직이기(그냥 오래 걷기만 해도 괜찮다.)

- 해야 할 일을 몇 가지 줄이기

- 하루 중 아무것도 하지 않는 여백의 시간 갖기(휴대폰은 보지 않는다.)

- 창의적인 활동 하기(그림이나 노래처럼 기분을 좋게 하는 취미는 스트레스 감소에 매우 효과적이다.)

- 반려 동물과 시간 보내기

- 좋은 친구와 만나기(서로의 신경계를 안정시키고 균형을 잡을 수 있게 도와준다.)

- 다른 사람을 돕기(이타적인 행동을 하면 자기만의 생각에서 쉽게 빠져나올 수 있다.)

욕망과

사랑은

다르다

만나자마자 에너지를 마구 솟구치게 하는 사람이 있다. 전기가 통하는 것처럼 마음속이 환해지는 느낌이 든다. 그 사람과 사귀기 시작하고, 함께 진지하면서도 깊이 있는 시간을 보낸다. 삶의 의미에 대해 오래 대화를 나누고, 그동안 살아온 이야기도 서로에게 들려준다. 육체적 끌림은 말로 표현할 수 없을 만큼 짜릿하고 흥분된다. 너무나도 오랜만에 나를 이해해 주고 강렬하게 원하는 사람을 만난 것 같고, 함께 있으면 마음이 편안해진다. 이럴 때 우리는 생각한다. '마침내 운명의 짝을 만났구나.'

하지만 몇 주가 지나면, 함께 보내는 시간이 처음만큼 길진 않다. 그 사람과 함께 있으면 기분이 정말 좋지만, 함께 있지 않으면 불안하고 자신감도 떨어져서 다시 예전 같은 느낌을 되찾을 수 있기를 간절히 바라게 된다. 그 사람은 처음만큼 문자도 자주 보내지 않는다. 예전에는 데이트할 날짜와 시간을 정확히 정했는데, 이제는 언제 만날지 불확실하거나 만나기 직전까지 미루다 정할 때가 많다. 막상 함께 시간을 보내도 어딘가 분위기가 어색하다. 왠지 거리감이 느껴진다고 말하고 싶어도, 상대는 그런 이야기를 꺼내는 것 자체를 싫어하거나 관심이 없는 것처럼 보인다. 뭔가가 변한 것이다.

이 멋진 사람은 더 이상 나에게 반한 것 같지 않고, 그걸 어떤 식으로 이해해야 할지도 모르겠다. 가슴이 찢어질 듯 슬프다. 겨우 두어 달 정도 만났을 뿐인데도 그동안 정말 오래 만난 어떤 사람보다도 깊고 강한 유대감을 느꼈고, 이 사람과 평생을 함께하고 싶었다. 이 사람을 정말 사랑한다고 믿었다.

그런데 정말 그럴까?

사실 우리 주변에는 진지한 관계보다는 일시적인 친밀감만을 원하는 사람이 꽤 있다. 그게 진실이다.

case study 1 ▸ 과대평가된 케미스트리

다니엘은 성공한 여성 사업가다. 자선 단체 두 곳을 운영하고, 몇 년 전에 이혼해 딸과 함께 살고 있다. 똑똑하고, 자신을 객

관적으로 볼 줄 알고, 멋진 외모에 유머 감각도 지녔다. 이혼 후 한 남자와 2년간 만난 적이 있지만, 반복해서 거리를 두는 데다 그녀의 요구를 제대로 충족시켜 주지도 못하는 사람이어서 감정 소모가 매우 컸다. 다니엘은 진짜 사랑하는 사람을 만나 모든 걸 다시 시작할 준비가 됐을 때 나를 찾아왔다. 그녀는 진실을 듣고, 내가 제시하는 조언을 따를 준비가 된 사람이었다.

다니엘은 데이팅 앱을 통해 다정하고 능력 있는 이혼남 저스틴을 만났고, 두 사람은 금세 친해졌다. 대략 2주 동안 자주 만나서 좋은 시간을 보낸 뒤, 다니엘은 몹시 들떠서 벌써 저스틴과 함께할 미래를 상상하기 시작했다. 어서 빨리 여행도 같이 가고, 서로의 아이들과 가까운 친구들도 만나 보고 싶어 참을 수가 없었다.

"그 사람과 있으면 이루 말할 수 없이 마음이 편안해요. 이렇게 누군가와 연결되어 있다고 느낀 건 진짜 오랜만이거든요. 나, 이 사람이 정말 좋아요." 다니엘이 속마음을 털어놓았다.

나는 진심으로 같이 기뻐해 주고 싶었지만, 그러지 않았다. 그 전에 저스틴도 같은 감정을 느끼고 있다는 확신이 필요했기 때문이다. 지난 연애에서 다니엘이 자신의 요구를 제대로 충족시키지 못하는 사람과 2년이나 관계를 이어 간 걸 보면, 의심이 들 수밖에 없었다. 그녀가 중심을 잡을 수 있게 도와줘야 했다.

그때 다니엘이 경고 신호로 보일 만한 중요한 말을 했다.

"한 가지 아쉬운 건, 저스틴이 전만큼 자주 연락하지 않는다는 거예요. 최근에 일이 너무 바빠서 약속 잡기가 힘들기도 하고요. 처음에는 우리 사이가 굉장히 잘 풀리는 것 같았는데, 요즘은 그 사람 일 때문인지 조금 답답하게 흘러가는 기분이에요."

"만나자고 얘기했어요? 함께 시간을 더 보내고 싶다고 말해도 되잖아요."

사실 다니엘은 저스틴과 만나려고 여러 차례 계획을 세웠다. 저스틴도 대답은 늘 긍정적으로 해 놓고, 나중에 바쁘다는 핑계를 대며 약속을 미루는 일이 반복됐다고 했다. 그 이야기를 듣자마자 나는 저스틴이 말도 안 되는 거짓말을 하고 있다고 생각했다. 너무 바빠서 만날 시간이 없다고? 데이트 약속을 뒤로 미룬다고?

다니엘은 평소 자신감이 넘치고 매우 독립적인 사람이었다. 하지만 마음의 문제에서는 종종 자신의 욕구와 타협하곤 했다. 저스틴과의 관계에서도, 상황이 바뀔지 모른다고 생각하며 그냥 참고 기다리기로 마음먹고 있었다. 만약 램프의 요정이 나타나 소원 하나를 들어준다면, 나는 사람들이 자신의 가치를 즉시 깨달을 수 있게 하는 마법 지팡이를 달라고 하고 싶다. 사실상 낯선 타인에 불과한 누군가가 자신의 가치를 알아주길 마냥 기다리는 모습이 영 못마땅하기 때문이다.

이유야 어찌 됐든, 저스틴은 다니엘을 알아 가는 데 더 이상 시간과 노력을 투자할 생각이 없는 듯 보였다. 다니엘의 날카로운 사업 감각이 연애에도 발휘된다면 얼마나 좋을까 싶었다. 나는 그녀가 자신의 힘을 포기하는 대신 잘 활용할 수 있도록, 내 능력이 닿는 한 모든 걸 해 보자고 생각했다.

"정확히 어떤 게 바뀌길 기다리는 거죠? 그 사람의 일정? 아니면… 그 사람 자체?" 나는 단도직입적으로 물었다. "다니엘이 그 사람을 얼마나 좋아하는지, 얼마나 서로 잘 통했는지는 알겠어요. 하지만 지금 그 사람은 관계를 발전시키고 싶어서 더 많은 연결고리를 찾는 사람처럼 보이진 않아요. 다니엘은 진지한 관계를 원하고 있으니, 제 생각에는 이 주제로 대화를 나눠 보는 게 좋을 것 같아요. 그동안 관찰한 사실, 받은 느낌, 원하는 것들을 저스틴에게 얘기하세요. 그렇게 해서 얻으면 얻었지, 잃은 건 아무것도 없어요."

다니엘은 내 말에 동의했고, 내가 알려 준 대로 했다. 그리고 가장 두려워하던 일이 사실이라는 걸 알게 됐다. 아직 이혼의 충격에서 완전히 벗어나지 못한 저스틴은 가벼운 데이트 이상의 뭔가를 할 준비가 되어 있지 않았다.

서로 알고 지낸 지 겨우 6주밖에 되지 않았는데도 다니엘은 마음의 상처가 매우 컸다. 그녀는 두 사람이 처음에 나눴던 케미스트리에 흠뻑 취해 있었고, 저스틴이 자신이 기대하고 상상했던 사람이 아니라는 우울한 진실을 마주하고 싶어 하지 않았다.

그는 깊은 관계로 나아갈 준비가 되어 있지 않았지만, 그녀는 그게 사실이 아니라고 믿고 싶었다.

나는 다니엘이 더 많은 걸 원하고 필요로 한다는 걸 알고 있었기에, 저스틴과 가볍게 만나는 걸 그만두는 편이 좋겠다고 조언했다. 계속 만나 봤자 혼란과 고통만 더해질 뿐이라고도 말했다.

"알아요…. 하지만…." 그녀는 얼버무렸다.

나는 두 손으로 머리를 감쌌다. 다니엘이 이제 곧 옳은 결정을 내릴 거라고 믿은 순간, 그녀가 손가락 사이로 빠져나가려 하고 있었다. 그때 내 멘토에게 들었던 충고가 떠올랐다. "사람이 당장 변하지 않는다고 해서 아예 변하지 않는다는 뜻은 아니에요. 때로는 힘든 경험을 통해 한 번 더 배워야만 비로소 결단을 내리게 될 때도 있어요."

나는 긴장을 풀고 말했다. "다니엘, 이렇게 한번 해 볼래요? 편안하게 앉아서 눈을 감아요. 그리고 깊게 숨을 들이마셨다가 천천히 길게 숨을 내쉬어요. 이제 머릿속으로 그려 봐요. 어떤 사람과 데이트하고 있는데, 그 사람이 당신에 대해 어떻게 느끼는지 당신도 아주 분명하게 느낄 수 있어요. 그 사람이 당연히 연락할 거라는 걸 알기 때문에 언제 연락이 올지 궁금해할 필요도 없어요. 그 사람은 워낙 당신에게 빠져 있어서 당신이 전화하면 언제든 반갑게 받을 거예요. 혹시 못 받더라도 여유가 생기자마자 전화할 거라는 걸 알죠. 혼란스럽거나 헷갈릴 만한 말이나 행동은 전혀 하지 않고, 관계는 아주 순조롭고 꾸준하게 흘러가요. 자, 이러면 어떨 것 같아요?"

"더할 나위 없죠."

"좋아요. 당신은 그렇게 할 수 있어요. 다만 저스틴과는 그게 안 될 뿐이죠. 세상에 남자가 그 사람만 있는 건 아니잖아요."

나는 왜 그 사람에게 끌리는가

강렬한 욕망은 사랑과 아주 비슷하게 느껴질 수 있지만, 그건 사랑이 아니다. 꿈꾼 듯 지나가는 열병 같은 감정이다. 영원히 혼자일 것 같은 두려움에서 벗어나기 위한 도피고, 강한 성적 끌림일 뿐이다.

누군가가 나를 원한다는 느낌은 분명 좋지만, 욕망의 대상이 되는 것과 소중한 존재로 여겨지는 것은 전혀 다른 얘기다. 그리고 욕망이 강하면 강할수록 판단력이 흐려질 때가 많다. 어떤 사람에게 강하게 끌려서 제정신을 잃고 자신의 기준과 한계를 죄다 내던져 버린다면, 그건 충족되지 않은 욕구, 불안정한 심리, 자기 방임이라는 폭풍 속으로 제 발로 걸어 들어가는 꼴이다.

잘 알지 못하거나 자신과 전혀 맞지 않는 사람에게 한 번이라도 마음을 빼앗겨 본 경험이 없다고 말하는 사람을 나는 거의 본 적이 없다. 누군가에게 마음을 뺏긴다는 건, 그 사람을 내 우주의 중심에 두고, (단지 혼자만의 생각에 불과하다 해도) 그 사람과 함께할 미래를 계획한다는 뜻이다. 어쩌면 일관성 없이 찔끔찔끔 던져 주는 관심과 애정을 참아 내고, 폭력까지 감수하게 될 수도 있다. 강렬한 끌림 때문에, 잠깐의 로맨스로 끝나야 했을 사람과 억지로 연인이나 부부의 연을 이어 가려다 결국 그 관계가 산산이 부서지는 모습을 보게 될 때도 있다.

왜 이런 일이 벌어지는 걸까? 우리는 왜 이렇게 쉽게 '케미스트리'에 휘둘리는 걸까?

간단하다. 케미스트리는 우리를 살아 있다고 느끼게 해 주기 때문이다. 상대가 언제 전화하거나 문자를 보낼지 몰라 안절부절못하며 기다릴 때, 우리가 간절히 그리워하는 건 사실 그 사람이 아니다. 우리가 진짜로 바라는 건 느낌이다. 지루하고 단조로운 일상의 짐을 내려놓고, 너무 오래 혼자일 때 따라오는 처절한 외로움을 벗어던지고, 온전히 살아 있다고 느끼는 것. 그걸 원한다.

영화와 문학은 사랑과 욕망이 같은 것이라는 믿음을 우리에게 심어 줬다. 어떤 사람 때문에 완전히 정신이 나간 것 같고, 초조해서 견딜 수 없고, 미치도록 흥분된 기분을 느끼지 않으면, 그건 사랑이 아니라고 말한다. 그 사람이 없으면 인생이 무의미하게 느껴질 정도가 아니라면, 그것 역시 사랑이 아니다. 우리는 롤러코스터처럼 격렬하게 요동치는 관계를 사랑이라고 착각하도록 세뇌되었다. 하지만 중심을 잃은 것처럼 불안하고, 무언가에 지나치게 정신이 팔려 있을 때, 우리가 느끼는 건 욕망이지 사랑이 아니다. 분명히 말하지만, 케미스트리는 중요하다. 나는 끌리지 않는 사람과 연애할 마음이 없고, 당연히 다른 사람에게도 그걸 기대하지 않는다. 하지만 관계는 인생의 온갖 굴곡을 함께 겪으면서도 서로 연결된 끈을 놓지 않을 것을 요구한다.

욕망에 따라 움직이는 건 쉽다. 페로몬, 옥시토신, 도파민, 세로토닌처럼 몸에서 자연스럽게 분비되는 화학물질이 우리가 하는 일의 대부분을 해낸다. 그런데 왜 우리는 어떤 사람에게는 끌리고, 다른 사람에게는 전혀 그렇지 않을까? 이건 모두가 궁금해하지만, 누구도 답하기 어려운 문제다.

보통은 매력적으로 느껴지는 외모의 사람에게 끌린다. 하지만 전형적으로 잘생기거나 예쁜 외모가 아닌데도 끌렸던 적이 있지 않은가? 혹은 처음에는 그 사람의 분위기나 마음에 먼저 끌렸는데, 나중에 성적으로도 매력을 느끼게 된 경험이 있지 않은가?

여러 면에서 케미스트리는 여전히 신비로움 그 자체다. 일부 이론은 신체적으로 끌리는 현상이 페로몬(주로 피부에서 분비되는 호르몬과 유사한 화학물질) 때문이라고 주장하는데, 꽤 그럴

듯하게 들린다. 좋아하지 않는 체취를 풍기는 사람에게 끌리는 건 거의 불가능하고, 누군가의 냄새가 좋다고 느껴질 때 확실히 그 사람에게 마음이 가기 때문이다.

심리학 이론에서는, 우리의 잠재의식이 익숙하다고 인지하는 사람에게 육체적으로도 끌린다고 말한다. '잠재의식'이라는 용어는 1889년 심리학자 피에르 자네Pierre Janet가 처음 사용했다. 그는 깨어 있는 의식, 즉 비판적 사고를 담당하는 정신 아래에 과거 경험에 대한 기억의 근원이 되는 강력한 인식이 존재한다는 가설을 세웠다. 이후 지그문트 프로이트Sigmund Freud는 잠재의식이 인간 행동의 근원이라고 주장하며, 우리는 의식의 영역에서 일어나는 일은 인지할 수 있지만, 잠재의식에서 일어나는 일에는 사실상 무지하다고 보았다.

심리치료 분야에서 예전부터 전해 내려오는 이론이 있다. "우리는 자신의 아버지 또는 어머니와 결혼한다"라는 말이다. 문제가 있는 가정에서 성장한 사람이 이후 자신을 가장 힘들게 했던 부모를 떠올리게 하는 상대에게 끌린다면, 곤란한 상황이 아닐 수 없다. 나아가 이 이론은 우리의 잠재의식이 갈등을 겪었던 부모와 비슷한 사람을 선택하게 하는 것은 어린 시절의 고통스러웠던 관계 역학을 재현해서 트라우마를 치유하려는 시도라고 설명한다. 다시 말해, 과거의 경험을 다시 쓸 기회를 얻는다는 뜻이다.

아버지와의 관계는 나에게 매우 힘든 문제였다. 전남편은 성격이 아버지와 완전히 달랐고, 외모 역시 전혀 닮은 데가 없었다. 그런데 전남편은 기분 장애가 있었고, 아버지는 조울증을 겪었다. 전남편은 기분이 상하면 아예 말을 하지 않아서, 나는 눈치를 살피며 매우 조심스럽게 행동하곤 했다. 아버지 역시 마음을 닫아 버리는 데 달인이라, 함께 살 때 늘 살얼음판을 걷는 기분이었다. 이게 우연의 일치일까? 아니, 분명 그렇지 않다.

하지만 나는 어린 시절의 경험을 반복할 필요가 전혀 없는 사람과도 오래 만난 적이 있다. 이십 대 때 6년을 만났던 그 사람은 한 번도 눈치를 주거나 주눅 들게 한 적이 없었다. 나는 그에게서 사랑과 지지, 안전하다는 느낌을 받았다.

그렇다면 왜 어떤 관계는 어린 시절의 트라우마를 그대로 반복하고, 어떤 관계는 그러지 않을까? 한동안은 잠재의식에서 부모를 떠올리게 하는 사람과 잘 맞는다고 느끼다가, 또 어떤 때는 전혀 다른 사람과 잘 맞는다고 느끼게 되는 이유는 무엇일까? 누구든 그걸 명확하게 밝혀 낸다면 아마도 노벨상을 받지 않을까 싶다.

내가 확실히 말할 수 있는 건, 사람이 오로지 케미스트리에 따라 움직인다면 그건 욕망이라는 사실이다. 우리가 욕망과 사랑을 구분하지 못하고, 욕망을 지나치게 낭만화하는 데는 여러 이유가 있다. 사랑과 관계는 어떤 모습이어야 하는지에 대해 우

리가 스스로에게 들려주는 문화적 서사, 특히 '운명의 짝'이라는
서사가 그 퍼즐의 큰 조각을 이룬다.

'운명의 짝'이라는 신화

잘 알지도 못하는 사람이 자꾸 생각나서 혼란스러울 때, 내
가 정말로 원하는 건 그 사람이 아니라 그 사람에 대한 '관념'이
다. 다시 말해, 내 안에 각인된 '운명의 짝'이라는 이상화된 이미
지를 그 사람에게 투사했다는 뜻이다. 그건 그 사람 자체에 대한
갈망이라기보다는 기쁨, 환희, 행복 같은 긍정적이지만 과장된
감정에 대한 갈망에 가깝다. 사실 '운명의 짝'은 사람을 가리키
는 게 아니다. 그것은 희망, 변화, 새로움에 관한 은유일 뿐이다.

감정적으로 단절되거나 고립됐을 때, 우리는 엄청난 고통을
느낀다. 연결감은 다른 존재 또는 사람과 하나가 된 듯한 감각을
말한다. 단절은 우리를 조각조각 나눠진 것처럼 느끼게 하고, 연
결은 우리가 온전한 한 덩어리가 된 것처럼 느끼게 한다. 인간의
무의식은 일체감을 원한다. 자연에서 시간을 보내고, 공동체를
형성하고, 타인을 돕고, 좋아하는 음악을 듣고, 몸을 움직이고,
여행을 떠나고, 신에게 기도를 드리는 것도 모두 다른 존재와 일
체감을 느끼기 위해 하는 일들이다.

어떤 존재(사람, 자연, 신성한 힘, 반려동물 등)와 하나가 된다는 건 상상할 수 있는 가장 지극한 사랑을 느끼는 것이다. 진정 살아 있다는 느낌을 받은 때를 떠올려 보자. 그때 당신은 스트레스와 끝도 없이 이어지는 걱정을 내려놓고, 온전히 현재에 머무르며, 삶에 깊은 만족을 느꼈을 것이다. 어쩌면 콘서트장에서 수많은 사람에 둘러싸여 함께 좋아하는 음악을 듣고 거기에 맞춰 몸을 움직이던 순간이었을지도 모른다. 사랑하는 사람과 섹스하는 동안 그런 느낌을 받았을 수도 있다. 아니면 힘들게 산에 올라 마침내 정상에 앉아 숨을 돌리고 아름다운 경치를 바라보며, 내가 안고 있는 문제가 얼마나 하찮은지 깨달았던 때일 수도 있다. 혹은 소중한 친구와 즐거운 오후를 보내며 그런 느낌을 받았을지도 모른다. 일체감을 느낀다는 건 곧 완전하다고 느끼는 것과 같다.

연애 관계에서 '운명의 짝'은 우리가 추구하는 순수한 사랑, 그리고 온전한 합일 상태를 상징한다. 문화적 서사는 우리에게 인생을 완전하게 해 줄 단 한 명의 소울메이트가 세상에 존재한다고 말한다. 여기에 대한 내 해석은 이렇다. 운명의 짝이란 우리가 일체감을 느끼는 사람이고, 서로 연결됐다는 느낌을 가장 강하게 받는 순간은 처음 사랑에 빠질 때다. 사실 운명의 짝에 관한 서사는 허술하기 짝이 없는데도 사람들이 이 서사에 그토록 중독되는 이유는 그 때문이다.

나를 완전하게 해 줄
단 한 사람은 없다

운명의 짝은 절대 나를 실망시키지 않고, 무슨 일이 있어도 나를 사랑해 줄 사람이라는 생각이 우리 머릿속에 깊게 새겨져 있다. 이 생각은 그릇된 기대를 심어서 연애 관계에 심각한 해를 끼친다.

이 신화는 우리가 잘 알지도 못하는 누군가에게 정신없이 끌릴 때, 운명의 짝을 만난 게 틀림없다는 확신을 심어 준다. 또한 나의 흩어진 파편을 하나로 짜맞추고, 마음이 공허할 때 그 틈을 메워 줄 '단 한 사람'이 세상에 존재한다고 믿도록 최면을 건다.

하지만 온전히 살아 있는 듯한 느낌은 우리 내면 깊은 곳에서 비롯되는 감정 상태다. 사랑에 빠질 때 우리는 더없이 행복하고 순수한 깊은 사랑을 느끼는데, 이는 평소에도 충분히 느낄 수 있는 사랑과 기쁨을 상기시켜 줄 뿐이다. 연애 상대가 있든 없든 이미 우리 안에는 사랑과 열정이 자리 잡고 있어, 우리가 그걸 알아차리고 깨워 주기만을 기다리고 있다.

사실 '단 하나'의 인연 같은 건 없다. 열일곱 살의 나에겐 꼭 맞는 '운명의 짝'이 있었고, 스물다섯 살의 내 인생에 찾아왔던 '운명의 짝'은 커다란 교훈을 남기고 떠났다. 그리고 결혼까지

했던 '운명의 짝'은 이혼으로 끝을 맺었다.

한때 나는 전남편이 내 운명의 짝이라는 걸 조금도 의심하지 않았다. 요가 수업이 끝난 후 땀에 젖은 채로 매트를 옆에 끼고 복도에 서서 처음 나눴던 대화를 지금도 잊을 수가 없다. 가벼운 농담을 주고받은 그 짧은 순간, 우리 사이에는 짜릿한 불꽃이 튀었다. 나는 호감이 가는 상대에게 재치 있는 말장난을 하곤 했는데, 이 남자는 조금도 망설이지 않고 다 받아 주었다. 겨우 15분 사이에 나는 내가 이민 2세대 미국인이라는 것, 사이가 좋았던 새아버지가 얼마 전에 돌아가셨다는 얘기까지 떠들고 있었다. 요즘 맨해튼의 모 건강식품 전문점에서만 구할 수 있는 코코넛 밀크에 푹 빠져 있고, 며칠 후면 내 생일이라는 사실도 얘기했다. 이틀 뒤 내 생일날, 그는 내가 좋아하는 코코넛 밀크를 들고 수업에 나타났다. 그걸로 충분했다. 그가 바로 내 '운명의 짝'이었다.

그다음 주에 첫 데이트를 하고, 우리는 바로 사귀기 시작했다. 조금도 머뭇거리지 않고 곧장 서로에게 빠져들었다. 매일 전화를 했고, 하루에도 수차례 문자를 주고받았으며, 일주일에 몇 번은 함께 밤을 보내기도 했다. 내가 코칭을 해 주는 사람이나 소셜 미디어 팔로워들에게 하면 안 된다고 하는 행동을 사실상 거의 다 했다. 당시 나는 나이도 먹을 만큼 먹은 데다 연애 경험도 많았고, 그 사람 역시 마찬가지여서 괜찮다고 순진하게 생각했다. 게다가 케미가 워낙 좋아서 우리를 막을 수 있는 건 아무것도 없다고 확신했다.

이제 와 돌이켜 보면, 그때의 나 자신과 상황에 나도 모르게 헛웃음을 짓게 된다. 그 사람은 내가 자신이 꿈꾸던 여자라고 매일같이 말했고, 만난 지 2주도 지나지 않아 '사랑한다'고 고백했다. 다른 전화는 가려서 받았는데, 내 전화는 무조건 받아서 좋았다. 일이 아무리 바빠도 나와 가족을 위해서는 시간을 내는 것도 좋았다. 사귄 지 한 달도 되지 않아 나를 부모님께 소개했고, 부모님과 사이좋게 잘 지냈던 것도 무척 흐뭇했다. 10년 넘게 사람을 사귀면서, 그렇게 마음이 잘 맞고 함께 있으면 즐거운 사람을 처음 만났다는 사실이 이루 말할 수 없이 행복했다.

결론적으로, 우리가 서로에게 퍼부었던 사랑은 지나쳤다. 두 사람의 어른이 서로에 대한 열정을 어떻게 해야 할지 몰라, 처음 사랑에 빠진 십 대처럼 행동했다는 뜻이다.

사람들은 종종 서로에게 투사한 환상에 욕망을 느끼고 빠져든다. 하지만 성숙한 사랑은 '나는 너의 모든 모습을 보고 모든 것을 받아들일 거야'라고 말할 수 있어야 한다.

누가 나의 인연이 될지 결정하는 사람은 결국 나 자신이다. 그리고 일단 그 결정을 내리고 나면, 관계 안에서 그 선택을 수도 없이 되풀이해야 한다. 나는 당신이 세상에 자신을 온전히 드러낼 수 있도록 지지와 응원과 자유를 주는 사람을 선택했으면 좋겠다. 그래서 자신의 원래 모습을 숨기거나 다른 사람인 척 연기할 필요가 없었으면 좋겠다.

사랑한다는 말의
진짜 의미

이제 막 사귀기 시작할 때 하는 "사랑해"와 두 사람의 신뢰가 단단하게 쌓인 후에 하는 "사랑해"는 의미가 다르다. 그렇다고 연애 초반의 사랑을 깎아내릴 생각은 없다. 다만 우리가 성장하고 서로에게 더 가까워질수록, 사랑이라는 감정과 그 말이 전달하는 의미가 달라진다는 이야기를 하고 싶을 뿐이다.

"사랑해"라는 말을 할 적절한 타이밍이 언제라고 콕 집어 말하긴 힘들다. 하지만 아직 제대로 말싸움조차 안 해 본 사이라면 사랑한다는 말은 아직 이르다는 게 내 생각이다. 처음 만났을 때 하는 "사랑해"와 그 사람의 가장 엉망인 모습을 보고 힘든 시간을 함께 겪은 뒤에 하는 "사랑해"는 같을 수 없다.

지난 10년 동안 나는 사람들이 연인 또는 배우자를 진정으로 사랑한다는 게 어떤 의미인지 이해하도록 도왔고, 그걸 알게 된 사람들은 사랑받는다는 것의 의미도 자연스레 깨달았다. 우리가 관계를 잘 가꾸기 위해 먼저 알아야 할 것은, 사랑은 단지 감정이 아니라는 사실이다. 사랑은 실천을 요구하는 의도적인 행위다. 사랑에 빠지는 건 누구나 할 수 있지만, 초반의 설렘이 가라앉은 뒤에도 잘 사랑하는 데는 또 다른 역량이 필요하다.

사랑은 마음챙김과 자기 이해가 필수인 기술이다. 자기중심적인 태도를 내려놓고, 자신의 에너지를 조절해야 한다는 의미다. 관계는 두 사람이 함께 만들어 가는 것이고, 두 사람이 각자 건강해야 관계도 건강해지기 때문이다.

사랑은 에너지다. 사랑을 오래 유지하려면 추진력이 필요한데, 그 추진력을 만들고 조절하는 사람은 바로 우리 자신이다.

누군가를 사랑한다는 건 종종 그 사람의 이해하기 힘든 부분까지 받아들이겠다고 의식적으로 선택하는 것이다. 나를 짜증나게 할 때조차 그 사람을 사랑하며, 상대가 내게 맞춰 주기만을 기대할 게 아니라 스스로 '잘 맞는 사람'이 되어야 한다. 제멋대로 날뛰는 생각이 내 잘못은 보지 않고 상대를 탓할 이야기만 만들어 내지 않도록 꾸준히 자신을 단련시켜야 한다.

사랑한다는 건, 협력하고 조율하고, 익숙한 틀에 안주하지 않으며, 적당한 거리감 못지않게 친밀감을 중요하게 여기겠다는 뜻이다. 사랑하기 위해 우리는 연민하고 공감할 줄 알아야 하며, 자신을 이해하고 다른 사람을 배려할 줄 알아야 한다.

사랑한다는 건, 내게 익숙하고 편한 방식이 아니라 그 사람에게 필요한 방식으로 사랑한다는 뜻이다.

사랑한다는 건, 상대의 과거를 받아들이고, 예전에 그 사람을 아프고 힘들게 했던 일이 반복되지 않게 하겠다고 다짐하는 것이다.

사랑한다는 건, 내가 사랑한다고 말하는 그 대상이 당연한 존재가 아니라 내게 주어진 선물이라는 사실을 꾸준히 자신에게 일깨우는 일이다.

사랑한다는 건, 상대를 있는 그대로 받아들이는 것이다. 그 사람이 가진 미묘한 특징, 별난 버릇, 괴짜 같은 성격까지 모두 인정한다는 뜻이다. 하지만 폭력처럼 문제가 되는 행동(진실 4에서 자세히 이야기하겠다)이나 수준 이하의 대우를 참고 견디는 것은 다른 문제다. 이 두 가지를 혼동하는 사람들이 많다.

누군가를 있는 그대로 사랑한다는 건, 그 사람을 다른 사람으로 만들려고 하지 않는다는 뜻이다. 세상에 과학자를 예술가로 만들거나 예술가를 과학자가 되게 하려고 애쓰는 사람은 없다. 그런데도 자신의 파트너에게 완벽한 모습을 기대하는 사람이 너무 많다. 결국 우리는 다 결점 많은 인간인데도 말이다. '당신은 다 좋은데, 이 세 가지만 바꾸면 내가 진짜로 사랑할 수 있을 것 같아' 따위의 말은 하지 말아야 한다. 사람을 억지로 바꾸려는 그런 노력은 자신에게도, 타인에게도 하면 안 된다.

우리가 무엇보다 간절히 원하는 건 타인에게 그냥 있는 그대로 받아들여지는 것이다. 내가 완벽하지 않더라도 누군가는 그런 내 모습마저 사랑해 주기를 바란다. 자신은 그걸 바라면서 어떻게 상대에게는 다른 걸 기대할 수 있을까?

그래서 처음 선택을 잘하는 게 중요하다. 누구나 자기만의 사연이 있다. 하지만 모든 사연이 서로 잘 맞는 건 아니다. 상대방을 바꾸려 하면서 그 사람과 계속 관계를 이어 나갈 수는 없다.

물론, 성장할 여지는 언제나 있다. 자신이나 상대가 의지를 가지고 최선을 다해 성장하고 나아지기를 기대하는 것은 당연한 일이다. 하지만 동시에 현실적인 판단도 필요하다. 내 안의 어떤 부분은 절대 바뀌지 않고, 아무리 노력해도 완전히 치유되지 않는 상처도 있을 것이다.

그 사람의 어떤 부분은 절대 바뀌지 않을 것을 안다면, 그래도 그 사람을 선택하겠는가? 나를 억지로 바꾸려는 사람, 또는 내가 억지로 바꿔 놓으려는 사람과 함께 있는 것만큼 서로를 미치게 하는 일도 없다. 그건 서로에게 해롭고 상처를 주는 일이다. 우리는 누구나 가진 불완전한 면을 너그럽게 봐주는 것과 도저히 용납할 수 없는 부분을 인지하는 것, 이 두 가지를 구분할 줄 알아야 한다.

진정한 사랑과 이해로 가득한 관계를 유지하려면 헌신, 책임감, 인내심, 감사, 끈기가 필요하다. 사랑하는 사람과 좋은 관계에 있다는 건 자주 사과하고 사과받을 줄 안다는 뜻이다. 용서할 줄 알아야 한다. 사랑은 '당신의 괴로운 마음을 내가 알아주겠다'고 말한다. 사랑을 지속한다는 건 감정적, 육체적 친밀감을 방해하는 문제가 생겨도 용기 있게 해결해 나간다는 뜻이다. 서로 다투고 화해하고, 조화롭고 평화로운 관계를 지키기 위해 노력한다는 뜻이다.

사랑에 관해 내가 깨달은 중요한 교훈은, 상대의 욕구를 늘 내 욕구보다 우선시하면 억울한 희생자가 되기 십상이고, 이런 마음 상태로는 결코 사랑을 실천할 수 없다는 점이다. 반대로 내 욕구를 계속 상대의 욕구보다 중요하게 여긴다면 그건 이기적인 행동이고, 이기적으로 구는 걸 사랑이라고 할 수는 없다. 진정 누군가를 사랑한다는 건 상대의 욕구와 나의 욕구를 동시에 중요하게 여긴다는 뜻이다.

case study 2 ▶ 위험 신호를 무시하게 만드는 끌림

31세의 애덤은 전형적인 운동광으로, 시간이 나면 늘 헬스장에 가서 근력 운동을 했다. 건강에 관심이 많아, 스무디에 넣은 새로운 재료나 팔레오 식단이 건강에 최적인 이유를 설명할 때는 신이 난 것처럼 보이기까지 했다. 외모가 출중했을 뿐 아니라 부유하고, 교육도 잘 받았으며, 빨리 좋은 사람을 만나 결혼해서 아이를 낳고 싶어 했다. 그렇다! 그는 이성애자면서 싱글인 여성이라면 대부분 좋아할 만한 바로 그런 남자였다.

애덤은 사랑하던 사람에게 이별 통보를 받고 큰 충격에 휩싸여 나를 찾아왔다. 안드레아라는 이름의 그 여자는 애덤이 늘 결혼하고 싶다고 생각한 이상형 그 자체였다. 금발 머리에 얼굴이 예쁘고, 건강 관련 콘텐츠를 소개하는 인플루언서로 활동 중이며, 좋아하는 건 건강 스무디, 헬스, 필라테스라고 했다.

"둘이 사귄 지는 얼마나 됐죠?" 내가 물었다.

"두 달 정도니까, 그리 오래된 건 아니었어요." 애덤이 풀이 죽어 말했다.

그 말을 듣자마자, 나는 애덤을 흔들면서 이렇게 말해 주고 싶었다. '그럼 이 여성에 대해 아는 것도 별로 없었겠네요. 그러면서 어떻게 사랑했다고 말할 수 있어요?'

이런 말이 도움이 된다면 좋겠지만 그렇지 않다는 걸 알기에, 나는 얼른 정신을 차리고 연민의 마음을 끌어냈다. 지금 필요한 건, 애덤이 받은 마음의 상처를 함께 느끼고 공감해 주는 일이었다. 공감하려면 먼저 애덤에게서 내 모습을 보아야 했다. 눈물 흘릴 가치도 없는 남자들 때문에 울다 지쳐 잠들었던 때를 떠올리자니 민망하기 짝이 없었지만, 지금 기억해 내야 하는 건 그런 시간이었다.

나는 거절당한다는 게 어떤 기분인지 뼛속 깊이 알고 있었다. 몇 년간 사람들에게 코칭을 한 후로는 거절이 모든 사람에게 얼마나 깊은 상처가 되는지도 알게 되었다. 요컨대 이런 말을 들은 거나 다름없다. "아니, 넌 아니야. 넌 나한테 한참 부족한 사람이야. 난 널 선택하지 않을 거야. 너와 함께 미래를 그릴 생각이 없어." 그런 말을 듣고 나면 우리는 선택받지 못했다는 사실에 집착하고, 자신이 선택받기에 '충분하지 않은' 사람이라고 확신하게 된다. 어떻게 하면 상대에게 나의 가치를 증명하고 다시 마음을 얻을 수 있을까? 이 생각이 머릿속을 지배해 버린다.

앞에서도 말했듯이, 사람들은 흔히 케미스트리와 정서적 친밀감을 혼동하곤 하는데, 애덤도 그랬다. 물론 그렇다고 해서 거절당한 충격이 줄어드는 건 아니었다. 실연을 극복하는 데 가장 중요한 부분은 자신이 꿈꾸던 관계의 모습을 내려놓는 일이다. 그리고 나도 모르게 내 가치를 의심하게 만든, 상처 입은 무의식의 상태에서 깨어나는 것이다.

사람들은 호감 가는 사람을 만났을 때 곧잘 상대를 맹목적으로 떠받드는 경향이 있는데, 애덤도 똑같은 실수를 저질렀다. 애덤은 미친 듯이 안드레아에게 빠져들었다. 아, 그리고 결정적으로 그녀가 이런 말을 했다고 한다. "내 안의 여성성을 온전히 드러낼 수 있게 해 줄 남자를 찾고 있어요. 그런 사람과 함께 깨어 있는 관계를 아름답게 만들어 가고 싶어요." 애덤은 그 도전을 받아들였다. 자신이 그런 남자라는 사실을 증명해 보이기로 한 것이다. 사실상 자기 관리에서 '켄'바비 인형의 남자 친구—옮긴이이나 다름없는 애덤은 드디어 자기 관리의 여왕인 '바비'를 찾았다고 여겼다. 둘이 함께라면 인스타그램에서도 유명한 커플이 될 테고, 피드를 도배할 만한 예쁜 아이들을 낳아 행복하게 살 수 있을 거라고 생각했다.

"좋아요, 켄. 그래서 당신만의 바비를 찾은 거군요, 그렇죠?" 나는 이 말이 약간 농담처럼 들리길 바라며 씨익 웃었다. 애덤을 정신 차리게 하려면 조금은 도발적인 말로 자극할 필요가 있었다. 애덤의 강점은 스스로 변하길 바란다는 거였고, 나의 직설적인 화법도 무척 마음에 들어 했다.

"하하. 무슨 말 하려는지 알 것 같네요. 아! 이 얘길 해야겠어요. 안드레아가 저랑 두 번째 데이트를 한 후에 그런 말을 하더라고요. 자기는 저랑 만나기 전에 일주일에 6일은 매일 다른 남자와 데이트했다는 거예요. 그러면 근사한 식사를 공짜로 먹을 수 있었다고요."

나는 놀라서 애덤을 쳐다봤다. "지금 그 말, 농담이죠?"

"아니에요."

"그러니까 애덤은, 자신을 아주 수준 낮은 사람이라고 대놓고 인정한 여자에게 이렇게 집착하고 있다는 거네요. 그 사람이 '깨어 있는 관계' 어쩌고 한 건 다 헛소리예요. 실제로는 물질적 이익을 위해 남자들을 이용했으면서, 자기 위안용으로 그런 말을 한 거잖아요." 나는 매서우면서도 차분한 어투로 말했다.

"와우." 애덤은 오랜 잠에서 이제 막 깨어난 사람 같은 표정 이었다.

"당신에게 진짜 중요한 게 뭔지 말해 봐요." 내가 물었다.

"가족, 좋은 사람이 되는 것, 사랑, 열심히 일하는 거요." 애덤 은 확신에 차서 대답했다.

나는 곧장 훈계 모드로 들어갔다. "그런 게 당신의 가치예 요. 우리가 중요하게 여기는 가치가 곧 우리의 인격을 결정하고 요. 당신에게 꼭 맞는 여자를 만나려면 '스타일'이 아니라 그 사 람의 인격을 먼저 봐야 해요. 안드레아는 자기 관리의 여왕이 아 니라 겉만 번지르르한 바비예요. 그리고 당신은 자신과 같은 가 치를 추구하는 상대를 만나 진실한 관계를 맺고 싶어 하는 사람 이고요."

나는 애덤이 가진 모순점에 대해서도 지적했다.

"당신은 더 나은 사람이 되기 위해 스스로 노력하는 걸 아주 중요하게 생각하잖아요. 그러면서 안드레아 같은 여자를 만나는 건 자신의 가치관을 거스르는 일이에요. 혹시 애덤이 안드레아 얘기를 할 때, 정말 많이 끌렸다는 말만 했던 거, 알아요? 한 번 도 사랑이라는 단어를 말하지 않았다는 게 흥미로웠어요. 누군 가에게 강하게 끌리면, 눈앞에 있는 그 사람의 실제 모습을 보기 힘들 때가 있어요. 어쩌면 애덤도 안드레아에게는 미래의 배우 자감에게 바라는 그런 모습이 없다는 걸, 마음 깊은 곳에서는 이미 알고 있었을 거예요. 그래서 몇 가지 분명한 위험 신호가 보이는데도 일부러 외면했던 거죠."

"거기다 안드레아는 항상 외출하는 걸 좋아했고, 술도 많이 마셨어요. 그런 건 저랑 확실히 안 맞았어요."

애덤의 가장 큰 문제는 이거였다. 안드레아에게 너무 강하게 끌린 나머지, 그녀가 좋은 짝이 아님을 드러내는 단서들을 보고도 완전히 무시해 버렸다. 그러고는 그녀를 이상화했다.

"세상에, 지금 한 이야기들이 방금 제 인생을 바꿔 놨어요." 애덤은 놀란 표정으로 말했다.

누군가를 우러러보는 순간, 우리의 운명은 정해진 거나 마찬가지다. 그럴 때 우리는 실제 그 사람을 보는 게 아니라, '이런 사람이었으면 좋겠다'는 기대 속의 모습을 보게 된다. 그러다 그 사람에게 아쉬운 부분이 있을 뿐만 아니라, 심지어 나와 전혀 안 맞는 사람일 수도 있다는 사실을 마침내 깨닫게 됐을 때, 우리는 무너진 기대의 무게에 짓눌려 절망하고, 상대는 높은 곳에서 추락해 충격을 받고 좌절한다. 결국 모두에게 좋지 않은 결과를 가져온다.

나는 누군가의 이상형이 되고 싶지 않다

〈500일의 썸머〉는 내가 무척 좋아하는 영화다. 이 영화의 주인공 톰은 삶에서 의미를 느끼지 못하는 외로운 남자다. 지루한 직장 생활을 이어 가다가, 엉뚱한 매력을 가진 여자 썸머가 회사에 들어와 같이 일하게 되고, 그녀를 통해 활기를 되찾는다. 이어지는 장면에서는 상대를 이해하는 데 능숙하지 않은 주인공의 시선에서 본 두 사람의 불안정한 관계가 아주 잘 묘사된다. 다정하고 진지한 성격의 톰은 썸머에게 완전히 푹 빠져 있다. 처음부터 끝까지 톰은 썸머가 자신을 사랑해 주길 바라며, 그녀에게 충분한 사람이 되려고 필사적으로 노력한다. 한편, 썸머는 톰의 사랑에 진심으로 응해 줄 수 없어서 약간은 무심하게 거리를 두는 모습으로 그려진다.

영화가 보여 주는 대로라면 썸머는 좀처럼 마음을 열지 않는 나쁜 여자다. 하지만 관객은 썸머가 실제로 어떤 사람인지 결코 알 수 없다. 우리가 아는 건 오직 톰이 보는 썸머, 다시 말해 톰이 완벽하다고 믿어 버린 껍데기 같은 여자일 뿐이다. 받침대 위에 놓인 조각상 같은 썸머의 모습은, 톰이 자신의 이상적인 여성상을 그녀에게 투사한 결과다. 자기 자신을 잃고 인생의 의미도 찾지 못하던 톰에게 썸머는 희망의 상징 같은 존재다. 하지만 상대를 우러러보는 건 십 대에게나 어울리는 행동이다. 어른의 세계에서 그런 사랑은 통하지 않는다.

되돌아보니 나 역시 연애 상대가 나를 이상화하는 경험을 여러 번 했다. 솔직히 말하면, 발밑의 그 받침대가 무너지기 전까진 나도 그 상황을 꽤 즐겼던 것 같다. 당시 나는 진짜 나로 존재하는 대신 나에게 기대되는 완벽한 모습에 부응하려고 노력했고, 그러다 결국엔 거짓 환상을 계속 유지할 수 없는 때가 오곤 했다. 그럴 때마다 나는 상대가 나를 이해하지 못한다고 생각했다. 아무도 있는 그대로의 나를 사랑하지 않을 거라는 생각이 곧 내 인생의 중심 주제가 되었다.

이제 나는, 전남편에게 그랬던 것처럼, 누군가의 이상형이 되는 일에는 조금도 관심이 없다. 사랑은 이래야 한다는, 누군가가 품은 어린 시절 환상에 동참하고 싶지도 않다. 나는 누군가가 우러러볼 대상이 아니고, 상대 역시 내가 우러러볼 대상이 아니다. 모든 사람은 결점이 있고, 우리는 그저 인생의 정해진 단계에서 얻은 성숙도와 자기 이해 수준에 맞춰 할 수 있는 최선을 다할 뿐이다.

애덤에게는 가정을 이루고, 일찍 잠자리에 들고, 건강하고 절제된 생활을 하는 것이 무엇보다 중요한 일이었기에, 그는 자신과 마찬가지로 이런 가치를 몸소 실천하는 파트너를 만나고 싶어 했다. 반면, 공짜 저녁을 먹기 위해 남자들을 이용했다는 사실을 직접 밝힌 안드레아는 결혼을 원하지 않았다(적어도 당장은 아니었다). 일주일에도 여러 번 늦은 밤까지 밖에서 놀며 술을 마시는 걸 좋아했다. 어쩌면 두 사람은 육체적으로 잘 맞았는지 모르지만, 커플로서 정서적 유대를 지속할 만큼의 관계는 아니었다. 둘의 목표와 가치관이 너무 달랐고, 인생에서 같은 지향점을 공유하는 것이 오랜 기간 인연을 이어 가는 기본 바탕이 된다는 점을 이해하지도 못했다.

관계가 오래 지속되려면 신뢰와 안정감이 바탕에 깔려 있어야 한다. 내가 좀 더 나이를 먹고 사랑에 관해 알게 된 것은, 신뢰와 정서적 안정감이 쌓이는 데는 시간이 필요하다는 사실이다. 함께 많은 경험을 해야 하고, 힘든 주제의 대화도 계속 나눠야 하고, 서로에 대한 존중과 의리의 수준을 시험해 볼 기회도 있어야 한다. 그래서 누군가를 만나 처음 1년 동안은 관계가 깨지기 쉽다. 단단한 기반이 만들어지려면 시간, 노력, 관심이 필요하기 때문이다.

서로 알아 가는 시간이 중요한 이유

애덤은 안드레아가 자신과 잘 맞지 않는 사람인 게 분명한

데도, 그걸 보여 주는 경고 신호를 전부 무시했다. 두 사람은 성적 에너지로 들끓는 십 대처럼 아주 짧은 기간에 급격히 가까운 사이가 되었다. 그러고는 천천히 시간을 들여 서로를 알아 가는 대신, 욕망을 주체하지 못하는 사람들이나 할 법한 행동들을 했다. 첫 데이트를 하자마자 '커플 행세'를 한 것이다.

커플 행세란, 이제 막 사귀기 시작한 사람끼리 좀 더 발전된 관계에 접어든 연인들의 행동을 따라 하는 걸 말한다. 예를 들어, 연애 초기를 벗어나 서로에게 헌신하는 단계에 접어들면, 두 사람은 더 많은 시간을 함께 보내게 된다. 하룻밤을 넘어 며칠씩 함께 지내고, 같이 장을 보고, 중요한 일을 함께 결정하고, 미래에 대한 계획도 함께 세운다. 그러면서 일상생활을 서로 맞춰 나간다.

지난 몇 년 동안 내가 코칭을 했던 많은 사람처럼, 애덤과 안드레아도 사실상 남남이나 다름없는 시기에 이미 커플처럼 행동했다. 하루에도 수십 번 문자를 주고받고, 일주일에 서너 번은 같이 저녁 시간을 보내고, 주말에도 내내 붙어 있었다. 당연하게도 만난 지 3주가 되자 서로 싸우기 시작했다. 상대가 어떤 사람인지 알게 되기까지 충분한 시간을 들이지 않고, 관계의 기초를 함께 쌓아 나갈 수 있을지 확인하지 않으면, 둘 사이가 무너지는 건 시간문제다. 운전면허를 딴 바로 그날, 스포츠카를 몰고 시속 160킬로미터로 달리려는 것과 다를 바 없다. 결국 어느 날 아침 눈을 뜨면, 더 이상 삶을 제어할 수 없다고 느끼는 불안한 자신과 마주하게 된다.

잘 알지도 못하는 사람과 '알아 가는' 단계를 건너뛰고 커플 행세를 하는 건, 바닥 공사도 안 된 땅에 집을 올리려고 하는 거나 마찬가지다. 그렇게 하면 당장은 연애에 본질적으로 따라오는 불확실성을 불편한 마음으로 끌어안지 않아도 된다. 그래서 많은 이들이 각자가 원하는 것과 필요한 것, 서로에게 허용할 수 있는 것, 기대하는 행동이나 역할, 돈 문제, 생활 방식 같은 반드시 소통해야 하는 주제는 건너뛰고, 커플처럼 행동하면 실제 커플이 된다고 믿는다.

그러고는 단순히 서로에게 느끼는 감정이 정말 끈끈하니, 깊은 관계가 될 수 있다고 생각한다(나 역시 그랬던 적이 있다). 강렬한 감정이 서로를 더 알고 싶게 만드는 동기가 된다는 점에서 중요한 건 맞다. 하지만 다니엘과 애덤의 사례는 단지 감정만으로 깊은 관계를 맺을 수는 없다는 사실을 잘 보여 준다.

속도를 늦춰야 하는 순간들

진지한 관계를 맺는 데 꼭 필요한 것과 강렬한 감정을 서로 혼동해서는 안 된다. 아무리 강한 감정도 언젠가는 가라앉는다. 이걸 모르는 사람은 없을 것이다. 그러고 나면 각자 고유한 가치관과 목표, 트라우마, 사연을 지닌 결점 많은 두 사람이 남는다. 이때가 비로소 상대가 함께 집을 지을 만한 사람인지 판단하게 되는 순간이다.

연애 초반에 새로운 사람이 주는 신선함과 유대감에 푹 빠지는 건 정말 기분 좋은 일이다. 어른이 되어서도 사춘기 때처럼 설렐 수 있다는 사실이 어딘가 위로도 되고 달콤하기도 한다. 두근거리는 감정은 내 심장이 아직 뛰고 있다는 신호다. 내가 열정에 목말라하는, 살아 있는 존재라는 걸 새삼 느끼게 한다. 앞에서도 말했듯이 모든 사람은 바로 이 살아 있다는 감정을 느끼고 싶어 한다.

하지만 타인에 대한 내 열정을 이해하고 정리하는 데 충분한 시간을 들이지 않으면, 우리는 쉽게 상처받고 만다. 열정을 제대로 소화하는 과정을 거치지 못할 때, 욕망은 사랑으로, 케미스트리는 정서적 친밀감으로 쉽게 둔갑한다. 처음부터 진도가 빨랐는데도 꾸준히 행복하고 안정적인 사랑을 하는 커플도 있지만 그건 다소 예외적인 경우다. 열정에 사로잡혀 아직 확실하지 않은 연애 초기에 지나치게 서두르면, 대개는 실망과 가슴 아픈 이별을 경험하게 된다. 그걸 막는 해결책은 관계를 서서히 진전시키는 것이다.

그런데 관계를 서서히 진전시킨다는 건 어떤 의미일까? 그건 이 사람에 대한 내 감정이 어떤지, 그리고 함께 있을 때 어떤 기분이 드는지, 스스로에게 자주 물어보는 것을 뜻한다. 많은 이들이 강렬한 감정을 핑계 삼아 자신에게 중요한 질문을 던지지 않으려 한다. 하지만 어른으로서 우리는 이런 감정을 들여다보고 의문을 가질 필요가 있다. 특히 관계가 어디로 가고 있는지 몰라 불안한 마음이 들 때, 이런 자기 점검은 큰 도움이 된다. 만약 내가 관계를 너무 빨리 진행시키거나 잘 모르는 사람과 커플처럼 행동하는 패턴이 있다면, 자기 마음을 들여다보는 과정이 특히 중요하다.

만약 당신이 예민한 성격에, 좋아하는 사람과 자고 난 후 정서적으로 집착하는 경향이 있다면, 관계를 서서히 진전시킨다는 건 서로 헌신하는 관계가 될 때까지 기다렸다가 성관계를 갖는 것을 의미한다. 누구나 자기 몸에 대해 원하는 선택을 할 권리가 있으므로, 이 말이 일부일처제나 혼전 순결에 대한 도덕적 평가가 아님을 알아 주었으면 좋겠다. 성에 개방적인 태도를 지니더라도, 섹스가 감정을 복잡하게 만든다는 사실은 대부분 인정할 것이다. 우리는 누군가와 보낸 열정적인 하룻밤을 정서적 친밀감으로 쉽게 착각하기도 한다. 냉정한 진실은, 섹스가 아무리 훌륭하고 열정적이었다 하더라도, 모든 사람에게 같은 의미를 지니지는 않는다는 점이다.

만약 당신이 사랑과 섹스는 서로 분리될 수 없다고 여긴다면, 그 멋진 생각을 애써 바꾸려 할 필요는 없다. 다만 내가 하고 싶은 말은, 자신의 심리를 이해하고 취약한 면을 존중해야 한다는 것이다. 과거에 상처받은 경험이 있다면, 감정이 다시 다치지 않도록 스스로 지켜야 한다. 상대도 나와 같은 감정이고, 관계의 목표 역시 일치한다는 점이 분명해질 때까지는 친밀한 관계로 나아가는 것을 미루는 편이 좋다. 이런 태도가 관계의 방향을 결정하는 데 매우 중요한 요소가 될 것이다.

▼

연습하기

관계의 속도 조절하기

관계가 진전되는 속도를 조금 늦추고 싶을 때 쓸 수 있는 표현을 몇 가지 소개한다.

- "네가 정말 좋고, 앞으로 더 알아 갈 일이 무척 설레기도 해. 근데 예전에 너무 빨리 사이가 가까워졌다가 결과가 좋지 않았던 적이 있어. 그래서 조금 천천히 시간을 들여 서로에 대해 알아 갔으면 좋겠어. 네 생각은 어때?"
- "너한테 많이 끌리지만, 지금 나는 서로를 잘 알고 헌신할 수 있는 사람하고만 잠자리를 갖고 싶어."
- "저도 그 여행에 같이 가고 싶어요. 다만 같이 여행 가는 사이가 되기 전까지 서로 좀 더 알아 갔으면 해요."

신중하게 사랑하기

다음 질문에 가능한 한 솔직하게 답을 적어 보자.

1. 현재 혹은 미래의 파트너를 어떤 식으로 사랑하고 싶은가?
2. 사랑을 표현하거나 지속할 때 어떤 부분에서 힘들어하나?
3. 과거 관계에서 상대를 있는 그대로 받아들이기 어려웠거나, 상
   대에게 완벽한 모습을 기대했던 적이 있었나?

새로운 관계를 점검하는 10가지 질문

새로운 사람을 만나기 시작했다면, 정기적으로 다음과 같은
질문을 던져 자신의 감정을 점검하자.

1. 그 사람과 함께 있을 때와 함께 있지 않을 때, 내 기분은 어떤가?
2. 그 사람과 함께 있을 때, 나는 자신을 마음에 들어 하는가?
3. 그 사람 앞에서 내 본래 모습을 편하게 드러내는가? 마음 놓고
   내 의견을 말할 수 있는가?
4. 나는 그 사람을 정말로 좋아하는 걸까? 혹시 그 사람이 나를 좋
   아하게 만드는 데 더 몰두하고 있는 건 아닐까?

5. 우리가 인생에서 중요하게 여기는 가치들이 서로 같은가?

6. 가족, 돈, 생활 방식 측면에서 우리는 같은 목표를 가지고 있는가?

7. 상대가 스트레스로 지쳤을 때의 모습을 본 적이 있는가? 어떤 모습이었나?

8. 상대가 스트레스를 받을 때도 우리 사이의 정서적 유대는 유지될 수 있을까?

9. 우리는 서로 잘 맞나? 주말을 즐겁게 보내는 방식에 대해 같은 생각을 하고 있나? 비슷한 취미를 공유하고 있나?

10. 우리는 어떤 점이 다른가? 이런 차이가 관계에 도움을 주는가, 아니면 갈등을 일으키는가?

'처음에는 누구나 자신의 가장 좋은 면만 보여주려 한다'는 사실을 잊지 말아야 한다. 아무리 강하게 끌리는 사람이라 해도, 서로의 지치고 힘든 모습을 보고, 몇 차례 말다툼을 해 보기 전까지는 정말 나에게 맞는 사람인지 알아내기 어렵다. 어려운 시기를 함께하면서도 감정적으로 소통할 수 있는지가 좋은 관계를 가려내는 시험대가 된다.

마음의 균형을 회복하는 5가지 실천법

1. 사랑하는 사람들과 함께 자주 시간을 보내자. 가까운 사람들과 꾸준히 소통할 때, 내가 사랑받고 있으며 의미 있는 삶을 살고 있다는 사실을 되새기게 된다. 가족, 친구들은 내가 스스로 알아채지 못하는 나의 좋은 점들을 이미 보고 있다.

2. 친구나 멘토에게 도움을 요청하자. 사랑에 빠져 판단력이 흐려졌을 때, 내가 책임감 있게 행동하는지, 현실을 제대로 보고 있는지 객관적인 시각에서 조언해 줄 수 있는 사람에게 이렇게 물어보자. "지금 내 모습이 예전의 패턴을 반복하는 것처럼 보여? 아니면 정말 나랑 잘 맞는 사람을 만난 것 같아?" "내가 지금 너무 감정에 휩쓸리고 있는 건 아닐까?"

3. 일이든 취미든, 책임져야 하는 다른 일이든, 나에게 중요한 것에 집중하자. 나에게 활기를 불어넣는 일은 자주 할수록 좋다. 그래야 나에게는 나만의 삶이 있고, 관계는 그 삶과 조화를 이루어야 한다는 사실을 잊지 않게 된다.

4. 심호흡을 하자. 생리학적으로 볼 때, 열정은 쉽게 불안감으로 바뀔 수 있다. 불안은 특정한 생각에 집착하고 그것을 곱씹게 만든다. 코로 느리고 깊게 숨을 들이마셔 아랫배를 불룩하게 만들었다가, 다시 코로 천천히 길게 숨을 내뱉는다.

5. 몸을 움직이자. 만난 지 얼마 안 된 그 사람 생각에 내가 너무

사로잡혔다 싶으면 산책, 달리기, 춤, 스트레칭, 근력 운동, 뭐든 자신에게 맞는 걸 하며 움직이는 게 좋다. 과도한 생각에서 빠져나오는 가장 빠른 방법이다.

자기 자신을
사랑해야 한다

case study 1 ▶ 낮은 자존감의 사랑

스물여덟 살 때, 나는 요가 스튜디오에서 데이비드를 처음 만났다. 서른여섯 살이었던 데이비드는 얼굴이 잘생겼고, 사람을 끌어당기는 매력이 있었다. 데이비드를 아는 친구에게 그에 관해 물었더니, 친구는 이렇게 대답했다. "흠. 그 사람 좀 난해해. 남자 친구로도 괜찮은 사람인지 잘 모르겠어." 지금 돌아보면 그게 경고 신호라는 걸 몰랐다는 사실이 더 충격이지만, 그땐 정말 몰랐다. '난해하다고? 좋아, 내가 도전해 보지. 나랑 만나면 다를 수도 있으니까.'

경고를 듣고 주의하기는커녕 나는 데이비드를 내 가치를 증명해 보일 대상, 꼭 손에 넣고 싶은 도전 과제처럼 여겼다. 그에게 매력을 느꼈고, 그도 나를 원하길 바랐다. 내가 알아야 하는 건 그거면 충분하다고 믿었다. 서른을 앞둔 나는 결혼해서 가정을 꾸리고 싶었고, 그럴 '준비가 됐다'고 생각했다. 하지만 전혀 그렇지 않았다는 걸 나중에야 알게 됐다.

데이비드와 나는 처음부터 서로에게 강하게 끌렸다. 이성적인 사고를 마비시키고, 시야를 흐리게 하며, 분명한 문제점조차 못 보게 만드는, 그런 종류의 끌림이었다. 애피타이저와 함께 화이트 와인을 마시며 첫 데이트를 한 뒤, 그는 나를 집까지 바래다주었다. 내가 사는 아파트 입구에 도착하자, 조금도 망설이지 않고 내게 키스했다. 기대했던 그대로, 정말 황홀한 키스였다. 그런데 그때 그가 내 블라우스 앞섶을 더듬더니 브래지어 안으로 손을 넣었다. '첫 데이트에 좀 과감한데?' 기분이 썩 유쾌하지는 않았지만, 그의 손을 막지 않았다. 데이비드에 대한 내 본능적인 직감을 처음으로 외면했던 순간이었다.

그날 이후 우리는 공식적인 커플이 됐고, 대략 한 달 정도 더없이 행복했다. 데이비드는 세심하고 다정하고 재밌는 사람이었고, 그와 나눈 육체적 교감은 지금까지 경험한 어떤 것과도 견줄 수 없을 만큼 특별했다.

어느 늦은 일요일 아침, 침대에 앉아 커피에 토스트를 먹으며 나눴던 대화를 지금도 기억한다. 데이비드는 자신이 화를 잘

내는 사람이라고 털어놓았다.

"정말? 네가 화내는 모습이 상상조차 안 되는데?" 나는 믿을 수가 없었다.

"그렇다니까." 대답은 그게 다였다.

여기서 명심할 점이 있다. 누군가 자신이 화를 잘 낸다고 스스로 말한다면, 그건 매우 큰 위험 신호다. 그 말은 자제력이 없고, 감정을 조절할 줄 모르며, 그런 자신을 바꾸려는 노력을 제대로 하지 않았다는 고백이나 다름없다. 무엇보다 중요한 건, 그 분노가 결국에는 나를 향할 거라는 점이다. 그 사람과 함께 있으면 안전하다고 느끼지 못하는 위험한 관계가 되는 건 단지 시간 문제다. 아무리 끌리는 사람이라도 이런 경고 신호는 절대 무시해선 안 된다.

데이비드는 겉으로는 일류 교육을 받고 세상 물정에도 밝은 사람처럼 보였지만, 알고 보니 저질스럽고 남에게 해를 끼치는 사람의 전형이었다. 한 달의 허니문 기간이 끝나자마자, 화를 잘 내고 남을 자기 뜻대로 통제하려는 그의 본색이 드러나기 시작했다.

데이비드는 내가 살던 8평짜리 원룸 아파트에 들어와 같이 살아도 되냐고 물었다. 당시 그는 맨해튼 어퍼이스트사이드에 있는 50평대 고급 아파트에 살고 있었다. 그런데 남는 방을 뉴욕에 와서 꿈을 이루려는 젊은 여자 모델들에게 세주고 있었다는 건 나중에 알게 되었다. 학자 집안 출신으로 예술가가 되기를 꿈꾸던 데이비드는 이 열여덟 살 모델들의 사진을 찍어 주는 일로 용돈벌이를 하고 있었다. 하지만 그런 일거리로는 어퍼이스트사이드의 아파트를 유지할 만큼 돈이 되지 않자, 손바닥만 한 내 아파트로 이사하고 싶다고 했다. 처음 그가 이런 제안을 했을 때, 내 안의 목소리는 크고 분명하게 '싫어'라고 말했다.

내가 망설이는 기색을 보이자 그는 화를 냈다.

"그럼 넌 그 정도로 나한테 진심은 아니라는 뜻이네."

"그런 말이 아니야."

"아니, 맞아. 넌 나를 가볍게 생각한 거야."

그를 잃는 게 두려워서, 나는 내 마음속의 현명한 목소리를 무시해 버렸다.

데이비드는 잠깐 손댔던 사업이 망하고 부모님의 지원도 끊긴 터라, 자신이 쓸 신용카드를 내가 대신 만들도록 설득하기까지 했다. 내면의 목소리가 그와 헤어지라고 계속 외쳤지만 나는 이번에도 듣지 않았다. 자존감이 바닥이었고, 관계가 깨지는 데 대한 두려움도 너무 컸다. 나는 원래 돈 관리를 잘하던 사람이었는데, 결국 그 카드 때문에 빚이 쌓이기 시작했다.

그는 무슨 일이든 자기 말을 따르지 않으면 나를 욕했다. 거의 매일 나에게 험한 말을 했고, 나를 밀친 적도 있었다. 한번은 데이비드가 운전하는 차를 타고 가다 말다툼이 벌어지자, 미친

듯이 화가 난 그가 그대로 벽으로 돌진해 같이 죽어 버리자며 위협했다. 그는 내 알몸을 카메라로 찍고, 동의도 없이 그 사진을 자기 "포트폴리오"에 넣어 여러 사람에게 보여 주었다. 1년 뒤 내가 이 사실을 알고 따지자, 그는 자기가 촬영한 작품이니 그에 대한 권리가 자신에게 있다고 우겼다.

확실한 건, 이 관계가 나의 가장 나쁜 모습 역시 끌어냈다는 사실이다. 나는 그의 일기를 몰래 읽었다. 그의 컴퓨터를 뒤져 온종일 포르노 사이트에 접속했던 사실도 알아냈다. 그리고 나를 지키기 위해 맞선다는 핑계로 줄곧 그와 싸움을 벌이곤 했다.

대개 건강하지 못한 관계의 커플은 싸우고, 화해하고, 다시 가까워졌다가 또 싸우는 악순환을 반복한다. 사이가 다시 좋아졌을 때의 안도감이 어찌나 큰지, 사람들은 그 고리를 쉽게 끊어 내지 못한다. <u>자존감이 낮을수록 간간이 이어지는 유대감만으로도 관계를 유지할 이유가 충분하다고 자신을 속이게 된다.</u>

과거에 그렇게 폭력적인 관계를 겪어 본 적이 없었던 나는 실제로 내 자존감이 얼마나 낮은지 알지 못했다. 스스로를 자신감 넘치고 강인한 여성이라고 착각했지만, 사실은 자신이 존중받을 가치가 있는 사람이라고 믿을 만큼 충분히 자신을 사랑하지 않았다. 연애 상대를 고르는 기준이 높다고 생각했는데, 알고 보니 아주 낮았다. 데이비드와의 관계에서 내 모든 걸 포기했고, 그로 인해 영혼 깊숙한 곳까지 상처 입었다.

그렇게 1년간 감정의 롤러코스터를 탄 후, 우리 사이는 마침내 끝이 났다. 학대당하는 관계에서 자신을 지키는 유일한 방법은 그 관계를 끝내고 절대 뒤돌아보지 않는 것이다. 그러니 그를 내 아파트, 내 인생에서 쫓아내고 나를 지켰다고 말할 수 있으면 좋았으련만, 그건 아니었다. 데이비드가 분노에 사로잡혀 내 텔레비전을 벽에 던진 그날, 그는 짐을 싸서 제 발로 나갔다. 이제 와서 돌아보면, 그때 데이비드 스스로도 자신이 누구와 같이 살 수 있는 사람이 아니란 걸 깨닫고 겁먹은 게 아닐까 싶다.

그가 떠난 뒤, 나는 부서진 자존감의 조각들을 하나하나 주워 담아야 했다. 정말 비참한 기분이 들었지만, 그 덕분에 인생에서 가장 중요한 교훈 하나를 얻었다. 데이비드가 지독한 행동을 하긴 했지만, 내 존재와 직관을 짓밟은 그 행동을 내가 용인했기 때문에 이 모든 일이 벌어졌다는 사실을 인정하게 되었다. 그 일은 나를 철저히 겸손해지게 만들었다. 나는 내가 믿었던 것처럼, 그리고 다른 사람들이 생각했던 것처럼 강하고 당당하며 모든 걸 완벽하게 해내는 사람이 아니었다. 그 현실을 직시하는 게 너무 고통스러웠다. 나는 두 번 다시 그런 어두운 감정에 휘둘리지 않겠다고 깊이 다짐했고, 그 약속을 지켰다.

타인에게 사랑받고 싶은 욕구가 자기애보다 클 때, 우리는 그 사람의 관심과 인정을 얻기 위해 자신을 버리게 된다. 그게 옳지 않다는 걸 알면서도 우리는 사랑을 얻고 싶어 한다. 진실을 말하자면, 그 사랑은 제대로 된 사랑이 아니다. 우리가 그토록 관심받고 싶어 하는 그 사람은 우리의 사랑을 받을 자격이 없는 사람일 때도 많다.

자신을 사랑하기가 그토록 어려운 이유

자기계발 분야의 전문가와 인플루언서들은 관계를 시작하기 전에 먼저 자신을 사랑할 줄 알아야 한다고 말한다. 반대로, 관계를 '통해' 자신을 사랑하는 법을 배울 수 있다고 말하는 사람도 있다. 내가 보기에는 두 주장 모두 맞는 말이다.

누군가와 관계를 맺기 전, 온전히 자신을 사랑하는 일이 반드시 선행되어야 하는 건 아니다. 동굴에 혼자 틀어박혀 끊임없이 자기 성찰을 해야만 타인과 충만한 관계를 맺을 수 있는 건 아니라는 뜻이다. 어느 날 아침 눈을 떠서 '마음의 상처가 다 치유됐어! 나 자신을 사랑해! 혼자서도 잘 지낼 수 있어!'라고 생각했던 사람도 막상 연애를 시작하면 여러 문제를 맞닥뜨리게 된다. 싱글일 때는 완벽하게 독립적이고 자신을 사랑했던 사람도 누군가를 사귀게 되면 예전 자신의 모습이 아득하게 느껴질 수도 있다.

그렇지만 형편없는 대우를 참고 견딘 적이 있거나, 연애할 준비가 되지 않은 사람을 쫓아다녔거나, 최악의 경우 폭력적인 관계를 맺은 경험이 있다면 얘기가 다르다. 그럴 땐 자신이 사랑받을 가치가 있는 사람임을 스스로 느낄 수 있도록, 반드시 자신을 사랑하는 법을 먼저 배워야 한다. 그러나 자기 사랑이 하루아침에 마법처럼 이뤄지지는 않는다.

대부분의 사람은 자신이 가치 있고 소중한 존재라는 것을 머리로는 잘 안다. 그런데 직장에서는 자신감 넘치고 스스로를 높이 평가하는 사람도 사랑하는 사람에게는 마땅히 받아야 할 존중을 받지 못하고 그냥 참을 때가 많다. 직장에서 느끼는 자존감은 내 존재 자체가 아니라 내가 하는 일을 인정받는 데서 나오기 때문이다. 하지만 내가 정의하는 자기 사랑은 자신을 수용하는 것을 뜻한다.

자신을 온전히 사랑하는 일이 힘든 이유는 간단하다. 우리는 자신이 저지른 모든 실수를 알고 있다. 남을 비판하고 증오하고 앙심을 품었던 일, 자신이 했던 모든 거짓말, 비열하거나 교활한 행동을 다 알고 있다. 우리는 없었으면 좋았을 저마다의 신체적·정신적·감정적 결함과 씨름하며 살아간다. 그러다 보면 스스로에 대한 판단에서 벗어나기란 거의 불가능해진다. 그리고 그 판단은 때로 너무나도 냉정하다.

나는 사람들이 유독 자신에게 얼마나 엄격한지, 예전의 나 역시 자신에게 얼마나 가혹했는지를 떠올리며 종종 놀라곤 한다. 우리는 자신이 어떤 사람이어야 하고, 어떤 모습이어야 하고, 어떤 성과를 내야 하는지 수많은 기준에 사로잡혀, 사소한 실수까지 되새기며 머릿속에서 자신을 몰아세운다. 그리고 연인에게도 똑같은 실수를 저지른다. 있는 그대로의 모습을 존중하지 않고 불가능한 기준을 강요하면서, '자신이 생각한 모습'이 아니라고 비난한다.

case study 2 ▸ 좋다는 사람은 밀어내고 싫다는 사람은 쫓아다니고

제이드는 몇 년간 심리 상담을 받았지만 여전히 나아진 게 없다며 나를 찾아왔다. 건강하고 사랑이 넘치는 관계를 유지할 만큼 좋은 남자를 마흔이 넘도록 만나 본 적이 없다고 말했다. 풍성한 웨이브 머리에 키가 크고 관능적인 몸매를 지닌 제이드는 마치 잡지 모델 같았다. 줌으로 첫 상담을 하던 날, 그녀는 머리부터 발끝까지 유명 디자이너의 옷을 입고, 머리를 정성껏 손질하고, 짙은 화장을 한 채 화면에 나타났다. 말 그대로 화보 촬영장에서 막 걸어 나온 사람 같았다.

"와! 상담 끝나고 어디 중요한 모임에라도 가시나 봐요?" 나는 진심으로 궁금해하며 물었다.

"아니요. 모임 같은 건 없어요. 조금 전 마트에 갔다 온 게 다인데요?" 그녀는 머쓱하게 웃었다.

"평소 장 보러 갈 때도 그렇게 화장하시는 거예요?"

"흠, 가끔 하이힐은 안 신을 때도 있지만, 드라이나 화장을 안 하곤 절대 집 밖으로 나가지 않아요."

문득 그 이유가 궁금해졌다. 제이드의 내면을 보여 주는 중요한 단서를 찾았는데 아직 그걸 어떤 맥락에 놓아야 할지는 모르는 순간이었다.

제이드는 마음을 열지 않거나 자신과 전혀 맞지 않는 남자를 쫓아다닌 경험이 많았다. 예전에는 오로지 섹스에만 관심 있는 나이 어린 남자들을 만나곤 했는데, 자기보다 어린 남자의 인정을 받으면 기분이 좋기 때문이라고 했다. 대부분의 연애가 오래가지 못했고, 그나마 유일하게 길었던 결혼 생활마저도 결국은 비슷한 관계의 좀 더 긴 버전일 뿐이었다.

그녀가 겪은 모든 관계에는 내가 '밀당의 역학'이라고 부르는 패턴이 깔려 있었다. 제이드가 어떤 남자에게 다가가면 남자는 뒤로 물러섰고, 그녀는 그의 관심을 얻기 위해 애를 썼다. 그러다 마침내 남자가 마음을 열고 그녀에게 관심을 보이면, 이번에는 제이드가 달아나고 상대가 그녀의 마음을 얻으려 쫓아다니는 식이었다. 밀당은 관계에 서툰 두 사람이 자신의 행동 패턴을 자각하지 못한 채 추는 탱고 같다. 두 사람은 친밀한 관계의 주변을 빙빙 돌기만 할 뿐, 서로에게 다가가지 못하고 오히려 더 멀어지기만 한다.

제이드가 내게 도움을 요청했을 때, 그녀는 이혼한 지 4년이 지났고, 그 이후의 연애사도 꽤 암울했다. 사랑을 노력으로 얻어 내는 거라고 믿었던 그녀는 완벽한 외모, 흠잡을 데 없는 행동거지, 심지어 남자를 경제적으로 도울 수 있는 능력까지 갖춰야만 사랑받을 자격이 있다고 느꼈다. 그래서 그런 노력을 하지 않아도 되는 남자를 만나면, 어딘가 이상한 사람이라고 생각해 3개월 안에 헤어지곤 했다. 그녀는 늘 자신에게 관심 없는 남자를 쫓아다녔고, 반대로 관심을 보이는 사람은 밀어냈다. 자신이 사랑받을 가치가 있다는 사실을 믿지 못할 만큼 자신을 사랑하지 않으면, 건강한 사랑의 기회가 찾아와도 스스로 망쳐 버리고 만다는 사실을, 제이드는 완벽하게 보여 주고 있었다.

제이드의 어머니는 성공한 모델이자 배우였고, 그만큼 외모 관리에 집착했다. 오랜 기간 심리 치료를 받은 제이드는 그런 어머니 밑에서 자란 자신도 외모 외의 다른 가치를 인정하기가 어렵다는 사실을 이해하고 있었다. 어린 시절의 가장 소중한 기억은, 어머니와 함께 백화점 화장품 코너를 방문했을 때라고 했다. 어머니는 그곳에서 블러셔로 광대뼈에 음영을 넣는 법과 입술을 더 도톰하게 보이도록 립글로스 바르는 법을 가르쳐 주었다. 어머니에게서 "그 립스틱 정말 잘 어울린다"라는 말을 들으면, 수업 과제로 쓴 글을 칭찬받았을 때보다 훨씬 더 기분이 좋았다고 했다.

하지만 제이드는 어머니 역시 직업이 요구하는 비현실적인 기대 때문에 자신을 가치 있는 사람이라 느끼지 못했고, 그로 인해 좋은 남자와 장기간 관계를 유지하지 못했다는 사실은 미처 몰랐다. 어머니는 꿈을 좇고 성취하는 멋진 모습을 보여 주었지만, 동시에 외모의 가치를 과대평가하고, 자신의 존재와 관계가 지닌 정서적 측면은 과소평가하는 태도를 은연중에 물려주었다. 제이드는 자신의 성장 환경이 자존감에 어떤 영향을 미쳤는지 어느 정도 이해하고 있었지만, 결여된 자기애와 연애 패턴에 어떤 연관성이 있는지는 온전히 깨닫지 못했다. 그 반복되는 패턴을 어떻게 끊어야 하는지도 알지 못했다.

"자신의 가치를 끌어올릴 수 있도록 몇 가지를 시도해 봤으면 하는데요." 나는 그녀가 내 제안에 어떤 반응을 보이는지 확인하려고 표정을 주의 깊게 살피며 말했다.

"좋아요…. 어떤 거죠?" 그녀는 약간 미덥지 않다는 투로 물었다.

"이 상담이 끝나면 곧장 화장을 전부 지웠으면 좋겠어요. 아, 눈썹이랑 투명 립글로스 정도는 빼고요(그래도 약간의 기댈 곳은 남겨 둬야 한다고 생각했다). 그리고 티셔츠와 청바지에 운동화를 신고 마트에 다시 가는 거예요. 뭘 사든 그건 중요하지 않아요. 알겠죠?"

"세상에, 좋아요! 나도 그런 옷을 매일 입고 싶었다고요!"

나는 그녀의 열정적인 성향을 최대한 활용했다.

"잘됐네요. 왜냐하면 앞으로 2주간 요가할 때 빼고는 항상 그렇게 입으라고 할 거거든요(제이드는 요가원에 다닌다고 말했었다). 요가하러 갈 때는 화장을 전혀 하지 말고, 머리는 뒤로 질끈 묶어 올리는 걸로 해요."

제이드의 눈이 커다래지더니, 두 손으로 얼굴을 가리고 긴장한 듯 킥킥 웃었다. "아, 그건 좀 어려울 거 같은데요! 아는 사람이라도 만나면 어떡해요? 잘생긴 남자라도 만나면요?"

"제발 그랬으면 좋겠어요. 앞으로는 제이드가 만날 상대가 당신의 '진짜 모습'을 먼저 봐야 하거든요."

상담이 끝나고 40분 뒤, 제이드는 티셔츠와 청바지 차림에 운동화를 신고 셀카를 찍어 내게 보냈다. 주근깨가 드러난 깨끗하고 자연스러운 그녀의 얼굴이 환하게 빛나고 있었다.

"잘했어요!" 나는 그렇게 답장을 보냈다.

그냥 나로 있어도
편안해야 한다

　자신을 사랑하기 위해 중요한 첫걸음은, 내가 아닌 다른 사람인 척하는 대신 자기 자신에게 진실해지는 것이다. 제이드는 어른이 된 후 평생 두꺼운 파운데이션, 인조 속눈썹, 반짝거리는 립글로스를 가면처럼 쓰고 그 뒤에 숨어 살았다. 속으로는 청바지와 티셔츠를 좋아하면서도 매일 아침 칵테일파티에라도 가는 사람처럼 차려 입었다. 이제 자연스러운 자신을 가리고 있던 갑옷을 벗고, 그런 게 없어도 편안해지는 법을 배울 때였다.

　다음 상담에 제이드는 낡은 티셔츠를 입고 화장기 없는 맨얼굴로 줌 화면에 나타났다. 마치 처음 보는 사람을 마주한 기분이었다.

　"저, 누굴 만났어요." 그녀는 얼굴에 환한 미소를 띠고 말했다.

　'아이고, 상담 시작한 지 2주밖에 안 됐는데 벌써 누굴 만났다고요? 시간이 더 필요해요! 제이드는 아직 준비가 안 됐다고요!' 걱정스러운 마음에 내 속은 이미 타들어 가고 있었지만, 속내를 감추며 물었다. "와, 벌써요?"

　"네! 온라인에서요. 전 그럴 의도가 아니었어요, 진짜로요. 그 남자가 먼저 연락했죠. 좀 귀여운 사람 같아서 통화를 세 시간이나 했는데, 저 이제 어떡하죠?"

관계 코치로서 자주 듣는 질문 중 하나는, "매번 저에게 마음을 주지 않는 상대에게 끌리는 걸 어떻게 막을 수 있죠?"라는 것이다. 그러면 나는 항상 이렇게 대답한다. "그런 사람을 선택하는 것부터 그만두세요."

자신을 사랑하는 법을 알면 파트너를 고를 때도 나한테 마음을 여는 사람을 선택할 수 있다는 말은, 얼핏 모순되게 들리지만 사실이다. 또한 나한테 마음을 열지 않는 사람을 거절하고 나를 원하는 사람을 선택함으로써 자신을 사랑하는 법을 배우게 되기도 한다. 나에게 마음이 없는 사람의 관심을 끌려고 노력하지 '않는' 것은 사실 엄청난 자기 사랑의 실천이다.

"글쎄요, 일단 지금 할 일은 관계를 천천히 발전시키는 거예요. 아직 그 사람에 대해 잘 모르니까, 연인으로 적합한 사람인지 오디션을 본다고 생각해요. 그리고…."

제이드가 재빨리 끼어들며 말했다. "깜빡하고 말하지 못한 게 있어요. 그 남자랑 영상 통화를 했는데, 저 화장도 안 한 상태였어요. 마스카라도 안 하고 머리도 그냥 대충 묶고 있었다고요! 참! 안경도 쓰고 있었고, 평소 빨래할 때나 입는 오래된 후드티를 입고 있었어요!" 그녀는 명랑하게 웃었다.

그 모습을 보며, 나 역시 뿌듯한 마음을 감출 수가 없었다.

"그런데 설마 그 남자랑 저녁 먹으러 갈 때도 대충 입고 나가야 하는 건 아니죠?" 제이드는 걱정스러운 표정을 지었다.

“물론 아니죠. 두 번 다시 화장도 하지 말고 멋진 옷도 입지 말라는 게 아니에요. 그저 제이드가 맨얼굴로도 편안한 기분을 느껴 보라고 한 거예요. 나는 제이드가 잘 차려입었을 때도, 그냥 추리닝을 입었을 때도 자신을 아름답다고 생각했으면 좋겠거든요.” 나는 그녀를 안심시켰다.

“네, 무슨 뜻인지 알겠어요.”

“좋아요. 그럼 저녁 데이트에는 뭘 입고 갈 생각이에요?”

“티셔츠와 청바지에 하이힐을 신을까 생각 중이에요.”

자기애와 자존감을 끌어올리고 싶다면

인간으로 산다는 건 자신의 가치에 대해 끊임없이 고민하고 흔들리는 일이다. 자신이 여러 면에서 부족하다는 생각을 안 해 본 사람이 과연 있을까? 자신을 사랑해야 한다고 해서 자신의 모든 면을 다 사랑할 필요는 없다. 대부분의 사람이 자신에 대해 싫어하는 면과 바꾸고 싶은 면을 가지고 있다. 완벽한 사람은 없다. 누구에게나 나쁜 습관이 있고, 개선하기 위해 노력해야 할 성격적 특성이 있다.

하지만 그런 결점에도 불구하고 나는 나 자신을 인정할 수 있는가? 자신을 향한 복잡한 감정이 자기혐오로 바뀌지 않도록 그저 묵묵히 받아들일 수 있는가? 아무리 노력해도 바뀌지 않는 게 있다는 걸 알면서도 더 나은 자신이 되기 위해 계속 노력할 수 있는가? 중요한 건 바로 이런 자세다. 자신을 너무 거칠게 몰아세우지 않으면서 동시에 더 나은 사람, 더 나은 연인으로 성장하기 위해 자신의 한계를 시험해 보는 것. 그게 핵심이다.

연인은 아니지만 내가 사랑하는 누군가를 떠올려 보자. 부모, 자매, 형제, 제일 친한 친구일 수도 있다. 그 사람을 사랑한다는 건 당신에게 어떤 의미인가?

20년간 관계 코칭을 하면서 나는 사랑에 대한 내 나름의 정의를 갖게 되었다. 누군가를 사랑한다는 건, 다소 혼란스럽게 느껴질 수 있는 그 사람의 미묘한 면들까지 (그게 문제를 일으키거나 둘의 관계에 해를 끼치지 않는 한) 있는 그대로 인정하는 걸 의미한다. 그 사람이 견뎌 낸 모든 걸 높이 평가하고, 강점을 바라봐 주며, 약점을 받아들이는 일이다. 그 사람의 안녕을 진심으로 걱정하고, 그 사람을 위해 가장 좋은 것을 바라는 마음을 뜻하기도 한다. 가끔은 그 사람에게 화가 날 때도 있겠지만, 용서하고 계속 사랑할 줄 알아야 한다. 그 사람이 고통으로 힘겨워할 때 곁에 있어 주고, 그 사람의 말에 귀 기울여 주어야 한다.

자신을 사랑하는 것 역시 있는 그대로의 내 모습을 소중히 여기고, 지금까지 걸어 온 모든 길을 인정해 주는 걸 의미한다.

내 강점을 높이 평가하고, 내 약점을 받아들이는 것이다. 나의 안녕을 진심으로 걱정하고, 나를 위해 가장 좋은 것을 바라는 마음을 뜻하기도 한다. 일을 망치고 한없이 부끄러울 때도 자신을 용서해야 한다. 때로는 스스로에게 선을 그어야 할 때도 있겠지만, 그 역시 궁극적으로는 나에게 가장 이로운 결과를 가져오기 위해서다. 그러니 내가 고통으로 힘겨워할 때, 내 말에 귀 기울여 주어야 한다.

자신을 사랑하는 데 가장 어려운 점은, 자신의 결점을 끌어안는 법을 배우는 동시에, 더 나은 사람이 되기 위해 고쳐야 할 부분이 있다는 사실을 아는 일이다. 온전한 자기 수용과 성장하고 변화하려는 욕구 사이에는 긴장과 갈등이 생기기 마련이다. 먼저 현재 나의 위치가 내가 원하던 곳이 아니더라도, 그 현실을 받아들이는 것부터 시작하자. 자신을 이렇게 다독일 수 있어야 한다. '비록 내가 기대했던 것과는 다르지만, 지금 이 상황을 받아들일 거야. 그리고 원하는 곳에 도달하기 위해 계속 최선을 다할 거야.'

사람은 누구나 안정감을 원한다. 안정감을 느낀다는 건, 자신이 안전한 상태에 있고 자기 삶을 어느 정도는 통제하고 있다는 확신을 갖는 것이다. 그래서 많은 사람이 새로운 일에 도전하거나 성장하려는 시도를 하지 않고, 익숙한 일상에 쉽게 안주해 버린다. 또 어떤 사람은 살면서 불안정한 일을 너무 많이 겪은 나머지, 자신과 주위 환경을 통제하려는 욕구에 지나치게 매달리기도 한다. 하지만 살아 있다는 느낌을 받기 위해서 우리는 모험을 해야 한다. 자신이 불행하다고 느끼는 사람들에게서 내가 가장 흔하게 듣는 불평이 '갇힌 듯한 느낌이 든다'는 말이다. 그런 느낌을 없애는 유일한 해결책은 익숙함을 깨고 낯선 환경을 적극적으로 받아들이는 것이다. 자신이 성장하고 있다는 감각이 필요하다.

그러므로 자존감을 높이고 싶다면, 산을 올라야 한다. 그 산은 우선순위에서 밀려났던 꿈을 좇는 일이 될 수도 있고, 마침내 옷장을 정리하는 일, 미루던 프로젝트를 시작하는 일, 이별 후 새로운 사람을 만나는 일, 책을 쓰는 일, 내가 상처 줬던 누군가에게 사과하는 일, 직업을 바꾸는 일이 될 수도 있다.

사람들은 흔히 생각한다. '내가 나를 사랑하게 되면, 나는 인생의 산을 오를 준비가 될 거야. 그 산을 오를 자신감도 생길 거야.' 하지만 진실은, 우리가 자신을 사랑하게 되어 산을 오르는 게 아니다. 준비가 안 됐다고 생각하더라도 용기 있게 산을 오르기 시작하면, 그 과정에서 자신을 사랑하는 법을 배우게 된다.

싸우기 싫어서 늘 입을 다물고 있던 사람이 드디어 목소리를 낼 때, 연애 상대가 별로여도 헤어지자는 말을 못 하던 사람이 먼저 그 관계를 정리할 때, 매번 상대에게 쉽게 질리던 사람이 그 관계에 헌신할 때, 우리의 자존감은 올라간다. 미지의 세계에

서 어떤 상처를 받을지 모르지만 꿋꿋이 위험을 감수할 때도 자존
감은 올라간다. 알지 못하는 것에 대한 두려움을 용감하게 직면
할 때, 성장의 가능성이 열린다. 그리고 그 순간 우리는 스스로
생각했던 한계를 넘어서 자신을 대단한 존재라고 느끼게 된다.

진짜 나로
산다는 것

진짜 나로 살지 못하면, 자신을 사랑하기도 어렵다. 소셜 미
디어는 우리에게 진정한 자신으로 살라고 하지만, 어떻게 해야
하는지 방법을 가르쳐 주지는 않는다.

제이드는 자신이 괜찮은 사람이 되려면 특정한 방식으로 옷
을 입고 꾸며야 한다고 믿었다. 어머니에게서 주입받은 가치관
대로, 완벽해 보이는 외모를 가져야만 사회로부터 인정받고 연
인들에게 사랑받을 수 있다고 생각했다. 하지만 그녀의 진짜 자
아는 훨씬 소탈하고 편안한 걸 좋아하는 사람이었다.

제이드에게 진정한 자신이 된다는 건, 화장을 조금만 하고
편안한 옷을 입는 걸 의미했다. 더 자기다운 모습을 허용할수록
그녀는 스스로를 더 인정할 수 있게 되었다.

많은 사람이 자신이 속한 사회, 문화, 가족이 기대하는 모습

대로 살다가 오히려 자기 자신에게서 멀어졌다는 느낌을 받는다. 요가 강사로 사는 건 주변 사람들이 내게 기대했던 모습은 아니었다. 그들은 이민자 부모 밑에서 자란 내가 대학에 가고, 대기업에 취직하고, 결혼해서 아메리칸드림을 실현하기를 바랐다. 다행히 명문대에 합격했지만, 졸업할 무렵에 위기가 찾아왔다. 내가 뭐가 되고 싶은지 알지 못했고, 그래도 괜찮다고 말해 주는 사람은 아무도 없었다.

그래서 나는 사람들이 나에게 기대하는 일을 했다. 좋은 복지 혜택에 스톡옵션을 주는 대형 뉴스 전문 방송사에 들어간 것이다. 거기서 일하는 동안 한 프로듀서는 내게 언어폭력을 일삼았고, 또 다른 프로듀서는 작업을 걸어 왔다. 주말마다 클럽에 갔고, 월요일이 돌아오는 걸 지긋지긋해하며 살았다. 나는 나 자신에게서 멀어져 마음의 갈피를 잡을 수가 없었다. 그 결과 대부분의 날을 우울과 불안 속에서 보냈다.

부모님이 내가 퇴직연금과 의료보험이 제공되는 "제대로 된" 직업을 갖기를 바란 건 충분히 이해한다. 안정된 직업을 갖는 건 매우 중요한 일이고, 그게 스트레스가 덜한 삶을 사는 기반이라는 것도 안다. 하지만 일반적인 직장 생활은 내게 전혀 매력적이지 않았고, 사실상 나라는 사람과 근본적으로 맞지 않는다는 느낌마저 들었다. 그래서 요가 강사라는 꿈을 실현하기 위해 위험을 무릅쓰고 직장을 그만두었다.

나는 사람들과 함께 어울리며 유대감을 느끼는 공동체적 삶을 언제나 좋아했다. 어려서 운동 경기를 할 때면 매번 주장으로 뽑혔고, 어른이 되어서도 조언이 필요한 친구들은 항상 나를 먼저 찾아왔다. 다른 사람이 잘되도록 도와줄 때 나는 기쁨을 느꼈다. 한편 회사에 다닐 때는 서서히 죽어 가는 기분으로 하루하루를 버텼다. 남 밑에서 일하는 걸 죽기보다 싫어한다는 건 나중에야 깨달았다.

우리는 대개 자신이 세운 기준에 따라 살아간다. 이건 '해야 하고' 저건 '하지 말아야 한다'고 믿는다. 어떻게 살아야 하는지 너무 많은 원칙을 세우다 보니, 그게 우리에게 정말로 어떤 의미인지를 쉽게 놓치고 만다.

만약 진정한 나로 사는 법을 몰라 고민 중이라면, 어릴 적부터 지금까지 마음이 끌렸던 것들을 하나하나 적어 목록을 만들어 보자. 가장 편안하고 영감이 샘솟는 듯한 기분을 느낀 때가 언제였는지 떠올려 보는 것도 좋다. 큰 노력 없이도 잘했던 일은 무엇인가? 어떤 일이 나에게 가장 큰 만족감을 안겨 주었던가? 제일 마음이 잘 통한다고 느꼈던 건 무엇인가? 거기에 단서가 있다.

자신을 미워하는 것처럼
말하지 말자

사람들은 대개 자기 자신에게 거칠게 말하는 버릇이 있다. 진실 2에서 설명한 것처럼, 우리 마음은 스스로를 제한하고 판단하는 이야기로 전쟁터가 되기 쉽고, 그 결과 깊은 자기 경멸의 늪에 빠지게 된다. 자신을 사랑하려면 자신을 더 안쓰럽게 여기고 응원하는 마음으로 말할 줄 알아야 하며, 그러기 위해 먼저 언제 자신에게 비판적인 말을 하게 되는지 알아야 한다.

자신에게 하는 말을 바꾸는 연습은 마음챙김 훈련법과 매우 유사하다. 자신을 바보, 멍청이라고 부르는 순간을 알아차리면, 의식적으로 그런 생각을 멈추겠다고 마음먹는다. 대신 이렇게 말해 본다. "아니, 나는 나를 그렇게 부르지 않을 거야." 이 연습은 꾸준히 진지하게 해야 효과가 있다. 자신을 사랑하는 데 필요한 건 행동과 실천이다.

자신에게 좀 더 조심스럽고 따뜻하게 말한다는 건, 내가 스스로에게 들려주는 이야기를 의심해 보는 일도 포함한다. 가령 "난 절대 저런 걸 할 수 없어" "내가 하는 일이 다 그렇지" "난 건강한 관계를 맺을 수 없는 사람이야" "어쩌면 난 사랑받을 자격이 없는지도 몰라" "난 나이가 너무 많아" 같은 말들에 의문을 던지는 것이다. 우리가 마주하는 가장 큰 싸움은 바로 자기 자신과의 싸움이다. 더 구체적으로는 자신이 사랑받지 못하는 이유, 인생의 거대한 산을 오르지 못하는 이유에 관해 자신에게 들려주는 이야기와의 싸움이다. 이런 이야기는 우리를 가두고, 상처 입히고, 외롭게 만든다. 우리의 자존감을 갉아먹는 이야기를 매일 의심해야 한다.

작가 바이런 케이티Byron Katie는 부정적인 자기 대화의 패턴을 끊어 낼 때 유용한 도구로 '생각 작업'이란 걸 고안했다. 비판적인 생각에서 빠져나오지 못할 때, 케이티는 다음의 네 가지 질문을 해 보라고 제안한다.

1. 그 생각이 진실인가?
2. 그게 진실이라고 확신할 수 있는가?
3. 그 생각을 믿을 때, 나는 어떻게 반응하고 무슨 일이 일어나는가?
4. 그 생각을 버린다면, 나는 어떤 사람이 될 것 같은가(그리고 어떤 기분이 들까)?

한마디로, 자신을 미워하게 만드는 마음의 감옥에서 벗어나고 싶다면, 자신을 제한하고 비판하고 우울하게 만드는 생각에 의문을 제기해야 한다는 것이다.

핵심 욕구를 충족시키자

'욕구 단계 이론'은 심리학자 에이브러햄 매슬로Abraham Maslow
가 처음 구상한 개념으로, 세계적으로 유명한 전략적 가족 치료
사 클로에 마다네스Cloé Madanes와 자기계발 전문가 토니 로빈스
Tony Robbins에게 큰 영향을 주었고, 이후 두 사람은 이 이론을 바
탕으로 인간 욕구 심리학이라는 것을 개발했다.

인간 욕구 심리학은 이 세상 모든 사람은 반드시 충족해야
할 여섯 가지 욕구를 지닌다는 생각에 기초한다. 나는 이 욕구들
을 개인적인 삶과 직업에 적용해 왔고, 내 경험과 이해를 바탕으
로 다음의 여섯 가지가 우리의 핵심 욕구라고 보았다.

- 안전에 대한 욕구(인생을 통제하고 있다고 느끼려는 욕구
  포함)
- 모험에 대한 욕구(변화에 대한 욕구 포함)
- 인정에 대한 욕구(중요한 존재로 여겨지고 싶은 욕구 포함)
- 사랑에 대한 욕구(유대감에 대한 욕구 포함)
- 성장에 대한 욕구(새로운 것에 도전하고 싶은 욕구 포함)
- 봉사에 대한 욕구(삶의 목적을 느끼고 싶은 욕구 포함)

누구나 이런 욕구들을 가지고 있지만, 욕구를 충족시키는 방

식과 각 욕구가 어떤 의미를 지니는지는 사람마다 다르다. 예를 들어, 어떤 사람에게 모험은 혼자 외국을 여행하는 것이고, 또 다른 사람에게는 출근길에 경치 좋은 길로 돌아가는 것일 수 있다. 어떤 사람에게 경제적 안정은 통장에 백만 달러를 가지고 있는 것인 반면, 만 달러만 있어도 충분하다고 느끼는 사람도 있다.

관계 코치로서 내 경험에 따르면, 관계 속에서 존중받고 이해받는다는 느낌이 곧 안전과 사랑의 느낌으로 해석될 수 있다. 파트너와 유대감을 느끼기 위해 매일 사랑한다는 말을 들어야 하는 사람이 있는가 하면, 상대가 말보다 행동으로 보여 주길 바라는 사람도 있다. 어떤 사람은 일에서 성과를 냈을 때 가장 인정받는다고 느끼지만, 또 어떤 사람은 자식에게 뭔가를 해 줄 때 자신이 중요한 존재라고 느끼기도 한다.

자신의 욕구를 온전히 지속적으로 충족시키는 방법을 배울 때, 우리는 삶에서 스스로를 지키는 법도 배우게 된다. 그리고 내가 나에게 줄 수 있는 것을 얻기 위해 타인에게 지나치게 의존하지 않아도 된다는 사실을 깨닫게 된다.

나부터 좋은 사람이
되어야 한다

　나와 상담한 뒤, 제이드는 자신에게 마음을 열지 않는 사람의 관심을 끌기 위해 더 이상 애쓰지 않기로 다짐했다. 대신 함께 있을 때 진짜 자기 모습을 드러낼 수 있고, 진정한 유대감이 느껴지는 사람에게 마음을 주기로 했다. 그런데 그녀가 미처 헤아리지 못한 점이 있었다. 건강한 관계를 맺는다는 건, 단순히 상대방이 나를 있는 그대로 사랑해 주기를 기대하는 데 그치지 않고, 자신도 좋은 파트너로서 책임감 있게 관계에 임해야 한다는 사실이었다.

　자신이 세운 기준도 제대로 지키지 않으면서 온전히 자신을 받아들이는 건 불가능하다. 그리고 그 기준에는 상대를 진심으로 대하는 태도와 사랑하는 법도 포함된다. 관계에서 오로지 자신의 욕구, 기대, 두려움에만 집중할 때, 우리는 이기적이고 감정적으로 반응하기 쉽고, 그러다 관계를 망가뜨리게 된다. 반면에 소중한 사람을 아끼고 사랑하는 데 집중하면, 자연스럽게 자신에 대해서도 더 긍정적인 감정을 갖게 된다. 누군가에게 좋은 친구가 되는 건 기분 좋은 일이다. 누군가에게 좋은 연인이 되는 것 역시 그렇다.

　브라이언을 만나 연애를 시작한 지 두 달쯤 되자, 제이드는 몇 가지 의심스러운 생각이 드는 모양이었다.

"잘 모르겠어요. 그 사람이 저를 그렇게 좋아하는 게 아무래도 이상한 것 같지 않아요? 그동안 다른 남자들과 데이트할 땐 늘 멋있는 척 행동했는데, 브라이언 앞에서는 그냥 막 편하게 하거든요. 내가 그 사람을 그만큼 좋아하지 않아서일까요?"

영상 통화 화면으로도 그녀가 무척 당황하고 있다는 걸 알 수 있었다.

"그 사람이 같이 뭘 하자고 하면, 가끔은 저도 모르게 짜증을 내게 되더라고요. 그러다 또 그 사람이 바쁘면, 나를 별로 좋아하지 않는 건가 불안해지면서 괜히 매달리게 되고요. 아무래도 제가 브라이언을 헷갈리게 하고 있는 것 같아요. 브라이언이 요즘 불안하고 지친다고 말했거든요."

제이드는 답답한지 관자놀이를 손으로 거칠게 문질렀다.

'브라이언이 헷갈려 하는 것도 당연하죠.' 나는 속으로 생각했다. 사실 그녀가 이 관계를 의심하게 될 거라고 예상했고, 어떤 식으로 코치할지도 미리 준비했다. 그동안 만나 온 남자들과 마찬가지로 제이드도 친밀한 관계에 겁을 먹고 있었다. 그러니 정말로 사랑할 준비가 된 사람이 자기 인생에 나타나면, 제이드는 그 사람을 밀어낼 것이 분명했다.

제이드는 자신이 충분히 매력적이지도, 똑똑하지도 않아서 자신을 진정으로 사랑하는 사람이 없을까 봐 두려워했고, 가까워진 사람도 결국 떠나게 될 거라는 생각에 불안했다. 그래서 준비가 안 된 사람을 쫓아다니거나, 진심으로 다가오는 사람에게 관심을 쏟지 않으려고 핑곗거리를 찾아내는 식의 패턴을 보였다. 이 두 가지 패턴은, 그녀가 마음을 열고 상대에게 진짜 자신을 보여 줬을 때 생길지 모를 실연의 고통에서 스스로를 보호하는 장치였다.

자존감이 중요한 이유가 바로 여기에 있다. 우리가 자신의 가치를 알지 못하면, 자신을 전혀 사랑하지 않는 사람에게 '나 좀 사랑해 줘!'라고 사정하게 된다. 반대로 누군가가 자신을 진짜로 사랑하려고 하면 곧바로 마음의 문을 닫아 버리며 이렇게 생각한다. '나랑 정말로 같이 있고 싶다고? 저 사람 무슨 문제 있는 거 아니야?'

제이드의 두려움은 관계를 망칠 수도 있을 만큼 위태로운 지경이었다. 그녀는 브라이언이 어떻게 자신과 사랑에 빠질 수 있었는지에만 정신이 팔린 나머지, 자신이 간절히 바라던 바로 그 사랑을 스스로 막고 있다는 사실을 깨닫지 못했다. 게다가 제이드는 이전 연애에서도 좋은 파트너로서 책임감 있게 관계에 다가간 적이 한 번도 없었다.

나는 깊이 숨을 들이마셨다.

"제이드, 지금 당신은 말도 잘 통하고, 성적으로도 만족스러운 남자를 드디어 만났어요. 브라이언은 성격이나 경제적인 면에서 아주 안정적인 사람이기도 하고요. 당신은 그저 상대의 인정을 받고 싶어서 자신을 꾸며 낸 게 아니라, 진짜 자신을 보여 줬어요. 충분히 용기 있는 행동이었죠. 그런 당신과 사랑에 빠지지 않는 게 오히려 이상한 거 아닌가요? 브라이언이 원하는 건 당신을 사랑하는 게 전부인데, 자꾸 밀고 당기는 게임을 하면서 거리를 두고 그 사람을 시험하려 든다면, 결국 브라이언도 질려서 떠나고 말 거예요. 그러면 당신은 오랫동안 스스로에게 해 왔던 똑같은 거짓말을 반복하겠죠. '남자들은 결국 다 떠날 거고, 진짜 나를 사랑하지 않을 거야.'

두려운 마음이 든다는 거 알아요. 하지만 지금 당신은 브라이언에게 좀 못되게 굴고 있어요. 그는 이런 대우를 받아야 할 사람이 아닌데도요. 생각해 봐요. 앞으로 이 사람과 결혼하게 될지 어떨지는 알 수 없지만, 지금까지 만난 사람 중에서는 가장 건강하고 로맨틱한 관계를 유지하고 있잖아요. 그러니까 마음속에 품은 불안을 해소하도록 노력해 보는 게 어때요? 그래야 사랑을 잘 받을 뿐 아니라, 당신도 그 사람에게 사랑을 잘 줄 수 있을 테니까요."

"맙소사, 내가 뭘 하고 있었던 거죠?"

정확히 내가 바라던 반응이었다.

이 대화를 나누고 1년 뒤, 제이드는 브라이언과 결혼을 약속했다. 제이드의 내면에 깊이 새겨진 두려움은 자칫 관계를 망칠 수도 있었지만, 그걸 극복하기 위해 나는 아래와 같이 조언했다.

- 제이드가 자신에 대한 브라이언의 감정을 의심할 때마다 그녀의 마음은 걱정과 섣부른 판단으로 전쟁터가 되고 말았다. 일단 나는 이것이 그녀의 오래된 행동 패턴임을 깨닫게 했다. 다음으로 중요한 것은 현재로 돌아와 불안을 진정시키는 일이었다. 심호흡을 몇 번 한 뒤, 드라이브를 하면서 좋아하는 음악을 듣게 했는데(그녀는 운전을 하면 기분이 진정된다고 했다), 생각의 흐름을 끊기 위한 방법이었다. 그런 다음 '지금 내가 스스로에게 하는 이야기는 이러저러하다'는 내용의 문자를 나한테 보내도록 했다. 스스로에게 하는 이야기를 문자로 읽으면, 제이드도 자신이 혼란스러운 생각에 갇혀 있다는 사실을 즉시 알아차릴 수 있었고, 다시 현재에 집중할 수 있었다.
- 평소 자존감이 낮았던 사람은 연애할 때 자신을 잃어버리기 쉽다. 자신의 욕구는 외면한 채 파트너의 욕구에 지나치게 집중하기 때문이다. 그래서 나는 제이드가 연애 중에도 혼자 또는 친구와 일주일에 네 번 이상 꾸준히 요가 수업에 나가도록 했다. 브라이언에게 기대지 않고 자기 욕구를 스스로 채워 나갈 필요가 있었다. 요가 외에도, 일주일에 적어도 한 번은 브라이언 없이 친한 친구들과 저녁 시간을

보내라고 조언했다.

- 제이드는 건강한 연애 경험이 부족했고, 결혼 생활에서도 배우자와 소통이 거의 없었다. 나는 그녀에게 자신의 욕구와 불안을 마음속에 담아 두거나 혼자 되새기지 않고 표현하는 방법을 알려 주었다. 자신의 약점에 대해 연민을 가지고 솔직하게 말하도록 했다. 그리고 무엇보다 브라이언의 말에 귀 기울이는 태도가 중요하다고 강조했다. 제이드는 불안을 느끼거나 브라이언과 갈등이 생길 때면 쉽게 생존 모드로 들어가서 자신의 욕구와 그걸 충족시키는 데 집착했는데, 그런 모습은 브라이언에게 무시당하는 듯한 기분을 느끼게 한다는 사실을 깨닫게 했다.

자신을 온전히 사랑하기 위해 우리는 스스로 자랑스러워할 수 있는 방식으로 관계에 임해야 한다. 실수하지 말라는 뜻은 아니다. 누구나 실수를 한다. 중요한 건 책임을 지고 잘못을 바로 잡을 수 있는 태도다.

▼

연습하기

지금의 나를 만든 경험 기록하기

지금까지 내가 힘들게 해낸 모든 것을 스스로 인정해 주는 시간을 갖자. 일단 어린 시절부터 현재까지 인생에서 넘어 왔던 산들을 하나씩 적어 본다. 여기서 말하는 산은 내가 도전하고 극복했던 어떤 것도 될 수 있다. 작든 크든 내가 통과해 온 모든 경험과 성취했던 일들을 떠올려 보자. 두려움에 맞선 경험, 힘들었던 어린 시절, 어딘가에 합격했던 일, 학교 또는 훈련 과정을 마친 일, 나를 힘들게 했던 사람과의 관계, 이별, 이직, 업무 중에 겪은 혼란, 질병, 가족의 투병, 경제적 문제, 중요한 결정이나 방향 설정, 진로 선택 등 여러 가지가 떠오를 것이다.

- 나는 _______________________________을 극복했다.
- 나는 _______________________________을 버텨 냈다.
- 나는 _______________________________을 헤쳐 나왔다.

- 내가 다시 일어설 수 있었던 이유는 ____________ 때문이다.
- 내가 강해진 이유는 ______________________ 때문이다.

이어서 스스로에게 다음 질문을 해 보자.

1. 오르겠다고 쉽게 마음먹지 못했던 인생의 산은 무엇이었나?
2. 하고 싶은 일이 있지만, 그걸 하기에 나이가 너무 많다거나 이미 늦었다는 말을 하고 있진 않은가?
3. 익숙한 것에 매달리고, 낯선 것을 회피하려는 성향이 있는가?
4. 위험을 무릅쓰고 산을 올라 정상에 다다른다면, 어떤 기분이 들까?
5. 살면서 가장 힘들었던 상황을 극복하거나 어려운 일을 해냈을 때, 정신적으로 필요했던 것은 무엇이었나?
6. 오늘의 나를 만든 건 어떤 경험들인가?
7. 인생에서 새로운 변화를 만들어 내기 위해 오늘 당장 시작할 수 있는 세 가지는 무엇인가?

나에게 다정하게 말하는 습관

2주 동안 무심코 자신을 깎아내리는 말을 할 때마다, 그 순간을 알아차리고 멈추는 연습을 해 보자. "이제 나에게 그런 말은 안 할 거야"라고 혼잣말을 하거나, 자신에게 하는 부정적인 말을 어린 아이에게 해 줄 법한 말로 바꿔 보는 것도 좋다. 스스로에게 긍정적인 말을 해 주면 마음이 훨씬 편안해지고 용기가 생긴다는 걸 알게 될 것이다. 그러다 보면 차츰 자신에게 다정하게 말하는 습관이 자리 잡을 수 있다.

욕구 충족 상태 점검하기

여섯 가지 핵심 욕구를 기준으로, 지금 내 삶에서 이 욕구들이 어떻게 충족되고 있는지 점검해 보자.

- 안전/통제
- 모험/변화
- 인정/존재감
- 사랑/유대감
- 성장/도전
- 봉사/목적

1. 현재 잘 충족되고 있는 욕구는 어떤 것들인가?

2. 정서적으로 충만하고 균형 잡힌 상태가 되려면, 어떤 욕구에
   더 집중해야 할까?

3. 온전히 충족되지 않은 욕구를 더 꾸준히 충분하게 채우기 위해
   시도할 수 있는 새로운 방법 세 가지는 무엇인가?

이 연습을 해 보면, 그동안 자신이 안전과 인정에 관한 욕구에
만 지나치게 집중했고, 나머지 다른 욕구에는 크게 신경 쓰지 않았
다는 것을 깨닫게 될 수도 있다. 모든 욕구가 다 중요하지만, 앞서
말했듯이 안전하기만 한 삶은 결코 우리를 온전히 채워 주지 못한
다. 타인과의 유대감, 모험, 성장, 봉사를 우선시하는 사람은 자기
자신과 삶에 대해 훨씬 더 긍정적인 느낌을 갖는 경우가 많다. 어
떤 욕구가 내게 가장 큰 만족감을 주는지 고려해 욕구의 우선순위
를 정해 보자. 예를 들어, '봉사'를 가장 중요한 욕구로 설정해 보
고, 그것이 내 삶에 어떤 영향을 미치는지 시험해 보는 것도 좋다.

책임감 있는 파트너가 되는 법

스스로에게 다음 질문을 해 보자.

1. 나는 사랑하는 사람을 위해 어떻게 더 책임감 있는 모습을 보

일 수 있을까?

2. 상대의 말을 좀 더 인내심을 갖고 들어 줄 수 있는가?

3. 그 사람의 욕구를 더 지속적으로 채워 줄 수 있는가?

4. 그 사람을 위해 온전히 집중하며 함께할 수 있는가?

목소리를 내어

진실을

말해야 한다

case study 1 ▸ 가면 뒤에 숨은 두 사람

전남편과 사귀기 시작한 지 7개월쯤 됐을 때, 〈슬립노모어
Sleep No More〉라는 몰입형 연극관객이 공연에 직접 참여해 공연의 일부가 되는
연극—옮긴이을 보러 간 적이 있었다. 그날 밤 그 사람이 얼마나 멀
게 느껴졌는지, 그때 기분이 지금도 생생하다. 극장으로 향하는
택시 안에서 그는 유난히 조용했다.

"괜찮은 거지?" 나는 몇 번이나 물었다.

"어." 남자 친구는 그렇게 대답했지만, 내가 물을 때마다 말
투가 점점 화난 사람처럼 변해서 괜찮지 않다는 게 대번에 느껴
졌다. '어제까지만 해도 분위기 좋았는데, 대체 무슨 일이지?' 혼

란스러웠고, 마음이 너무 불편했다. 하지만 그게 그렇게 낯선 감정만은 아니었기에, 늘 그랬던 것처럼 아무 말도 하지 않고 가만히 불안을 견뎠다(유년기와 청소년기 내내, 아버지와 함께 있을 때 나는 늘 그런 기분이었다). 결국 그날 저녁은 내 인생에서 가장 이상했던 날 중 하루가 되었다.

나는 십 대와 이십 대 초반에 클럽에 자주 드나들었는데, 공교롭게도 〈슬립노모어〉는 내가 거의 매주 주말을 보냈던 바로 그곳에서 공연되고 있었다. 극장에 도착하자 갑자기 향수가 밀려왔다. 반짝이는 조명 아래서 많은 사람에 둘러싸여 큰 소리로 음악을 듣던, 거칠 것 없이 자유롭던 그 시절의 나로 순간 이동한 듯했다. 그때는 다섯 시간 내내 춤을 추곤 했는데. 사랑하는 사람과 이곳에 다시 와서 재밌는 시간을 보낼 거라 생각하니 무척 흥분됐다.

그런데 실상은 전혀 재밌지 않았다.

이 공연은 관객을 같이 온 사람과 떨어뜨려 입장시키는 게 특징이었다. 안내에 따라 묘한 분위기가 흐르는 엘리베이터에 오르면, 모두에게 똑같은 가면(영화 〈스크림〉의 가면을 생각하면 된다)을 나눠 준다. 그걸 쓰고 각 층으로 흩어져 낯선 사람들 속으로 들어가게 되는 것이다. 관객들은 안전한 가면 뒤에 숨어 배우들의 독특하고 관능적인 행위예술 공연을 지켜보며, 타인의 삶을 엿보고 싶은 본능을 마음껏 따를 수 있었다.

이어진 두 시간 동안, 나는 남자 친구를 몇 번 마주쳤다. 그 때마다 그에게 다가가 꼭 껴안고, 각자 본 장면을 얘기하며 같이 웃고 싶은 마음이 간절했다. 손을 잡고 공연이 다 끝날 때까지 함께 있고 싶었다. 하지만 남자 친구는 내게 같이 있자는 신호를 전혀 보내지 않았다. 오히려 처음 나와 눈이 마주쳤을 때, 못 본 척 지나쳤다. 충격이 아닐 수 없었다.

나는 그가 나를 시험하고 있다고 생각했다. 남자 친구가 옆에 없어도 혼자 잘 노는 쿨한 사람인지 보려는 건가 싶기도 하고, 별의별 생각이 다 들었다. '혹시 그동안 내가 너무 집착했나? 혼자만의 시간이 필요한 걸까? 어제는 나한테 그렇게 잘해 주더니, 어째서 오늘은 이렇게 멀어진 거지?' 나의 어떤 점 때문에 그의 마음이 바뀐 건지 자꾸만 곱씹게 됐다.

두 번째로 마주쳤을 때도 그가 모른 척 나를 지나쳐 가자, 나는 완전히 당황했다. '데이트하러 가서 대놓고 무시하는 남자 친구 따위 난 신경 안 써' 느낌의 독립적인 여자를 원하는 거라고 생각했고, 내가 바로 그런 사람이라는 걸 증명해 보이겠다고 마음먹었다. 자존심을 지키려면 이런 두려움과 실망을 그에게 들키지 말아야 했다.

내가 쓰고 있던 가면은 단순한 소품이 아니라, 내 진짜 감정을 감추는 가면이 되었다. 버림받은 듯한 느낌, 불안, 걱정처럼 차마 받아들이기 힘든 감정을 떨쳐 내려고 나는 혼잣말을 했다.

'어쩌면 이게 맞는 건지도 몰라. 오늘 밤 연극은 나 혼자 봐야 해. 나는 혼자 있는 걸 좋아하잖아.' 둘 사이가 좋아야 혼자서도 마음 편히 즐길 수 있다는 생각이 그렇게 의존적인 거였나? 같이 공연을 보고 싶다고 바란 게 그렇게 지나친 거였나? 내가 아는 건, 그 사람을 잃을지도 모른다는 생각에 너무 힘들었다는 것뿐이다. 불과 7개월을 만났을 뿐인데도 나는 이 남자를 너무 열렬히 사랑했고, 내 인생에서 떼려야 뗄 수 없을 것 같았다.

그래서 나는 그가 일부러 그런다는 걸 알면서도 태연한 척했고, 그런 것쯤 전혀 개의치 않는다는 듯 아무 말도 하지 않았다.

만약 내 감정을 신뢰할 만큼 자신감이 있었더라면, 온몸으로 느낀 불편함을 억지로 합리화하지 않고 그대로 받아들일 만큼 깨어 있었더라면, 가면을 벗어 버릴 용기가 있었더라면, 그날 밤 나는 이 관계를 끝내겠다는 선택을 했을지도 모른다. 지금이라면 그렇게 했을 것이다. 그러나 그 전에 이 말은 꼭 했을 것 같다. "오늘 밤, 나 정말 힘들었어. 당신이 나를 피하면서 시험하는 것 같은 느낌을 받았거든. 앞으로도 그런 식으로 행동한다면 그냥 참지 않을 거야. 당신도 뭔가 힘든 일이 있다는 건 알겠어. 그 얘기를 솔직히 해 줄 순 없겠어?"

하지만 그때 나는 남자 친구에게 사실대로 말하지 않았다. 내 진짜 감정을 숨겼고, 그건 그 사람도 마찬가지였다. 둘 다 계속 가면을 쓰고 있었고, 심지어 결혼한 후에도 그걸 벗지 않았다.

나는 내 결혼 생활에 희망이 없다고 생각했다. 관계를 안정시키려고 많은 노력을 기울여야 했고, 둘 사이를 지키기 위해 거짓말까지 해야 했다. 남편을 배신하지는 않았지만, 속마음을 자주 숨겼다. 내 안의 깊은 두려움을 남편이 알면 혹시라도 겁을 먹고 도망칠까 봐 다 보여 주지 않았다.

당시 우리 두 사람은 각자의 능력만큼 최선을 다했지만, 그걸로는 충분하지 않았다는 걸 이제는 안다. 많은 커플이 그렇듯, 우리도 자기 감정을 조절하지 못했고, 상대와 제대로 소통하지 않았다. 그런 패턴이 반복되며, 거기서 쉽게 빠져나오지 못했다. 서로에게 충분하지 못한 사람일까 봐 두려워했고, 각자가 무엇을 원하는지 솔직하게 말하지 못했다. 그러다 욕구가 좌절되면 당황했고, 결국에는 자신의 힘든 상황을 상대의 탓으로 돌리곤 했다.

관계에서 자기 목소리를 내지 않고, 원하는 것을 요구하지 않고, 감정을 나누지 않을 때, 우리는 무력감을 느끼고 나아가 희망이 없다고 느낀다. 사랑하는 사람과 침묵하지 않고 꼭 필요한 대화를 나누는 게 얼마나 어려운 일인지 잘 안다. 안정된 사이를 흔들어 분란이 생길까 두려워서 필요한 걸 요구하지 않고, 감정을 표현하지 않는 게 어떤 건지도 안다. 하지만 관계를 깨뜨리지 않기 위해 거짓말을 해야 한다면, 그 관계는 계속 발전시키거나 유지할 가치가 없다.

관계를 정말로 지키고 싶다면, 기꺼이 잃을 각오를 해야 한다. 때로는 진실을 말함으로써 관계를 잃을 수도 있지만, 적어도 나 자신은 지킬 수 있다.

속마음을 말하기가
왜 이렇게 힘들까

사람들은 평화를 유지하기 위해 불편한 대화를 피한다. 하지만 관계의 목적은 평화가 아니라 사랑이다. 누군가를 사랑한다면, 그 사랑에 충실하기 위해 꺼내기 힘든 주제도 서로 이야기해야 한다.

나 역시 사귀는 사람과 말하기 힘든 이야기를 피한 적이 많았다. 내 속마음을 말하는 것만큼이나 상대의 진실을 듣는 게 두려웠다. 그럼에도 우리는 모든 게 망가질 위험을 감수해야 한다. 그렇게 하지 않았을 때 치르는 대가는 항상 더 고통스럽기 때문이다. 욕구는 충족되지 않고, 억울한 마음만 쌓이고, 심지어 자기 자신을 배반하게 된다. 이제 막 데이트를 시작한 커플이든 오래 함께한 부부든, 모든 관계에는 자기 목소리를 내는 과정이 꼭 필요하다. 뭔가 마음에 들지 않으면 그렇다고 솔직히 말하고, 마주하기 두려운 질문도 기꺼이 할 수 있어야 한다.

정확히 말하면, 관계가 흔들리는 심각한 순간에만 진실을 말해야 하는 건 아니다. 일상의 아주 사소한 부분에서도 자신과 상대에게 솔직해질 수 있다. 예를 들면, 사귄 지 얼마 안 된 연인에게 낯선 사람이 많은 큰 모임은 불편하니, 일대일로 의미 있는 대화를 할 수 있는 소규모 모임이 더 좋다고 말할 수 있다. 토요일 오후에 유난히 피곤함을 느낀다면, 계획했던 일정 대신 하루 쉬면서 재충전하는 시간을 갖는 게 어떠냐고 말할 수도 있다. 또는 오래 함께 산 배우자에게 한 달에 한 번 저녁 외식을 하는 것도 좋지만, 이번에는 똑같은 이벤트 말고 뭔가 새로운 걸 해 보자고 제안할 수도 있다.

그런데 우리는 이런 사소한 것들조차 솔직하게 말하지 못할 때가 많다. 상대방의 기분이 걱정되거나 말을 꺼내기가 민망하기 때문이다. 그렇게 계속 마음을 숨기다 보면, 나중에는 내가 진짜 원하는 걸 상대가 들어주지 않았다며 서운해하게 된다.

자기 생각이나 감정을 분명하게 잘 표현하는 사람도 있지만, 대부분은 그렇지 못하다. 어린 시절에 자신이 바라는 것이나 필요한 것을 요구했을 때, 거절당하거나 적대적인 반응을 경험한 사람들이 있다. 또, 상대에게 하고 싶은 말을 했다가 번번이 충돌이나 싸움이 일어나는 걸 보면서, 입을 닫아 버리는 것에 익숙해진 사람도 있을 것이다. 특히 여성들은 수 세기 동안 착하고 순응하는 사람이 되도록 길들여져 왔다. 남성 중심 사회에서는 상냥하게 굴고 조용히 있는 것이 더 안전하며, 다른 사람을 불편하게 하지 않는 방법이라고 여겨졌기 때문이다. 자존감이 낮은 사람은 자신이 요구하는 것에 가치가 없다고 느끼기도 한다. 결혼 생활을 하며 내가 그랬던 것처럼, 강하게 자신을 주장하면 상대에게 버림받을까 봐 두려워하기도 한다.

case study 2 ▸ 잘못된 배려가 문제를 키운다

삼십 대 초반의 부부인 미셸과 제임스는 최근 서로 마음이 통하지 않는다며 나를 찾아왔다. 비록 그런 문제가 있다고는 하나, 첫 상담 때 두 사람의 사이가 매우 가까워 보였기에 나는 크게 걱정하지 않았다. 서로를 비난하지 않고 존중하는 태도로 말하는 걸 보면, 둘의 관계는 깊은 우정으로 다져진 게 분명했다. 이미 책임감을 장착하고, 문제를 해결하기 위해 뭐든 해 보려는 커플을 만난 건 놀라울 만큼 신선한 경험이었다.

미셸과 제임스는 지난 2년 동안 여러 가지 문제들을 외면한 채 지내 왔다. 구체적으로 말하자면, 제임스는 과소비하는 버릇이 있었고, 둘 모두에게 과도한 음주 습관이 있었으며, 스킨십 같은 신체 접촉도 많이 부족한 상태였다. 두 사람은 각자 서로에게 속마음을 어느 정도 숨기고 있는지 깨닫지 못한 채 커플 코칭을 받기로 결정했다.

잠깐 이야기를 나눠 보니, 두 사람이 서로의 감정을 상하게 하는 게 싫어서 자기 생각을 솔직하게 말하지 못한다는 걸 금세 알 수 있었다. 제임스는 다른 사람을 기쁘게 해 주려는 성향이 있는 사람이었고, 미셸 역시 제임스가 삶의 방향을 잃은 것처럼 보이는데도 그의 기분을 해치고 싶지 않아서 그런 이야기를 전혀 하지 않았다. 게다가 두 사람은 불편한 진실을 덮어 두기 위해 술에 의지했다. 진실을 말해야 하는 순간을 칵테일과 맥주로 대신하고 있었다.

미셸과 제임스의 문제는 이제껏 내가 다뤘던 어떤 문제보다도 특히 중요하다는 생각이 들었다. 아무리 기반이 탄탄한 관계라 해도 두 사람이 진실을 숨기고 말하지 않으면 쉽게 무너질 수 있고, 반대로 속마음을 제대로 표현하면 관계가 좋아질 수 있다는 걸 명확히 보여 주는 사례였기 때문이다.

두 사람을 처음 만난 때는 1월이었다. 서로 손을 잡고 있었지만, 둘 다 어딘가 불편해 보였다. 제임스는 시선을 아래로 떨군 채 숨을 죽이고 있었고, 입술 위쪽과 이마 주위에 땀방울이 맺혀 있었다. 한편, 미셸은 조금 편안해 보여 나는 그녀에게 먼저 물었다. "제가 어떤 걸 도와드리면 될까요?"

"제일 친한 친구랑 함께 사는 것 같지만, 가끔 마음이 잘 통하지 않는다는 느낌이 들 때가 있어요." 그녀가 조심스럽게 말했다.

"어떻게요?"

"뭐랄까요….." 미셸은 내 질문에 대답하면서도 제임스를 보고 있었다. 그건 제임스의 기분을 염두에 두고 있다는 표시였다. "우리 둘 다 마음이 딴 데 가 있지 않나 싶어요. 중요한 일에 대해 충분히 대화하지 못하고, 성적으로도 서로에게 온전히 집중하지 못한다는 느낌이 있고요."

미셸이 "성적으로도"라고 말하는 순간, 제임스가 얼어붙었다. 자기 아내가 성적으로 만족하지 못한다는 말을 듣고 싶어 할 남자는 없다. 제임스는 기습적으로 배를 한 대 얻어맞고도 아무 일 없었던 척하려 애쓰는 사람처럼 보였다.

"그게 무슨 뜻이죠?" 내가 물었다.

미셸은 내 질문에는 답하지 않고 엉뚱한 말을 했다. "제임스는 정말 좋은 친구예요."

"네, 저한테도 그렇게 보이네요." 나는 그녀의 말을 인정해주었다. "확실히 두 분은 우정과 존중이라는 단단한 기반 위에 관계를 맺고 계신 것처럼 보여요. 그건 진짜 중요한 일이에요. 그런 기반이 없어서 힘들어하는 커플들이 많거든요."

두 사람은 서로를 향해 따뜻하게 웃어 보였다.

"전 제임스랑 마음이 더 잘 통했으면 좋겠어요. 어떨 때 보면 이 사람이 다른 세상에 가 있는 것 같거든요." 미셸은 한숨을 내쉬며 소파에 몸을 기댔다. 두 사람은 여전히 손을 잡고 있었지만, 제임스는 계속 배를 세게 맞은 사람 같은 표정을 짓고 있었다. 재밌는 것은, 지금 제임스가 이 상황을 얼마나 불편해하는지 미셸이 전혀 눈치채지 못한다는 거였다.

"제임스에게 이런 얘기해 본 적 있어요?" 내가 물었다.

미셸은 제임스를 쳐다보았다. "네, 그러니까, 조금요. 상담받기로 결정하기 전에 이런 얘길 했었어요."

제임스도 고개를 끄덕였다.

"이게 얼마나 어려운 일인지 저도 잘 알아요. 두 분은 서로를 사랑하고, 서로의 감정을 상하게 하고 싶지 않았을 거예요. 그런 두 분 모습은 정말 아름다워요. 하지만 이 자리에 오신 이상, 가장 중요한 건 가능한 한 솔직해지는 거예요. 제 느낌상, 그동안 두 분은 정말로 필요한 수준의 대화를 나누지 못했을 거라는 생각이 들어요." 내가 말했다.

"맞아요." 미셸이 얼른 대답했다. 제임스는 여전히 숨도 제대로 쉬지 못하는 것처럼 보였다. "아무래도 우린 문제가 있는 걸 알면서도 회피하는 안 좋은 습관이 생겨 버린 것 같아요. 그걸 모른 척하려고 밖에 나가 술을 마시게 된 거고요." 그렇게 인정할 정도로 미셸이 자신들의 상황을 정확히 인식하고 있다는 데에 나는 조금 놀랐다.

"제임스, 당신 생각은 어때요?" 나는 제임스에게 물었다.

그가 얼마나 안간힘을 쓰고 있는지가 눈에 보여 안쓰러운 마음이 들었다. "많이 긴장한 것 같은데, 잠깐 일어나 볼래요? 두 팔을 머리 위로 쭉 뻗으면서 심호흡을 해 봐요. 물도 한 모금 마시고요." 제임스는 내가 시킨 대로 했고, 한결 정신이 돌아온 듯한 얼굴로 다시 자리에 앉았다. 지금처럼 불편한 마음에서 벗어나려 할 때, 스트레칭과 심호흡, 물 한 잔이 얼마나 효과적인지 깨닫고 나는 늘 놀라곤 한다. 앞으로 제임스에게 자기 감정을 표현하도록 코치하려면 매우 신중하게 접근할 필요가 있겠다고 생각했다. 명확한 방법을 안내하면서 동시에 참을성 있게 기다려 주어야 했다.

"음… 네, 맞아요. 예전만큼 우리가 마음이 통한다는 느낌이 잘 안 들긴 해요." 제임스는 자기 속내를 거의 드러내지 않았지만, 매우 불편해하고 있는 건 분명해 보였다.

일대일 상담에서 나는 제임스가 살아온 이야기를 자세히 들을 수 있었다. 그의 아버지는 알코올 중독이었는데, 화가 나면 쉽게 이성을 잃고 어머니에게 소리를 질러댔다. 그 모습을 보고 자란 제임스는 열세 살 때 자기는 절대 아버지 같은 사람이 되지 않겠다고 다짐했다. 대신 아내를 공주처럼 대하겠다고 마음먹었다. 아버지처럼 화를 잘 내는 괴팍한 사람이 아니라 좋은 남자가 되고 싶었다.

겉으로 보기에 그건 분명 잘못된 결정이 아니었다. 하지만 제임스는 좋은 남편이 되려면 아내가 절대 실망하지 않도록 뭐든 다 해야 한다고 믿었다. 그게 진실을 숨기는 일이어도, 그 일 때문에 자신이 고통받아도, 그래야 한다고 생각했다. 심리 치료 사인 로버트 글로버는 《잘난 놈 심리학》에서 이렇게 말했다. "좋은 남자가 하는 모든 말이나 행동은, 의식적이든 무의식적이든, 다른 사람의 인정을 얻거나 비난을 피하기 위해 계산된 것이다."

제임스는 다니던 직장을 그만두고 새로운 사업을 시작해 보고 싶었지만, 미셸에게 차마 말하지 못했다. 경제적으로 불안정해지면 그녀가 실망할까 봐 걱정되어서였다. 아내에게서 "좋은 생각이 아닌 것 같다"라는 말을 듣게 되는 것도 두려웠다. 그는 지금의 삶에서 벗어날 수 없을 것 같은 막막함 때문에 가벼운 우울감과 불안증을 겪고 있었다. 갑자기 당황하거나 머릿속 생각에 갇히기라도 하면, 아내와 소통하는 건 더 어려워졌다. 자기 내면에서 일어나는 감정을 표현할 도구가 없었다.

제임스는 진실을 말하기에 앞서, 좋은 남자라는 자신의 정체성부터 마주해야 했다. 그는 자신이 막막해한다는 건 알았지만, 그 감정이 아내를 실망시키고 싶지 않다는 두려움과 강박에서 비롯되었다는 사실은 내가 지적하기 전까지 모르고 있었다. 미셸은 제임스가 삶의 방향을 잃은 것 같다고 걱정했지만, 실제로 제임스가 힘들어했던 이유는, 아내가 실망할지 모른다는 두려움과 불행한 직장 생활에서 벗어날 수 없다는 갑갑함 사이에 갇힌 듯한 느낌 때문이었다.

나는 솔직하고 열린 마음으로 소통하지 않고는 두 사람의 사이가 충분히 깊은 관계로 이어질 수 없다는 걸 이해시키고 싶었다. 또한 제임스가 절대 자기 아버지처럼 되지는 않을 것이며, 계속 자신의 속마음을 아내에게 숨긴다면 오히려 더 큰 실망을 안겨 줄 수 있음을 알게 해야 했다. 그가 진실을 마주할 수 있는 내면의 힘과 용기를 키우도록 돕는 것이 내 역할이었다.

덮어 둔다고 사라지지 않는 문제들

나는 먼저 제임스에게 '자기를 포기한다'는 게 어떤 의미인지 설명했다.

"누구도 배우자가 자신을 버리면서까지 관계를 유지하길 바라지는 않아요. 당신을 사랑하는 사람이라면 더더욱, 당신이 자신을 지우고 억누르면서 함께 있기를 바라지 않을 거라고요."

진짜 과제는, 두 사람이 이 문제에 대해 자연스럽게 대화할 수 있도록 유도하는 것이었다. 다음 상담에서 셋이 함께 만났을 때, 나는 제임스가 새로운 방식으로 아내에게 말을 걸 수 있도록 인내심을 가지고 코치했다. 말하기 전에 아내를 향해 자세를 바꾸고, 몇 번 심호흡하고, 상대의 눈을 바라보도록 지시했다. 그리고 두 사람이 서로 손을 맞잡게 했다.

그런 다음에는 제임스가 심리적으로 안전하다는 느낌을 받을 수 있도록 미셸에게 듣는 훈련을 시켰다. "이건 제임스에게 아주 낯선 영역이에요. 그러니까 이번에는 미셸이 적극적으로 상대의 말을 듣는 역할을 해 줬으면 좋겠어요. 대답할 말을 준비하거나 자신에 관해 생각하는 건 잠시 내려놓고요. 제임스의 말을 진심으로 듣고, 공감과 연민을 가지고 귀 기울이는 연습을 해 보는 거예요."

제임스가 입을 뗐다. "난 당신이 실망하게 될까 봐 너무너무 두려워. 혹시라도 나를 쓸모없는 인간이라고 여기진 않을지, 당신이 원했던 남편이 아니라고 생각하진 않을지 걱정돼. 기대에 못 미치는 사람이 되고 싶지 않아."

미셸은 진심으로 귀 기울이고 있었지만, 당황한 표정이 역력했다.

"미셸, 방금 들은 말에 대해 혹시 하고 싶은 말이 있나요?" 내가 물었다.

"난 당신을 사랑해. 내가 어떻게 당신을 쓸모없는 인간이라고 생각하겠어? 그저 당신한테 무슨 일이 있는 건지 알고 싶었을 뿐이야."

"어떻게 해야 할지 몰라서 그동안 정말 혼란스러웠어. 그러니까 늘 불안하고, 막막한 기분이었어."

"정말 잘하셨어요." 나는 제임스에게 지금 자신이 겪고 있는 상황을 미셸에게 좀 더 자세히 얘기해 보라고 했다. 제임스는 감정이 북받치는지 쉽게 말을 이어 가지 못했다. 나는 이번에도 여유를 가지고 심호흡을 한 뒤 물을 마셔 보라고 권했다.

제임스는 현재 다니는 직장이 좋은 조건인 건 알지만, 전혀 행복하지 않다면서 일과 관련한 고충을 얘기했다. 늘 자기 사업을 시작해 보고 싶었지만 그에 대해 한 번도 상의하지 않았던 건, 미셸이 어떤 반응을 보일지 몰라 두려워서였다고 털어놓았다.

"나도 몰랐는데, 상담을 받으면서 이 문제가 나를 계속 생각에 갇히게 하고 아무 의욕도 없는 상태로 만든다는 걸 깨달았어."

제임스가 마침내 자기 사업에 관한 얘기를 꺼냈을 때, 미셸은 너무나도 선선히 받아들였다.

"당신이 하고 싶은 거 뭐든 해. 우린 그저 그 일을 어떻게 실행할지 현실적인 부분만 좀 얘기하면 될 것 같아. 부족한 자금을 보충하려면 내가 부업을 얼마나 더 해야 할지, 그런 거. 난 당신이 가장 잘 맞는 일을 했으면 좋겠어. 기운 없이 소파에 늘어져 있고, 나와 함께 있는 순간에도 집중하지 못하는 건 바라지 않아."

미셸에게서 자신을 지원하겠다는 말을 듣자마자, 제임스는 압력밥솥의 밸브가 열린 것 같은 반응을 보였다. 경직됐던 몸에서 긴장이 빠져나갔고, 곧이어 편안해진 표정으로 고르게 숨을 쉬기 시작했다. 제임스가 자신이 원하는 걸 솔직하게 말했을 때,

내 몸에도 안도감이 퍼지는 걸 느꼈다.

"좋아요. 미셸은 두 사람이 어떤 부분에서 달라져야 한다고 생각해요?"

"저는 제임스가 자기 몸을 더 돌봤으면 좋겠어요. 밖에 나가서 운동하는 걸 보고 싶어요. 제임스는 그럴 때 진짜 행복하고 활기 있어 보이거든요. 그런 모습에 제가 반하기도 했고요."

그리고 제임스의 요구 사항은 이것이었다. "저는 미셸이 저녁 먹을 때만큼은 휴대폰을 내려놓고 일 생각은 하지 말았으면 좋겠어요. 퇴근 후에 제대로 함께 시간을 보내고 싶거든요. 그 부분을 같이 노력해 가고 싶네요."

다시 미셸이 말했다. "한동안은 우리 둘 다 술도 끊었으면 좋겠어요. 득이 될 게 별로 없는 것 같거든요. 사실은 상황이 그리 좋지 않고 서로 소통도 잘 못하고 있었으면서, 문제를 덮어 둔다고 될 일이 아니었어요. 술이나 마시면서 모든 게 괜찮은 것처럼 구는 건 그만할래요. 좀 더 책임감을 가지고 싶어요."

그 말에 제임스도 기꺼이 찬성했다. 두 사람이 술을 끊고부터 미셸은 그동안 관계에서 자신들이 무시하거나 억눌러 온 것들이 훨씬 더 많았다는 것을 차츰 깨닫기 시작했다. 두 사람의 솔직하지 못한 태도에서 비롯된 여러 문제가 연이어 우르르 터져 나왔다.

그중 하나는 전보다 줄어든 성생활 빈도였다. 두 사람은 나를 찾아오기 전까지 섹스에 관해 거의 대화를 나눈 적이 없다고 했다. 나는 모든 커플이 성적 취향이든, 불편한 것이든, 욕망이나 필요한 것에 관해서든, 이 주제로 반드시 자주 이야기를 나눠야 한다고 말했다. 제임스가 아내를 실망시킬 수도 있다는 두려움에서 조금씩 벗어나면서, 두 사람은 이런 주제에 대해서도 더 자주 대화를 나눌 수 있게 되었다. 한편, 미셸이 실망스러운 감정을 좀 더 편안하게 표현하려면 거기에 대해 제임스가 과민하게 반응하지 않아야 한다는 것도 알려 주었다.

1년간 상담을 진행하며, 나는 두 사람이 오랫동안 서로 피해 왔던 이야기를 꺼내도록 도와주었다. 우리는 함께 힘을 합쳐 '방 안의 코끼리들모두가 알고 있지만 아무도 말하지 않는 명백한 문제—옮긴이'을 몰아냈고, 제임스와 미셸은 정직과 투명성을 새로운 기준으로 삼아 관계를 다시 탄탄하게 이어 갔다. 때로는 진실을 인정하는 일이 매우 고통스러울 때도 있지만, 결국 그 진실 덕분에 두 사람은 두려움에서 벗어날 수 있었다.

case study 3 ▸ 늘 맞춰 주기만 하는 연인

대부분의 사람은 진짜 자기 자신으로 사는 것을 중요하게 여긴다. 그런데도 실제로는 자기 본연의 모습을 존중하지 않고,

남들 눈에 매력적으로 보이는 사람이 되려고 애쓰는 이들을 나는 수없이 보았다.

자신에게 맞는 사람을 찾지 못하거나, 사랑하는 사람과 오래 함께하지 못할까 봐 두려워하는 사람들이 있다. 그들이 본래 모습 그대로 살아가도록 돕는 것이 내가 가장 힘쓰는 일 중 하나다. 누구나 사랑을 원한다. 하지만 진실 1에서 말했듯이, 우리는 저마다 충분하지 못한 자신의 모습을 걱정한다. 그래서 거절당하거나 관계를 잃을 위험을 감수하면서까지 진짜 자기 자신과 소중히 여기는 가치를 지키는 데는 엄청난 용기가 필요하다. 사실 자신과의 연결을 잃는 것은 다른 누구와의 연결을 잃는 것보다 인생에 훨씬 큰 파문을 일으킨다. 관계 속에서 온전히 자신으로 존재하지 못할 때 어떤 문제가 생기는지 살펴보자.

37세의 에마는 싱글로 살고 싶지 않았지만, 자신의 욕구를 전혀 채워 주지 못하는 남자와 몇 년간 억지로 관계를 이어 가려 애쓰다 결국 다시 혼자가 되었다. 나를 찾아왔을 때는 진짜 사랑을 찾고 싶어서 심리 치료도 받고, 연애 코치와 상담도 하고, 여러 강의도 들어 본 상태였다. 하지만 그 어떤 것도 효과가 없었다.

에마와 첫 상담을 하면서, 나는 그녀가 원하는 관계를 맺지 못한 두 가지 이유를 발견했다. 하나는 진지한 관계를 바라면서도 발전 가능성이 전혀 없는 가벼운 만남을 반복해 왔다는 점이고, 다른 하나는 연인과 함께할 때 집착하거나 의존적으로 보이는 것에 강한 거부감을 가지고 있다는 점이었다.

직장에서 에마는 자신감 있고, 의견을 당당하게 표현하며, 결단력도 있는 사람이었다. 그런데 연애할 때는 늘 상대에게 끌려다녔다. 에마의 가족 중에 중독 문제를 가진 형제가 있었는데, 그 때문에 에마는 자기라도 속 썩이지 않는 '순한 아이'가 되어야 한다고 생각했다고 한다. 그래서 자기주장을 거의 하지 않았고, 부모의 관심을 요구하지도 않았으며, 다른 사람을 지나치게 배려했다. 게다가 남자들이 '쿨한 여자'를 좋아할 거라는 믿음까지 갖고 있었다.

"맨날 남자 친구한테 의지하면서 징징거리는 여자들 있죠? 항상 불평하는 애들이요. 전 절대 그런 여자는 되지 않을 거예요." 그녀는 혐오스럽다는 표정을 지으며 말했다.

그 말에도 일리는 있었다. 분명 세상에는 부정적인 말과 끊임없는 요구로 파트너를 지치게 만드는 여자들, '그리고' 남자들이 존재한다. 하지만 에마의 경우는 다른 얘기였다. 에마는 자라온 가정환경과 사회의 그릇된 가치관에 너무 많은 영향을 받아서 자신의 진짜 모습을 숨기는 사람이 되어 있었다. 그녀는 쿨한 '척'했고, 그녀에게 쿨하다는 건 '난 필요한 게 아무것도 없어'라는 뜻이었다. 에마뿐 아니라 셀 수 없이 많은 여성이 이런 믿음에 빠져, 늘 남에게 맞춰 주는 쿨한 사람이라는 가면을 쓰고 산다. 나 역시 이 가면을 쓴 적이 있었다. 〈슬립노모어〉 공연장에서도 썼고, 이후 전남편에게 그날 밤 내 기분을 절대 말하지 않기로 결심하면서도 계속 그 가면을 쓰고 있었다.

늘 맞춰 주기만 하는 사람은 상대에게 아무것도 요구하지 않는다. 요구하는 순간 의존적인 사람이 된다고 믿기 때문이다. 의존적인 사람은 매력 없고 사랑받지 못한다고 여긴다. 에마도 마찬가지였다. 사랑받으려면 편하고 쿨한 사람, 절대 요구하지 않는 사람이 되어야 한다고 굳게 믿었다. 하지만 그녀는 '필요한 걸 요구하는 것'과 '의존하는 것'의 차이를 알지 못했다. 어떤 남자의 키스가 마음에 들지 않아도 좋은 척했고, 기분이 상해도 절대 말하지 않았다. 기분이 상했다는 말은 곧 짐이 된다는 뜻이고, 짐스러운 사람은 결코 쿨하지 않으니까.

에마는 요구하지 않는 것은 물론, 자신에게 기본적인 '권리'가 있다는 사실조차 인식하지 못했다. 그래서 가고 싶은 식당이 있어도 가자는 말을 못 했고, 애인이 자기 컵에 물을 따를 때 나도 한 잔 달라는 말을 못 했고, 심지어 여행 중에 화장실이 급해도 차를 세워 달라는 말을 못 했다. "아니야, 난 괜찮아" "뭐든지 다 좋아" "네가 원하는 대로 해"라고 말하는 데 익숙해진 그녀는 결국 관계 속에서 자신을 완전히 잃어버렸다.

필요한 것을 요구하는 것과
의존은 다르다

에마는 "순한 아이"였고, 나는 "까다로운 아이"였다. 우리는 정반대의 이름으로 불렸는데도, 뭔가를 요구한다는 건 다른 사람을 힘들게 하고 호감을 얻기 어렵다는 같은 결론에 도달했다. 나는 내가 그랬던 것처럼 그녀도 그 잘못된 생각에서 벗어날 수 있기를, 그래서 진짜 자신을 표현하게 되기를 진심으로 바랐다. 자기 본래 모습을 진실하게 드러내야만 원하는 사랑을 찾을 수 있다는 걸 알게 해 주고 싶었다.

"에마, 관계에는 자기 목소리가 필요해요. 관계 안에서 두 사람 모두 각자의 자율성을 갖는 게 무척 중요한데, 필요한 걸 요구하고 의견과 취향을 말하는 것도 다 자율성에 속하는 거예요."

"무슨 말인지 알지만, 전 그저 까다로운 사람처럼 보이고 싶지 않은걸요. 요란 떨지 않고 넘어가는 게 더 편할 때도 있고요."

"직장에서도 그렇게 해요?"

그녀는 모 회사의 마케팅 부서에서 나름 중책을 맡고 있었다.

"세상에, 일할 때는 절대 그러지 않죠." 그녀의 말투가 확 달라져서, 갑자기 딴사람과 이야기하는 기분이 들 정도였다. "회사에서는 제 요구 사항을 아주 분명하게 말하는 편이에요."

"그렇군요. 그러니까 직장에서는 전혀 쿨한 척하지 않는다는 거네요?"

"맞아요." 그녀는 내 말에 맞춰 주는 기색이라곤 전혀 없이 단호하게 대답했다. "하지만 그건 일이잖아요. 그런 모습의 저랑 데이트하고 싶어 하는 남자는 아무도 없을 거예요."

"아니요, 있어요." 나는 확신에 차서 말했다. "남자가 항상 에마의 일할 때 모습만을 원하진 않을 거예요. 하지만 그 모습도 당신이에요. 그리고 당신의 또 다른 모습 중에는 실제로 아주 편안하고 유연한 면도 있잖아요. 다른 사람을 배려하고, 맞춰 주고, 지나친 요구를 하지 않는 건 사실 아주 좋은 자질이에요. 그렇지만 자신의 욕구를 희생하면서까지 그러면 안 돼요. 당신이 항상 다 받아 주고, 상대가 원할 법한 말과 행동만 골라서 한다면, 그건 상대에게 거짓말을 하는 거예요."

에마는 혼란스러운 표정으로 나를 쳐다봤다.

"당신이 자신과 잘 맞지 않는 남자와 계속 데이트하게 되는 이유가 바로 이거예요. 관계에서 진짜 자기 모습을 보이고 원하는 걸 말하지 않으면, 상대방과 진심으로 연결되기 어려워요. 그런 관계는 항상 일방적이라는 느낌이 들고, 만족을 느끼지 못할 거예요. 그 결과 역설적으로 상대의 사랑에 집착하게 되죠." 나는 힘주어 말했다.

에마는 내 말을 혼자 곱씹는 듯했다.

"마지막 연애에서 집착하거나 의존하게 된다고 느끼지 않았어요?” 내가 물었다.

“완전히요. 그런 저 자신을 견딜 수가 없었어요!”

“왜 그랬는지 알겠어요. 욕구가 전혀 충족되질 않으니 계속 집착하는 기분이 들었던 거예요. 하지만 관계란 본래 그런 거예요. 목소리를 내서 진실을 말해야 해요. 무엇이 필요하고 무엇을 좋아하는지, 당신의 진심을요.”

관계에서 에마가 극복해야 할 가장 큰 도전 과제는, 필요한 걸 요구하는 것과 의존하는 것의 차이를 깨닫는 일이었다. 연인에게 의존한다는 건 상대가 항상 나를 행복하게 해 주고 안전하게 지켜 줄 거라고 기대하는 것이다. 의존적인 사람은 상대가 해 준 어떤 것도 충분하지 않다고 느낀다. 그 사람이 나를 사랑한다면 내 마음을 읽을 수 있어야 하고, 절대 나를 실망시키지 않아야 한다는 비현실적인 기대를 품기 때문이다. 또한 마치 어린아이처럼 자기 욕구를 언제라도 타인이 채우도록 책임을 떠넘기면서 자립성을 포기한다.

에리히 프롬은 《사랑의 기술》에서 이렇게 썼다. “성숙하지 않은 사랑은 ‘난 당신이 필요하기 때문에 당신을 사랑한다’라고 말한다. 한편 성숙한 사랑은 ‘난 당신을 사랑하기 때문에 당신이 필요하다’라고 말한다.” 상대에게 의존하는 건 그 사람을 사랑하는 게 아니다. 그저 스스로 행복해지는 법을 몰라, 누구라도 자신을 행복하게 해 주길 바라는 것이다.

쿨한 여자, 착한 여자, 좋은 남자

'쿨 걸'은 여유롭고 느긋한 사람으로 보이고 싶어 뭐든 다 괜찮은 척하고, 어떤 것도 거슬려 하지 않는다. 잔소리하고 간섭하는 연인이 지겨워? 쿨 걸이 나서야겠군. 여자 친구를 정서적으로 지지하고 헌신하는 게 힘들어? 쿨 걸이 도와줄게. 깊은 관계를 원하는 여자가 부담스러워? 쿨 걸이 해결해 주겠어.

나이를 불문하고 많은 여성을 괴롭히고 해를 끼치는 전형적인 이미지 두 가지를 꼽으라면, 바로 '쿨 걸'과 '굿 걸'일 것이다. 겉보기에 이 둘은 서로 달라 보인다. 쿨 걸은 남성이 원할 법한 모습으로 언제든 자신을 변화시킨다는 점에서 카멜레온에 가깝다. 쿨 걸은 남자들과 밖에 나가 술을 마시고 축구를 보다가, 침실에서는 포르노 스타로 변신한다. 사실은 야외 활동을 싫어하고 5성급 호텔에 묵는 걸 더 좋아하면서도, 캠핑을 즐기고 자연을 좋아하는 척할 수 있다. 심지어 상대가 자신을 인생에서 우선순위에 두지 않아도 전혀 기분 상할 게 없다는 듯 행동한다.

굿 걸은 전형적으로 다정하고 배려심이 많으며 다른 사람을 잘 돌본다. 관습과 규칙을 잘 따르고 예의 바르다. 그녀의 신념 체계는 이렇게 말한다. '타인과 나 사이에 경계를 세우는 건 불친절한 거야. 내 생각을 강하게 주장하는 건 공격적인 거야. 다른 사람에게 뭔가를 요구하는 건 이기적인 거야.' 나는 사람들이 관계 속에서 모든 걸 자기중심적으로 생각하는 버릇을 내려놓고 좀 더 이타적으로 행동하는 법을 배워야 한다고 생각하는 편이지만, 굿 걸은 지나칠 정도로 이타적이다. 항상 자신보다 타인의 욕구와 편안함을 우선시할 뿐만 아니라, 상대의 불쾌한 행동까지 다 감싸 주며 자신을 위험에 빠뜨린다.

쿨 걸과 굿 걸의 공통점은, 둘 다 타인과의 사이에 경계를 잘 세우지 않는다는 것이다. 에마처럼 '충분히 괜찮은 사람'이 되기 위해, 요구할 게 없는 것처럼 행동한다. 쿨 걸과 굿 걸의 무의식에는 자기 목소리를 내고 자신의 감정, 욕구, 필요를 사실대로 말하면 상대에게 거절당하고 사랑받지 못할 거라는 믿음이 깔려 있다. 그래서 거짓말을 한다. 욕구를 느끼고 의견과 두려움을 표현하는 여자는 까다로운 여자라는 사회적 통념을 학습했기 때문이다. 진실을 말하는 여자는 까칠하고, 징징거리고, 집착하고, 남자 같고, 냉정하고, 짜증 나는 여자로 보일 수 있다고 믿기 때문이다. 다시 말해, 쿨하지 않은 여자는 까다로운 여자다. 다정하지 않은 여자는 심술궂은 여자다. 필요한 걸 요구하는 여자는 남에게 의존하는 여자다. 쿨 걸과 굿 걸은, 모든 인간은 영화 캐릭터보다 훨씬 더 복잡하고 다양한 특성을 지닌다는 걸 이해하지 못하고, 냉혹한 이분법의 세계에 갇혀 있다.

영화 〈악마는 프라다를 입는다〉에서 메릴 스트립이 연기한 미란다 프리슬리는 힘을 가진 여성이 된다는 건, 곧 심술궂은 사람으로 보인다는 사실을 말해 준다. 우리는 전형적인 굿 걸인, 약하고 권력도 없는 앤디(앤 해서웨이가 연기했다)를 동정하는 한편, 그녀에게 변화가 절실히 필요하다는 것 또한 안다. 영화 초반부에 앤디는 다른 사람의 환심을 사고 주어진 역할에 자신을 맞추기 위해 뭐든지 하려 한다. 관객은 약자가 승리하는 모습을 보고 싶어 하는 동시에, 남의 눈치나 보며 악당이 시키는 대로 움직이던 사람이 마침내 진짜 자신을 발견하고 주체적으로 살아가는 모습도 보길 원한다.

이 영화 전체는 앤디가 자존감과 자기 목소리를 되찾아가는 여정을 담고 있다. 그 과정에서 결국 착한 여자 콤플렉스를 극복하고 자신의 진짜 모습을 찾게 된다는 내용이다. 그녀의 영웅 서사는 마침내 하던 일을 그만두고 진정으로 열정을 느끼는 일을 좇아 나서는 것으로 끝이 난다.

앞에서 소개했던 제임스는 전형적인 '좋은 남자'였다. 굿 걸과 쿨 걸처럼, 좋은 남자도 상대에게 거부당하지 않고 인정과 사랑을 얻기 위해 거짓말을 한다. 남을 기쁘게 하려는 충동을 극복하는 방식은 사람마다 다르겠지만, 제임스의 경우에는 '강압적이고 감정 조절이 안 되는 남자 vs 착한 성품에 기본적으로 자기주장을 하지 않는 남자'라는 이분법적 믿음을 내려놓는 것이 핵심이었다. 그는 자신의 욕구와 감정을 표현하면서도 친절하고 다정할 수 있다는 것, 자신의 가치와 꿈을 양보하지 않고도 다른 사람을 배려할 수 있다는 것을 알아야 했다. 그에게 치유란 불편한 감정을 회피하지 않고, 꿈을 향해 나아가고, 솔직하게 소통하는 법을 배우는 것이었다.

진실을 마주할 용기

연인의 마음을 사기 위해 에마가 무의식적으로 선택한 전략은 상대에게 무조건 다 맞춰 주는 것이었다. 그렇게 하면 남자들이 자신에게 관심을 가질 거라고 믿었지만, 오래 지나지 않아 누구도 자신에게 온전히 마음을 쏟지 않는다는 걸 깨달았다. 그녀는 머릿속으로 '누구도 나를 진정으로 사랑해 주지 않아'라는 이야기를 만들어 냈다. 당연히 그 이야기는 그녀의 자존감을 떨어뜨렸고, 자신이 매력 있는 사람이라는 걸 의심하게 했다.

에마는 자신의 전략에 근본적인 결함이 있다는 사실을 알지 못했다. 자신의 진정한 모습을 외면하지 않고 받아들이는 것이야말로 가장 매력적이라는 걸 몰랐다. 결국 있는 그대로의 나를 드러내는 자신감이야말로, 내게 꼭 맞는 사람을 내 인생으로 끌어당기는 가장 강력한 힘이다.

에마에게 필요한 과제는, 데이트할 때 더 당당하고 자신감 있는 모습을 드러내는 것이었다. 먼저 나는 가고 싶은 식당을 고르거나, 하고 싶은 활동을 정하는 등 사소하지만 기본적인 표현부터 시작하도록 조언했다. 그러나 에마는 이런 작은 일에도 자기 목소리를 내는 걸 불편해했다. 우리는 매주 그 부분에 관해 이야기했고, 다행히 그녀는 변화를 향한 노력을 멈추지 않았다. 그렇게 조심스럽게 한 걸음씩 내딛자, 어느 순간 에마는 원하는 것을 말하는 일이 더 이상 어렵지 않게 되었다. 데이트 중 자신의 취향을 표현하는 데 익숙해지자, 나는 이제 그녀가 연애 상대를 더 신중하게 고를 수 있도록 도와줄 차례라고 생각했다.

지금까지 에마는 그다지 관심 없는 남자와 가볍게 연애를 이어 가는 데 만족하며 지내 왔다. 남에게 맞춰 주는 성향 때문에 타인과 경계를 설정하는 게 너무 어려웠고, 그런 가벼운 사이의 사람과 흐지부지 멀어지다 끝나는 게 훨씬 쉽다고 느껴졌다. 문제는 그렇게 시간만 계속 흘러간다는 거였다. 그녀는 결혼해서 가정을 꾸리고 싶어 했는데, 별로 마음에도 없는 사람과 사귀느라 진짜 어울리는 사람을 만날 기회를 놓치고 있었다.

"잠깐 만나던 사람과 이제 헤어질 시간이라고 가정해 봐요." 나는 솔직하게 말했다. "여기저기 찔러보는 건 당신과 상대의 시간만 낭비하는 꼴이에요. 당신은 원하는 걸 실제로 가질 수 있어요. 직장에서 일할 때처럼, 연애할 때도 더 많은 걸 당당히 요구하기만 하면 돼요."

"좋아요, 그렇지만 뭐라고 말해야 할지 모르겠다고요!"

바로 그 순간, 나는 중요한 걸 깨달았다. 많은 사람이 자신의 기준을 낮추고, 선을 넘는 행동에도 단호하게 대처하지 못하면서 진실을 외면하는 이유가, 어떻게 소통해야 할지 방법을 모르기 때문이라는 사실을 말이다.

"만약 두려울 게 아무것도 없다면, 뭐라고 말하겠어요?" 내가 부드럽게 물었다.

그녀는 잠시 생각하더니 말했다. "그냥 솔직하게 말할 것 같아요. 함께한 시간은 즐거웠지만, 우리 둘은 잘 맞지 않는 것 같다고요."

"그 정도면 완벽한 거 같아요." 나는 웃어 보였다.

진실을 말하는 데는 종종 용기가 필요하다. 진실은 우리가 상처받지 않으려고 만들어 낸 쿨한 여자, 착한 여자, 좋은 남자 같은 무의식적 패턴들 아래 숨어 있을 때가 많다. 그것을 드러냈을 때 자신이 약하고 실패한 것 같고, 매력 없는 사람으로 보일지도 모른다고 생각할수록 우리는 쉽게 진실을 숨기게 된다. 게다가 자신을 표현하는 도구마저 없으면, 전쟁터 같은 머릿속에 갇혀 분노와 원망만 키우게 된다.

너무 복잡하게 생각하거나 지나치게 고민하지 말자. 진실만이 우리를 자유롭게 할 것이다. 진실은 위태로운 관계를 다시 제자리로 돌려놓을 힘을 가지고 있다. 또한 잘못된 관계에서 벗어나게 하고, 정직하고 건강한 방식으로 새로운 관계를 시작할 수 있게 도와준다. 그러니 자신의 기준부터 높이자. 더 이상 움츠리지 말자. 먼저 자신에게 진실을 말하고, 나와 관계된 사람들에게 진정성 있는 태도를 보이며, 당당하게 살아가자. 이제 가면은 필요 없다. 관계에 가져올 수 있는 가장 값진 선물은 진실이라는 게, 내가 말하고 싶은 진실이다.

▼

연습하기

이번 장에서 배웠듯이, 진실을 말하지 않아 생기는 결과는 타인과의 관계뿐만 아니라 자신과의 관계에도 매우 부정적인 영향을 미친다. 진짜 자기 모습과 감정을 표현하지 못하고 두려워하다가 관계 속에서 자신을 잃어버릴 때, 우리는 상대를 원망하거나 소외됐다고 느끼거나 완전히 무력한 기분에 빠지게 된다.

내 의견을 분명하게 표현하기

상대방에게 공격적인 태도를 보이며 논쟁하자고 덤벼들라는 말이 아니다. 당신이 해야 할 일은 자존심이 아니라 진실을 위해 자기 견해를 굳건히 고수하는 것뿐이다. 자신을 주장할 때는 스스로의 취약한 모습과 단호한 의지를 동시에 드러낼 줄 알아야 한다. 준비 과정에서 호흡을 조절하여 스스로 안정을 찾으려는 연습이 필요하다. 들이쉬는 숨보다 내쉬는 숨을 좀 더 길게 하면 몸에 남아 있는 긴장과 불안을 해소하는 데 도움이 된다. 주의 깊게 들여다보면, 긴장이 주로 복부, 가슴, 턱, 손처럼 몸의 특정 부위에 집중된다는 걸 알 수 있다. 숨을 내쉴 때마다 그 부위의 긴장을 의식적으로 풀어 주는 연습을 계속해 보자.

(예시)

- "그쪽을 알게 되어 정말 좋았지만, 연애 감정이 생기진 않는 것 같아요. 다른 좋은 분 만나시도록 행운을 빌어 드릴게요."
- "중요한 일은 문자보다 직접 전화로 얘기하는 게 나을 것 같아."
- "널 좋아하고, 그래서 우리가 정말 잘됐으면 좋겠어. 하지만 우리가 함께 행복해지려면 몇 가지가 달라져야 해."(그런 다음 달라져야 할 점 1~3가지를 정확하게 전달한다.)
- "그 일로 기분이 별로 좋지 않았어. 상처받은 느낌이야. 그 문제에 관해 이야기를 좀 할 수 있을까?"
- "건설적인 대화를 나누기 위해 내가 어떻게 하면 좋을지 말해 줘. 그리고 내가 필요한 건, ___________ 이야."
- "당신이 정말 마음에 들고, 끌리는 것도 사실이에요. 그렇지만 난 가벼운 관계에는 관심 없어요. 인생을 함께 설계할 수 있는 사람과 의미 있는 관계를 만들고 싶어요. 그러니 서로에 대해 알아 갈 때까지 좀 더 기다리는 게 좋겠어요."
- "난 네가 좋고, 너에 대해 더 많은 걸 알고 싶어. 넌 어때?"

- "제가 선호하는 건 ＿＿＿＿＿＿ 이에요."

- "이건 나랑 맞지 않아. 내가 원하는 건 ＿＿＿＿＿＿ 이야."

- "날 안아 주면 좋겠어. 너랑 더 연결된 느낌을 받고 싶어."

다루기 힘든 주제로 대화하기

사랑하는 사람과 어려운 주제로 대화를 나눌 때는 그 목적이 반드시 유대감과 사랑이어야 한다. 그리고 이 목적을 달성하려면, 상대가 존중받고 이해받는다는 느낌이 들게 해야 한다. 무엇보다 솔직해야 한다. 대화의 목적이 '이기는 것'이 되어 버리면 그 결과는 오히려 단절로 이어질 수밖에 없다.

불편한 대화를 나눌 때, 우리는 그 결과가 어떻게 될지 알 수 없어 불안감을 느낀다. 상대가 내 말을 오해하거나 귀담아듣지 않을까 봐 걱정되고, 나를 거부할까 봐 두려운 마음이 생길 수 있다. 그럴 때는 다시 한번 대화의 목적을 떠올리는 게 좋다. 예전의 유대감을 회복하고 싶은 건지, 내 기분을 표현하고 싶은 건지, 경계를 알려 주고 싶은 건지 생각해 본다. 긴장이 될 때는 숨을 길게 내뱉으며 호흡에 집중하고, 가능한 한 지금 이 순간에 충실하려고 노력한다. 또한 직접적인 표현을 사용하여 진실을 말하는 데 집중하는 것이 중요하다.

- "요즘 생각이 너무 많아서 너랑 같이 있는 동안 제대로 집중하지 못한 것 같아. 솔직히 말하지 못했는데, 마음에 걸리는 일들이 몇 가지 있었거든. 정말 미안해. 지금 그 얘기를 좀 해도 될까?"

- "너를 많이 아끼지만, 그동안 우리가 할 수 있는 건 다 했다는 생각이 들어. 이제는 각자의 길을 가는 게 더 낫지 않을까? 정말 힘든 결정이라는 거 알지만, 이게 나를 위해서도, 우리 둘을 위해서도 좋은 선택인 거 같아."

- "우리 사이가 요즘 잘 풀리질 않네. 날 이해해 주고 존중한다는 느낌이 부족한 것 같아. 너도 나랑 똑같이 느낀다는 거 알아. 우리 그 이야기를 좀 할 수 있을까?"

- "당신이 나랑 얘기 나누고 싶어 하는 거 알아. 피하지 않는다고 약속할게. 단지 몇 분만 생각을 정리할 시간을 주면 좋겠어. 당장은 머릿속이 복잡해서 그래. 괜찮을까?"

- "지난번 만났던 사람하고는 ___________ 때문에 힘들었어. 그래서 ___________ 할 때는 가끔 불안해지기도 해. 그래도 현재에 집중하려고 나름대로 최선을 다하고 있어. 그때 일이 나한테 무척 상처가 됐기 때문에, 당신에게 미리 말해 주고 싶었어."

둘의 대화가 언쟁으로 바뀌고 있다는 느낌이 들면 이렇게 말할 수 있다. "분위기가 좀 격해지는 것 같은데, 잠깐 각자 진정할 시간을 갖고 몇 분 후에 다시 이야기하는 게 어떨까?"

관계 속에서 자기 자신이 되는 법

다음 질문에 답해 보자.

1. 상대의 관심을 얻고 싶을 때, 나는 어떤 전략을 쓰는가?
2. 내 진짜 모습을 보여 주는 걸 목표로 삼으면 어떨까? 그러면 무엇이 달라질까?

끌리는 상대를 만나면, 대개 '이 사람도 나를 좋아하게 만들자'는 한 가지 목표밖에 보이지 않고, 그 목표를 이루는 데 필요한 무엇이든 하게 된다. 원초적인 본능은 오로지 '사랑을 얻는 것'만을 목적으로 삼는다. 에마를 비롯한 많은 사람이 마음에 드는 상대의 인정과 관심을 받기 위해 상대가 좋아할 것 같은 모습으로 자신을 바꾸는 건 그런 이유에서다.

하지만 에마의 사연을 통해 알 수 있듯이, 이런 행동은 오히려 자신에게 맞는 사람을 선택하고 그 사람의 관심을 얻는 데 걸림돌이 된다. 내게 꼭 맞는 사람을 끌어당기고, 맞지 않는 사람을 걸러내는 게 바로 진정성이다. 진정성은 잠재적인 내 짝을 찾아내는 가장 믿을 만한 도구다.

사랑을 원한다면, 나를 바꾸며 타협할 게 아니라 있는 그대로의 모습을 보여 주어야 한다. 지금 이 순간에 집중하며, 이 사람과 내가 어떤 공통점을 갖고 있는지 천천히 살펴보자. 내가 쿨하게 보이고 싶어 하는 순간을 알아차리고, 좀 더 솔직하고 약한 모습을 드러내자. 가족, 취미, 여행, 신념, 반려동물처럼 나에게 의미 있는 것들에 대해 이야기해 보는 것도 좋다. 나의 진심 어린 모습에 반응하지 않는 사람은 나와 어울리는 사람이 아니다.

최선의
내가
되어야 한다

case study 1 ▸ 처음엔 누구나 최선을 다한다

"도움을 받고 싶어 연락드렸어요. 여자 친구가 돌아올 수 있도록 더 나은 사람이 되고 싶어요." 로렌은 긴급한 상황이라며 최대한 빨리 상담할 수 있냐고 내게 물었다. 여자 친구인 제스와 얼마 전 헤어졌는데, 이틀 뒤에 다시 만나서 둘의 관계에 관해 이야기하기로 했다는 거였다.

줌으로 로렌과 상담을 시작했다.

"제스를 처음 만났을 때는, 내가 꽤 괜찮은 사람이 된 것 같은 기분이 들더라고요. 예전엔 사소한 일에도 늘 스트레스를 받곤 했는데, 제스와 함께 있으면 매사에 긍정적이고 훨씬 침착했

어요. 운동도 매일 했고요. 그녀를 위해서, 그리고 나를 위해서도 최선의 내가 되고 싶다는 마음이 컸거든요."

31세의 로렌은 옆 사람까지 기운 나게 하는, 남다른 아우라를 가진 사람이었다. 말할 때는 명지휘자처럼 두 손을 자유롭게 움직였고, 웃을 때는 듣는 사람도 따라 웃게 할 만큼 유쾌하고 독특한 소리를 내며 웃었다.

"그랬는데, 어쩌다 보니 예전의 골칫거리들이 다시 저를 방해하기 시작했어요. 스트레스 쌓이는 일들, 가족 문제 같은 것들요. 기분이 우울해졌죠. 제스한테는 회사 일에 관해 계속 불평만 하게 되고, 주말에는 밖에 나가서 뭘 할 생각은 하지도 않고 줄곧 TV만 봤어요. 제스가 제 기운을 북돋아 주려고 노력할 때마다 나를 이해하지도, 존중하지도 않는다면서 짜증을 내곤 했어요. 그런데 진짜로 존중받지 못한 사람은 제스였던 거죠. 전 그냥 자신을 돌보는 데 점점 게을러졌던 것 같아요."

흔히 사람들은 말한다. "처음엔 다 멋지고 착하다"고. 누군가를 알아 가는 처음 몇 주에서 몇 달을 "허니문 기간"이라고 부르는 것도 그 때문이다. 처음에는 모두가 최선을 다한다. 꽃을 선물하고, 저녁 메뉴를 직접 요리하고, 데이트 계획을 세우고, 옷을 잘 차려입는다. 운동을 하고 몸매도 관리한다. 가능한 한 매력적이고, 다정하고, 성숙하고, 재미있고, 다채로운 면을 가진 사람이 되고 싶어 한다. 가장 좋은 모습일 때, 우리는 남의 말에 귀 기울이고, 새로운 것에 도전하고, 기분도 한껏 좋은 상태가 된다. 낯선 경험에도 기꺼이 "해 보자!"고 말한다. 상대에 대해 궁금해하고, 여럿이 함께하는 자리에서도 마치 단둘만 있는 것처럼 그 사람에게 관심을 쏟는다.

하지만 일단 관계가 편안해지면 노력하던 걸 멈추고, 그때부터 문제들이 서서히 드러나기 시작한다. 더 이상 행복해지려고, 현재에 집중하려고, 관심을 가지려고, 즐거운 사람이 되려고 애쓰지 않는다. 대신 그 사람을 만나기 전부터 오랫동안 반복해 온 익숙한 감정 패턴에 다시 빠져든다. 스트레스를 받으면 그 기분을 집까지 가져가 파트너에게 쏟아 내면서, 친구나 직장 동료 앞에서는 오히려 좋은 모습만 보이려 한다. 생기 넘치고 긍정적이던 사람이 비관적이고 냉담한 사람으로 변한다.

사랑이 가득하고 충만한 관계는 누구를 사랑하기로 선택하느냐, 어떻게 책임감 있는 모습을 보이느냐, 이 두 가지로 결정된다. 우리는 내가 사랑받고 싶은 방식으로 상대를 사랑할 줄 아는 사람이 되기 위해 항상 노력해야 한다. 내 기준을 높이고, 부족한 것에 타협하지 않겠다고 결심하는 것도 중요하지만, 나 스스로도 내가 만나고 싶은 그런 사람이 되기 위해 노력하지 않는다면, 우리가 바라는 관계에 결코 가까워지지 못한다. 기꺼이 자신을 들여다보고 성장하려는 사람만이 자신이 원하는 관계에 더 가까이 다가갈 수 있다.

우리 내면에는 부모가 나를 더할 나위 없이 사랑했던 것처럼 연인도 나를 '무조건' 사랑해 주기를 바라는 어린아이 같은 마음이 존재한다. 하지만 로맨틱한 사랑에는 언제나 조건이 따른다. 매일 우울해하고, 지쳐 있고, 대화도 제대로 하지 않으면서 그럼에도 상대가 나를 계속해서 사랑해 줄 거라고 기대할 수는 없다.

로렌의 이야기를 다 들은 뒤 내가 물었다. "혹시 이전 연애에서도 이런 일이 있지 않았나요?" 어떤 대답이 돌아올지는 이미 짐작이 갔다.

"맞아요." 그녀가 의자 깊숙이 몸을 기대자 더 왜소하고 의기소침해 보였다.

"'편해졌네' 병에 걸리셨군요." 내가 씨익 웃으며 말했다.

"무슨 병이요?"

"제스가 너무 편해진 나머지, 그 사람이 절대 나를 떠나지 않을 것처럼 행동했다는 뜻이에요."

"바로 그거예요!" 로렌이 허리를 세우며 고쳐 앉았다.

"이 병을 어떻게 고쳐야 하죠? 요가 수련원에라도 들어가야 할까 봐요."

나는 웃음을 터트렸다. 요가 강사로서 수련원에서 가르친 적이 있던 나는, 얼마나 많은 사람이 뭔가를 치유하기 위해 그곳에 오는지 잘 알고 있었다. 좋은 요가 명상 프로그램이 육체적·

정신적으로 자신을 재정비하는 데 도움이 되기는 하지만, 관계에서 반복되는 패턴을 끊는 근본적인 해결책이라고 할 수는 없다.

로렌은 새로운 관계에 자극을 받아 초반에는 자신의 감정을 꽤 효과적으로 다스릴 수 있었다. 하지만 흔히 그러하듯, 관계가 어느 정도 안정되었다고 느끼자, 변해야 할 동기를 잃고 말았다. 이럴 때 사람들은 안일한 생각에 빠져 익숙한 행동 패턴으로 되돌아가게 된다. 하지만 몇 달, 몇 년이 지나도 자신을 위해, 그리고 상대를 위해 그 열정을 계속 유지할 수 있다면 어떨까?

당연한 사이는 없다

로렌에게 새 연인을 만나는 건 별로 어렵지 않았다. 그녀의 비범한 존재감과 상대를 따뜻하고 유쾌하게 배려하는 모습은 많은 이들에게 매력적으로 보였다. 하지만 제스를 포함해 그동안 만난 네 사람 모두 몇 달이 되지 않아 로렌을 떠났다. 관계가 깨지는 과정은 늘 비슷했다. 처음에는 모든 게 순조로웠지만, 시간이 지나면 로렌은 따뜻하고 에너지 넘치는 모습을 보이려는 노력을 그만두었고, 상대방은 실망했다. 두 사람은 싸우기 시작했고, 그러다 결국 헤어졌다.

이제 로렌은 그동안의 연애에서 공통된 문제의 원인이 바로 자신이라는 사실을 알았다. 그렇다고 로렌의 연인들에게 아무 잘못도 없었다는 뜻은 아니지만, 자신에게 관계를 오래 지속되지 못하게 만드는 패턴이 있다는 사실을 로렌은 정확히 인지하고 있었다.

이쯤 되면 로렌을 일종의 나르시시즘에 빠진 애정 폭격기, 즉 마음에 드는 사람을 유혹하기 위해 칭찬과 관심을 퍼부으며 계획적으로 접근한 후에, 상대의 마음을 얻으면 헌신짝 버리듯 하는 사람이라고 생각할지도 모르겠다. 아니면 처음에는 자신을 좋아하게 만들려고 가짜로 좋은 모습을 보이다가, 익숙해지니 진짜 자기 모습이 나온 거라고 여길 수도 있겠다. 그러나 로렌의 진짜 모습도 따뜻하고, 재있고, 장난기 많고, 열정적인 사람이 맞았다. 다만 스트레스에 쉽게 영향을 받았고, 그걸 제대로 다루지 못하는 경향이 있었다. 무엇보다, 자신의 감정 상태가 관계에 어떤 영향을 미치는지 제대로 깨닫지 못했으며, 그 감정에 대한 책임이 오로지 자신에게 있다는 걸 몰랐다.

관계 안에서 내가 어떤 태도를 보일지에 대한 책임은 오롯이 나에게 있다. 이미 나를 좋아해 주는 사람이 있다 해도, 자신을 빛나게 하고 삶에 의미를 주는 일을 좇기를 멈춰서는 안 된다. 그리고 대부분의 사람이 잘하지 못하는 것이 있는데, 그건 자신의 빛을 단지 친구, 직장 동료, 낯선 사람에게만 보여 줄 게 아니라, 파트너에게도 보여 주는 것이다. 나의 가장 좋은 모습을 파트너가 아닌 다른 사람들에게만 계속 나눠 주다 보면, 그 관계는 서서히 망가지게 된다.

"지금 필요한 건 요가 수련원이 아니에요. 로렌에게는 관계를 당연하게 여기고, 그래도 괜찮을 거라고 생각하는 안 좋은 습관이 있어요. 관계라는 건 반드시 잘 보살펴 줘야 해요. 사람들은 흔히 그걸 잊어버리는데, 로렌도 그런 것 같네요. 그리고 자신과의 관계를 잘 돌봐야 다른 사람과의 관계도 잘 돌볼 수 있어요. 내 스트레스는 내가 푸는 거지, 그 책임이 파트너에게 있는 게 아니에요." 내가 말했다.

"세상에!" 로렌이 외쳤다. "이거 완전히 우리 부모님 얘기예요. 두 분은 항상 서로에게 심통이 나 있었어요. 40년간 어찌어찌 결혼 생활을 유지하긴 했지만, 제가 기억하는 한 항상 티격태격하셨죠. 뭐랄까… 서로에게 전혀 따뜻하지 않았다고 할까요? 솔직히 말하면, 두 분 다 스트레스 덩어리 같았어요. 엄마는 별것도 아닌 일에 늘 스트레스를 받고, 아빠는 매번 일 때문에 스트레스를 받고요. 예전부터 쭉 그랬어요."

"많은 어른들처럼 로렌의 부모님도 스트레스를 제대로 해소하는 방법을 모르셨던 것 같네요. 어렸을 때 보고 들은 두 분의 사이를 정확히 이해하고 있다니 대단해요." 나는 그녀를 칭찬했다.

"그러니까 이제 로렌에게는 다르게 행동할 기회가 있는 거잖아요? 관계를 돌봐야 한다는 걸 알았으니, 어떻게 하면 되는지 제가 방법을 몇 가지 알려 드릴게요. 그걸 실천하기만 하면 돼요. 나를 더 균형 잡힌 상태로 만들어 주는 일들을 꾸준히 하고, 그 긍정적인 에너지를 관계로 가져오는 거예요. 가끔은 기분이 안 좋을 때가 있을 거예요. 스트레스를 받을 때도 있고, 우울해질 때도 있겠죠. 사람이니까 그럴 수 있어요. 기억해야 할 건, 스스로 관리하지 않으면서 나의 안 좋은 모습까지 상대가 당연히 받아들이길 기대해선 안 된다는 거예요. 관계에 부담을 주지 않도록 더 의식적으로 행동해야 해요. 직장 동료가 내 형편없는 모습을 그냥 받아 줄 거라고 기대하진 않잖아요, 그렇죠?”

“그럼요, 절대 안 그러죠.” 그녀가 대답했다.

이틀 뒤, 로렌은 제스와 만났다. 제스와의 관계를 당연하게 여기고, 그녀가 자기 기분을 풀어 주길 기대했던 것에 대해 사과했다. 그리고 상담을 한 지 3주가 지났을 때, 로렌은 내게 제스와 다시 잘 지내게 됐다는 소식을 전했다.

내가 먼저 달라져야 한다

로렌은 상담으로 단순히 연인과의 관계만 회복한 게 아니었다. 그녀는 삶의 다른 조각들도 회복하려고 열심히 노력한 끝에,

자신의 내면 깊은 곳에 존재하는 더 나은 자아를 끄집어낼 수 있었다. 그녀는 내게 이런 편지를 보냈다.

질리언 선생님께,

제스와 관계를 회복할 수 있게 도와주셔서 진심으로 감사드려요. 그런데 솔직히 말하자면, 선생님이 정말로 한 일은 제가 자신과의 관계를 개선할 수 있게 도와준 거랍니다. 상담 후에 저는 오랫동안, 그리고 열심히 거울 속 자신을 들여다보았어요. 그리고 성인이 된 후로 내내 제 모든 인간관계를 스스로 망치고 있었다는 사실을 깨달았어요. 저는 친구들이 보낸 문자에 며칠씩 답장하지 않고. 약속을 자주 취소하면서도 친구들이 계속 나를 좋아해 주길 바랐어요. 휴가를 맞아 집에 갈 때마다 심술궂은 열 살짜리 아이로 변해 가족들을 불편하게 했고요. 직장에서는 집중도 잘하고, 다른 사람을 배려하며 친절한 모습을 보이고는, 집에만 오면 제스가 귀찮아 죽겠다는 듯, 혼자 있고 싶다는 식으로 굴었어요.

그러다가 선생님이 알려 준 것들을 실천했더니, 몇 가지 변화가 생겼어요. 먼저 스트레스를 관리하기 시작했어요. 전 요즘 매일 명상을 해요. 먹는 음식에 신경을 쓰고(당분이나 카페인 섭취 후에 오는 피로감이 훨씬 줄었어요!), 일주일에

네 번 수영도 가고 있어요. 덕분에 몸도 마음도 훨씬 좋아졌답니다. 그리고 사랑하는 사람들을 언제든 잃을 수 있다는 생각으로 대하기 시작했더니, 그게 제 삶에 정말 큰 도움이 되었어요.

저를 돌아볼 수 있게 해 줘서 정말 고마워요.

로렌 드림

이 편지가 온 게 3년 전이었고, 로렌과 제스는 지금도 함께 잘 지내고 있다.

연인 관계는 우리가 어떤 부분에서 부족한지를 보여 준다는 점에서 거울과 같다. 사람은 누구나 자신을 성장시키기 위해 해야 할 자기만의 과제를 가지고 있다. 예민한 부분이 자극받을 때마다 아이처럼 행동하고 싶어도 그걸 극복하려고 애써야 하고, 잘못된 결과에 남 탓을 하고 싶을 때도 스스로 책임지는 모습을 보이고자 힘써야 한다. 더 나은 소통 능력을 배우고 실천하기 위해 노력할 필요가 없는 사람은 단 한 명도 보지 못했다.

흔히 "제대로 된 사람"을 만나기만 하면, 혹은 상대가 마침내 태도를 바꾼다면, 자신은 더 이상 노력하지 않아도 될 거라고 생각한다. 하지만 그건 사실이 아니다. 최고의 파트너와 함께한다고 해도, 우리는 여전히 자기 자신을 들여다봐야 한다. 그 과정에서 자신이 자라온 가정 환경과 여러 세대를 거쳐 대물림되고 무의식적으로 학습된 사회적 조건화와도 마주해야 한다.

사회적 조건화는 우리가 마음을 열고 자신의 약한 모습을 드러내는 것은 안전하지 않다고 믿게 했다. 그렇게 하면 상대에게 버림받거나 상대가 우리를 바꾸려 들 수 있기 때문이라는 것이다. 사회적 조건화는 파트너를 소중한 선물처럼 대할 필요 없이, 언제나 곁에 있는 당연한 존재로 대해도 된다고 가르쳐 왔다. 또한 '운명의 짝'은 우리를 행복하게 해 줄 책임이 있다고 믿게 했다.

인생을 함께할 사람을 선택하는 일은 세상 그 어떤 일보다 중요하다. 하지만 그에 못지않게 중요한 것은 계속해서 최선의 자기 모습으로 관계에 임하겠다고 결심하는 일이다. 사람들이 관계에서 잘못된 패턴을 반복하는 흔한 이유는, 단지 파트너를 다른 사람으로 바꾸는 것만으로는 문제가 해결되지 않기 때문이다. 우리는 어디를 가든 결국 '나'를 데리고 다닌다. 물론 새로운 파트너가 정말로 필요한 경우도 있겠지만, 그에 앞서 우리는 자신을 들여다보고 성장하기 위해 노력해 본 사람을 파트너로 선택해야 하며, 자신도 그런 노력을 게을리하지 않아야 한다.

낮은 자아 vs 높은 자아

모든 사람의 내면에는 사랑과 안전을 간절히 바라는 두려움 많은 아이가 있다. 하지만 그와 동시에, 자신의 가치를 확신하고 쉽게 흔들리지 않는 지혜로운 의식도 존재한다. 이것을 내면의 목소리, 직관, 현자라고 부르거나, 혹은 '높은 자아'라고 불러도 좋다. 높은 자아는 끊임없이 주변 환경을 통제하거나, 스스로가 부족하진 않은지 확인하려고 애쓰지 않는다. 대신 침착하고, 순간에 집중하고, 자신감에 차 있다. 때로는 장난스럽고 열정적이기도 하다. 자극에 감정적으로 반응하는 대신 의식적으로 대응하며, 두려움이 아니라 사랑을 선택하고, 나쁜 감정을 마음에 담아 두기보다 털어 내고 나아가기를 택한다. 자신과 타인 모두에게 친절하고 연민 어린 마음을 가진다.

높은 자아는 그 정도로 충분하다는 걸 안다. 위험을 무릅쓰고 약한 모습도 기꺼이 내보이며, 자기 생각을 솔직하게 표현한다. 갈등이 생기면 상대를 비난하기보다 유대감을 회복하는 데 집중한다. 타인의 말에 귀 기울이고, 실수했을 때 진심으로 사과한다. 남을 판단하려 하지 않고, 이해하려 한다. 유머 감각이 있고, 자기 존재를 너무 심각하게 여기지 않는다.

높은 자아는 내게 가장 좋은 것이 무엇인지 알고 있다. 무엇이 나를 행복하게 하는지, 무엇이 나의 평화를 가로막고 있는지도 안다. 높은 자아는 가장 본질에 가까운 자신이며, 언제나 당신에게 열려 있다.

진실 2에서 말했듯이, 우리가 마주하는 가장 큰 싸움은 바로 자기 자신과의 싸움이다. 높은 자아로 존재하는 일이 항상 쉽지만은 않다. 많은 훈련이 필요하고, 무엇보다도 더 좋은 기분을 느끼고 더 나은 자신이 되려는 확고하고 강한 의지가 중요하다. 자기 내면을 더 깊이 탐색하고, 거기에 있는 더 현명하고 친절하고 안정된 자아를 찾아내서 그 자아에게 힘을 실어 줄수록, 우리는 자신과 더 좋은 관계를 맺게 된다. 그리고 자신과 좋은 관계를 맺을수록 타인과의 관계 역시 좋아진다.

어떤 친구와 함께 있을 때 또는 낯선 사람을 돕거나 혼자서 좋아하는 일을 할 때는, 최선의 자아로 존재하기가 훨씬 더 쉽다. 하지만 연인이나 배우자, 특히 가족에 의해 예민한 부분이 자극받을 때는, 완전히 다른 차원의 도전이 된다. 자극에 어떻게 반응하는가는 성숙도에 대한 궁극적 시험이며, 우리는 그 시험에서 수없이 실패한다. 두렵고, 복수심 가득하고, 독선적인 자아가 감정적으로 반응하는 대신, 더 높은 자아가 이성적으로 대응할 수 있도록 연습하는 방법에 대해서는 이번 장의 마지막에 자세히 소개할 예정이다.

우리는 모두 저마다의 괴로움을 안고 살아간다. 누구나 크고 작은 트라우마를 가지고 있으며, 어떤 이들은 오랫동안 생존 모드로만 살아온 탓에 안정감을 찾아 헤매지 않는 삶이 어떤 것인지조차 잊어버렸다. 게다가 소셜 미디어는 타인의 인정에 집착하도록 사람들을 부추겨 왔다. 삶, 외모, 관계를 끊임없이 남과 비교하는 일은 우리를 더 나은 존재가 되거나 타인을 돕는 데 집중하기보다, 오직 자신의 겉모습에만 매달리게 했다.

불안, 고통, 두려움은 인간이라면 누구나 겪는 자연스러운 감정이다. 그러나 그것은 우리 내면에 미성숙하고, 악의적이고, 질투심 많으며, 불안정한 '낮은 자아'가 자리하고 있음을 보여주기도 한다. 불안이 극에 달할 때, 타인의 인정으로만 자신의 가치를 확인하려 할 때, 우리는 본래의 인격보다 훨씬 부족한 모습을 드러내기 쉽다.

낮은 자아는 관계를 파괴하는 우리 자신의 일부다. 이 내면의 방해자는 예전 파트너가 저지른 서투른 실수를 현재의 파트너에게 벌주듯 되갚으려 한다. 연인이 자신을 불안하게 만든다고 비난하지만, 사실 우리는 관계를 시작할 때부터 이미 불안한 상태였다. 못마땅한 일이 있을 때 우리가 마음을 닫아 버리는 이유는, 예전에 아버지가 그렇게 하는 걸 보았기 때문이다. 일이 뜻대로 돌아가지 않을 때 상대를 비난하는 이유는, 예전에 어머니가 그렇게 하는 걸 보았기 때문이다. 우리가 사람들의 비위를 맞추려 하는 이유는, 어렸을 때 그렇게 했고 그때는 그게 효과가 있었기 때문이다. 성숙한 어른으로서 타인과 관계를 맺으려면 자신이 과거라는 필터를 통해 연인 또는 배우자를 보고, 판단하고, 반응하고, 여러 일들을 경험한다는 사실을 아는 것이 매우 중요하다.

높은 자아는 자기 감정을 남에게 투사하고, 부당하게 남을 비난하거나 벌준 것에 대해 책임을 질 줄 안다. 높은 자아로 존재할 때, 우리는 이렇게 말할 수 있다. "그건 당신 때문이 아니라 나 때문이야. 내 두려움, 트라우마가 문제야. 미안해. 당신을 사랑해."

커플들 대부분은 관계가 나아지려면 상대가 달라져야 한다고 믿으며 나를 찾아왔다. 그러나 관계 코치와 심리 치료사들은 알고 있다. 상대가 변하길 바란다면 그 변화는 먼저 자신에게서 시작되어야 한다는 것을.

case study 2 ▶ 네가 날 힘들게 하면 나도 똑같이 할 거야

인스타그램에서 내 계정을 보고 찾아온 삼십 대 중반의 커플, 제이슨과 레이첼은 서로가 문제라고 믿고 있었다. 나는 두 사람 다 연인과 좀 더 잘 지내고 싶은 좋은 사람들이라는 건 의심하지 않았지만, 막상 상담을 시작하니 마치 열여섯 살짜리 청소년들과 대화를 나누는 듯한 기분이 들었다.

제이슨의 말에 따르면, 두 사람이 다툴 때마다 레이첼은 자신을 비난하며 밀어냈다. 혼자 있고 싶다며 거리를 두었고, 관계를 계속 이어 가야 할지 고민하는 모습을 보여 자신의 불안감을 자극했다. 제이슨이 보기에, 레이첼은 마치 모든 문제가 그의 잘못 때문인 것처럼 말했고, 본인이 잘못한 부분에 대해서는 전혀 책임을 인정하지 않는 것 같았다.

레이첼의 말에 따르면, 제이슨은 너무 융통성이 없었다. 자신은 상황에 맞춰 유연하게 행동하는 걸 좋아하는 반면, 그는 모든 걸 제어하려 했다. 뭐든 정해진 계획대로만 하려 했고, 다툴 때도 너무 고집스러운 모습을 보였다. 레이첼의 가장 큰 불만은 제이슨이 자기 말에 제대로 귀 기울인 적이 없다는 거였다. 자신이 말할 때 그는 항상 다른 생각을 하는 것 같다고 했다.

아니라고 믿고 싶겠지만, 실제로 우리는 자신과 의식이나 성숙의 깊이가 비슷한 사람을 만나 연애하는 경우가 많다. 레이첼과 제이슨은 성격도, 갈등을 다루는 방식도 달랐지만, 성숙하지 못하다는 점에서 아주 많이 닮아 있었다. 두 사람은 어긋난 관계의 역학 속에서 문제의 원인을 상대에게만 돌렸고, 정작 자신이 잘못한 부분은 인정하려 하지 않았다.

상담하는 동안 나는 두 사람이 계속 서로를 향해 비꼬는 투로 말하고 눈을 굴리는 모습을 볼 수 있었다. 둘 중 누구도 상대의 말을 제대로 듣지 않았고, 툭하면 끼어들어 자기 얘기를 했다. 낮은 자아끼리 만나 관계를 이룬 전형적인 모습이었다. 그들은 서로에게 이해와 존중을 전혀 받지 못했고, 마치 사랑을 거래하듯 주고받고 있었다. '네가 먼저 내 등을 긁어 주면 나도 네 등을 긁어 줄게. 네가 나한테 재수 없게 굴면 나도 똑같이 막 대할 거야'라는 식이었다. 두 사람 모두 내면의 방해자가 주도권을 잡고 있었다. 자기 행동을 책임지려고 하지는 않으면서 상대를 벌하기만 했고, 상대의 욕구는 신경 쓰지 않으면서 자신의 욕구에만 집중했다.

"두 사람 사이가 좋을 때는 어땠나요?" 내가 물었다.

제이슨이 지난 주말에 있었던 일을 이야기했다. "제가 직접 차를 운전해서 레이첼이 좋아하는 식당에 데려갔어요. 웃고 장난치며 같이 점심을 먹은 뒤에 해안도로를 따라 드라이브도 했고요. 레이첼도 저도 기분이 좋았고, 정말 여유로웠어요. 그 순간, 함께 인생을 즐기고 있다는 느낌을 받았죠."

레이첼도 정말 그랬다는 듯 고개를 끄덕이고 있었다.

"그럼 둘 사이가 좋지 않을 때는 어땠어요?"

"음, 바로 며칠 전이었어요. 아침에 일어났는데 몸 상태가 별로였어요. 생리 중이었거든요. 회사에 가서도 일이 너무 힘들었고요." 레이첼이 말했다. "아무것도 하고 싶지 않고, 그냥 집에 가서 쉬고 싶더라고요. 그날 저녁에 제이슨이랑 통화했는데, '왜 그러냐? 무슨 일이냐?' 계속 묻는 거예요. 마치 제 기분이 안 좋아서 자기까지 짜증 난다는 식으로 말하더라고요. 그냥 혼자 있게 내버려 뒀으면 했어요."

"그래서 혼자 있게 해 줬잖아."

"그래, 그러고서는 거의 이틀 동안 전화 한 통 안 했지. 평소에는 하루에도 몇 번씩 전화하는 사람이."

제이슨이 어이없다는 표정을 지었다.

나는 둘의 낮은 자아가 바로 내 앞에서 사소한 걸 트집 잡고 감정적으로 맞받아치는 모습을 잠시 지켜보았다.

"그만. 두 분은 지금 자신들 모습을 똑바로 봐야 해요. 이렇게 하는 거 지치지도 않으세요?"

두 사람은 전조등 불빛에 얼어붙은 사슴들처럼 나를 쳐다봤다.

"우리, 이제부터 좀 다르게 해 볼까요? 제이슨, 지금 자리에서 일어나서 주변을 한 바퀴만 걷고 오세요. 레이첼은 나가서 물 한 잔 드시고, 몇 분 동안 혼자 심호흡하면서 마음을 가라앉히고 오세요. 5분에서 10분 정도 시간을 드릴게요. 그런 다음에 두 사람은 인생을 다 살고 이제 남은 날이 얼마 되지 않는다는 걸 깨달은 일흔다섯 노인이 되어 돌아오는 거예요, 아셨죠?"

비난과 처벌로
상대를 바꿀 수 있을까

레이첼과 제이슨은 내가 시킨 대로 했다. 두 사람이 다시 자리에 앉았을 때, 나는 조금 전 했던 말을 상기시켰다. "두 분은 지금 일흔 중반에, 손주들도 있어요. 이 나이쯤 되면 인생에서 정말로 중요한 게 뭔지, 중요하지 않은 게 뭔지 알잖아요. 친구들도 죽고, 부모님도 돌아가셨어요. 살면서 다양한 경험을 했고, 그 어느 때보다 자신의 죽음에 대해 더 많이 생각하고 있고요. 자, 이제 서로에게 어떤 말을 하고 싶으시죠?"

레이첼이 먼저 시작했다. "넌 항상….'

나는 레이첼의 말을 잠시 중단시킨 뒤, 소통을 위한 기본 원칙에 대해 설명했다. 내가 제시한 원칙은, "너, 당신" 대신 "나"라는 주어를 사용하는 것이었다. "너 때문에 내 기분이 이러이러하게 됐다"는 식의 표현은 피하고, "절대"와 "항상"이라는 단어도 가능한 한 쓰지 말라고 강조했다. '상대방이 어떤 행동을 했는지'가 아니라, '내 기분이 어땠는지'에 집중하라고 말했다.

레이첼이 다시 이야기를 시작했다. "나는 가끔 네가 날 이해하지 못하는 것 같아서 슬플 때가 있어. 힘든 하루를 보낸 날, 나 때문에 너까지 스트레스 받을까 봐 걱정하게 되는데, 그러지 않았으면 좋겠어."

　그때 제이슨이 뭐라고 말하려는 걸 내가 막았다. "지금은 레이첼의 말을 끊지 말고 다 들어 주세요. 레이첼이 자기 감정을 다 털어놓을 수 있어야, 제이슨은 비로소 안전한 파트너가 되는 거예요. 그러려면 상대방이 내 생각을 판단하거나 감정을 무시할까 봐 걱정하게 해선 안 돼요."

　레이첼이 말을 이었다. "가끔은 내가 너무 계획 없이 사는 사람 같아서 힘들 때도 있어. 그래도 네가 나랑 같이 상황에 맞춰 흘러가 줄 때는, 우리가 정말 좋은 시간을 함께하고 있다는 생각이 들어. 하지만 네가 뭔가를 자꾸 통제하려고 하면, 기분이 답답해지면서 어떻게 해야 할지 모르겠더라고. 이건 내가 좀 더 노력해서 바꿔 나가야 할 부분인 것 같아."

　나는 레이첼이 자신의 부족한 부분을 인정한 건 아주 좋은 태도라고 말해 주었다.

　"내가 감정적으로 너무 힘들 때 가장 쉬운 선택은 너를 밀어내는 거였어. 그러면 그 감정을 굳이 마주하지 않아도 되니까." 이 말을 하며 레이첼이 울먹이기 시작했다. 그리고 내게 말했다. "제이슨에게 거부당한 것 같은 기분이 들 때가 있는데, 그럴 때면 벌컥 화가 나면서 이 사람을 밀어내게 되는 것 같아요."

　레이첼이 말하는 동안, 나는 제이슨을 주의해서 지켜보았다. 몸짓과 표정을 통해 그의 반응을 읽어 내기 위해서였다. 그러다 제이슨의 몸에 힘이 들어가며 예민하게 반응하려는 기미가 보이자, 그에게 긴장을 풀고 레이첼의 말을 진심으로 들어 주라고 말했다. 어떤 대답을 할지 미리 생각하지 말고, 레이첼의 고통을 이해해 보라고 했다. 나는 이런 과정을 통해 두 사람에게 공감하는 법, 즉 서로에게 연민을 가지고 대하는 법을 가르쳐 주었다.

서로를 탓하기만 하는 태도는 공감을 방해한다. 자기 행동에 책임을 지고, 상대를 비난하는 대신 자신의 감정을 솔직하게 전달할 때, 파트너도 우리의 감정을 이해하고 함께 느끼는 일이 훨씬 쉬워진다.

레이첼의 말을 다 들은 다음, 나는 제이슨에게 들은 걸 말해 보라고 했다. 그는 이렇게 인정했다. "레이첼 말이 맞는 것 같아요. 저는 모든 걸 통제하려는 성향이 강하고, 무슨 일이 생기면 머릿속으로 지나치게 분석하려 하거든요. 레이첼의 상태가 안 좋아 보이면, 마치 방이 엉망진창인데 내가 그걸 해결할 수 없는 것 같은 기분이 들어요. 그럴 때 레이첼에게 아예 감정을 닫아 버리게 되는 것 같아요."

드디어 제이슨이 자각하는 모습을 보이기 시작했다.

제이슨이 레이첼에게 말했다. "방금 깨달았는데, 네가 나를 밀어낸다고 느끼면 나도 너한테 앙갚음하고 싶은 마음이 들었나 봐. 그래서 너한테 신경 쓰지 않는 것처럼 굴거나, 그냥 아무렇지 않은 척 행동했던 것 같아. 그리고 네 감정이 수시로 바뀔 때는 나도 답답하고 짜증스러운 기분이 들거든. 사실 왜 그러는지 이해가 안 될 때가 있어. 그러다 보면 '나 때문에' '내가 뭘 잘못해서' 네 기분이 나빠진 건 아닐까 싶고, 우리가 결국 헤어지게 되는 건 아닌지 두렵기도 해. 솔직히 말하면 때로는 나만 당하는 게 억울해서, 내가 얼마나 불안한지 너도 똑같이 느끼게 해 주고 싶었어."

제이슨의 솔직한 고백은 내게 큰 인상을 남겼고, 어쩌면 이 둘의 사이가 완전히 끝난 건 아닐지도 모르겠다는 희망을 갖게 했다.

사람은 혼나거나 벌을 받았다고 느낄 때 자기 행동을 고치려고 하지 않는다. 행동을 변화시키는 계기는 오히려 '긍정적 강화어떤 행동 뒤에 긍정적인 보상이 제공될 때, 그 행동을 반복할 가능성이 높아지는 것을 말한다-옮긴이'를 경험했을 때다. 다시 말해, 상대방을 벌주는 걸로는 절대 그 사람의 행동을 바꿀 수 없고, 보복하는 방식으로는 더더욱 사랑을 얻기 힘들다.

나는 레이첼과 제이슨이 좀 더 솔직하게 소통하는 법을 배우고, 상대에게 책임을 떠넘기지 않으면서 한층 성숙한 관계를 만들어 갈 수 있게 도왔다. 그러기 위해 제이슨에게는 레이첼이 다양한 감정을 느끼고 표현할 수 있도록 여유를 갖고 지켜보도록 했다. 그리고 어떤 이유에서든 레이첼의 기분이 좋지 않을 때, 그걸 너무 개인적으로 받아들이거나 기분을 바꿔 주려고 애쓰지 말라고 조언했다.

레이첼에게 내준 과제는, 불쾌한 기분일 때 제이슨을 그저 밀어내기만 할 게 아니라 자신의 감정을 좀 더 표현하려고 노력하라는 것이었다. 마음을 닫지 말고 필요한 걸 정확히 요청하라고 말해 주었다.

커플로서 두 사람이 함께해야 할 과제로는, 대화할 때 좀 더 친절할 것, 서로를 안심시켜 줄 것, 상대에게 상처를 주거나 복수하려 하지 말 것을 당부했다. 물론 이게 쉬운 일이 아니라는 건 알고 있었다. 사람이 하룻밤 사이에 정신적으로 성숙해지기란 불가능하다. 두 사람 모두 관계 안에서 더 나은 자신, 더 높은 자아로 존재하려는 의지가 있어야 했다.

나는 두 사람이 예전의 행동 패턴으로 돌아가려는 모습을 어느 한 사람 또는 두 사람 모두가 눈치챘을 때 사용할 수 있는 그들만의 암호를 정하도록 했다. 암호를 듣는 순간, 둘은 잠시 하던 걸 멈추고 분위기를 환기한 뒤, 더 현명하고 성숙한 자아로 돌아갈 수 있었다.

잘못된 행동 패턴에서 벗어나는 데 효과적인 방법 중 하나는 유머를 활용하는 것이다. 두 사람이 비슷한 유머 감각을 지니고 있음을 알고, 나는 가끔 웃음을 통해 기존 패턴을 끊어 보라고도 조언했다. 웃음은 우리를 지금 이 순간에 머물게 하는 훌륭한 장치이기 때문이다.

솔직히 말하면, 나는 두 사람이 자신들의 상태를 정확히 인식한 것에 놀라긴 했지만, 과연 지금까지의 패턴을 깰 만큼 성숙한지는 확신할 수 없었다. 하지만 이 일을 해낸다면, 그 경험이 앞으로 둘의 관계에 큰 도움이 되리란 건 확실했다.

우리 안에 존재하는 방해자를 인정하고 직면하지 않는 한, 관계를 더 좋은 방향으로 개선하는 건 불가능하다. 내면의 방해자는 대개 어린아이의 마음을 가지고 있으며 끊임없이 안전을 갈구하기 때문에, 여기에 방해가 된다고 느껴지는 건 무엇이든 파괴하려 든다.

하지만 내면의 방해자가 지닌 의도는 매우 단순하다. 바로 상처로부터 우리를 보호하는 것이다. 따라서 그런 자신의 일부를 거부하거나 미워하는 대신 그 의도를 이해하고 나면, 좀 더 현명한 자아가 우리의 사고와 행동에 개입하게 할 수 있다. 내면의 방해자가 마음대로 우리를 조종하지 않도록, 높은 자아가 멘토 또는 부모가 되어 그 감정과 고통을 인정해 주는 것이다.

어떤 내면의 방해자는 아무 말 없이 연락을 끊거나 대화를 피하려 하고, 바람을 피우기도 한다. 어떤 경우는 로렌처럼 너무 안일해진 나머지 노력하는 걸 그만두기도 한다. 또는 내가 상담했던 많은 사람처럼, 만나기에 적당하지 않은 사람을 쫓아다니면서 오히려 자신에게 맞는 사람은 밀어낸다. 진실 1에서 소개했던 제니퍼의 내면의 방해자는 질투심이 너무 강해서 파트너를 구속하려는 모습을 보였다.

자신의 이런 낮은 자아로부터 관계를 보호하는 유일한 방법은, 그것의 존재를 인식하고, 우리를 지키려 애쓴 것에 고마워하는 것이다. 그런 다음 심호흡을 하고, 의식적으로 그 자아에서 벗어나 더 높은 자아로 올라서야 있다.

누구나 때로 이기적인 사람이 된다

이기적인 사람을 사랑하는 건 고통이다. 오로지 자기만 생각하고, 남에게서 뭔가를 얻어 내는 것에 집착하는 사람을 가리켜 나르시시스트 성향이 강하다고 표현한다. 그런데 누구보다 애정이 많고 너그러운 사람조차 때로는 이기적일 수 있다. 특히 가장 아끼는 사람, 즉 연인이나 배우자가 나에게서 사랑과 관심을 거둘까 봐 두려워질 때 우리는 그런 모습을 보이게 된다.

인생에서 행복은 결국 관계에 좌우된다. 몸이 건강하고, 하는 일이 잘 풀리고, 가진 돈이 아무리 많아도 가장 중요한 인간관계가 흔들리면, 우리는 고통을 느낀다. 더 구체적으로 말해, 관계에 갈등이 생겨 사랑하는 사람과 헤어지게 될까 봐 불안하고 괴로울 때, 우리는 쉽게 생존 모드에 빠져든다. 자기 욕구, 특히 안전과 유대감에 대한 욕구를 채우는 데 집중하느라, 상대방이 무엇을 필요로 하는지 미처 알아차리지 못한다. 그렇게 이기적인 사람이 된다.

하지만 단단하고 건강한 관계를 맺기 위해서는, 이런 원초적 본능을 넘어서야 한다. 그 대신 상대의 입장을 이해하고, 그들의 욕구 또한 채워 주려는 마음을 가져야 한다. 이런 태도가 바로 우리의 높은 자아의 모습이다.

관계 때문에 힘들 때, 우리는 자신을 보호하려고 무의식적으로 어떤 행동 패턴을 만들고 따르게 되는데, 자신을 지키기 위한 바로 이 행동이 역설적으로 파트너와의 유대를 방해하는 주된 요인이 된다.

낮은 자아란, 우리가 느끼는 힘든 감정이나 두려움 자체를 의미하지는 않는다. 그보다는 두려움에 반응하는 우리의 태도 혹은 행동 방식과 관련이 있다. 나는 두려울 때 어떻게 반응하는가? 사랑과 관심을 감추고 표현하지 않는가? 마음을 닫아 버리는가? 나의 불안을 조금이라도 덜기 위해 파트너를 불안하게 만들진 않는가? 연인이 보낸 문자를 읽고도 몇 시간씩 답하지 않고 내버려 두지는 않는가? 의도적인 침묵으로 상대를 응징하려 하는가? 짧고 퉁명스럽게 대답하는가? 냉소적으로 변하거나 상대를 판단하는 태도를 보이지는 않는가?

때때로 낮은 자아는 이렇게 말한다. '지금 당장은 말하고 싶은 기분이 아니야. 방해받고 싶지 않아.' '지금은 당신에 대해 생

각하고 싶지 않아.' '당신에게 마음을 열고 싶지 않아.' '솔직하게
말하기 싫어.'

상대를 혼내거나 벌주고 싶은 마음이 들 때 그 마음을 없애
려면, 왜 그런 마음이 생겼는지를 먼저 이해해야 한다. 상처를
입었거나 존중받지 못한다고 느꼈거나 불안감을 느꼈기 때문일
가능성이 크다. 그럴 때는 파트너를 조종하려고 할 게 아니라 마
음을 열고 솔직하게 소통하며 문제를 해결해야 한다.

사실상, 자신을 벌주지 않고 사랑하는 사람만 벌준다는 건
불가능하다. 상대를 혼내 주고 있다고 생각하겠지만, 실제로는
둘 사이의 거리만 벌어지게 할 뿐이다. 우리가 정말로 해야 할
일은, 더 높은 자아로 관계에 임하면서 두 사람 사이에 다리를
놓는 것이다. 그런 게 진짜 친밀한 관계다.

나를 알면
관계가 단단해진다

관계에서 자기 인식이란, 나의 상처와 감정 상태가 사고와
행동을 지배하고 있다는 사실을 알아차리는 것이다. 내 불안감
이 연인과 더 가까워지는 데 어떻게 방해가 되는지, 내 에너지와
행동이 사랑하는 사람에게 어떤 영향을 미치고, 그로 인해 관계

가 어떻게 달라지는지를 아는 것이기도 하다.

이를테면 '아, 내가 이 사람을 몰래 벌주려고 이런 행동을 하는구나' 하고 알아차린 다음, '나는 이런 행동을 하는 사람이 되고 싶지 않아'라고 깨달을 수 있다. 나의 행동 패턴을 인지하고, 부모가 아이를 돌보듯 자신을 훈육하는 것이 곧 자기 인식이다.

앞에서도 설명했듯이, 로맨틱한 관계는 거울과 같다. 관계가 좋든 아니든 상관없이, 앞으로 내가 더 노력해야 할 부분이 무엇인지 보여 준다. 만약 상대의 어떤 말이나 행동에 상처받아 열두 살 아이처럼 행동하게 된다면, 자기 내면을 들여다보며 '그래, 이게 내가 다뤄야 할 문제구나. 지금 이 순간 나는 무엇 때문에 이렇게 마음이 복잡한 걸까?'라고 자문할 기회다.

스스로 감정을 조절하는 성숙한 모습을 보인다는 건 자기 통제력이 있다는 뜻이다. 전두엽이 완전히 발달하기 전인 25세 미만의 사람이 자신을 통제하지 못하는 건 발달 단계상 자연스러운 일이지만, 뇌 발달이 완료된 성인에게 자기 통제력이 없는 것은 더 이상 자연스럽지 않다. 감정을 조절하는 방법에 대해서는 이 장 마지막에 소개하도록 하겠다.

자기 인식은 관계를 단단하게 해 주는 슈퍼 파워이며, 누구나 이 부분에서 성장할 여지가 있다. 자기 인식을 키우는 일은 거울 속에 비친 자신을 기꺼이 마주하는 태도에서 시작된다. 좋은 모습뿐 아니라 부족한 모습, 아픔, 복잡한 내면까지 모두 들여다보아야 한다. 또한 긍정적이든 부정적이든, 내 에너지가 주변 사람들에게 어떤 영향을 주는지도 살펴보아야 한다.

물론 세상에는 자기 인식을 거의 또는 아예 못 하는 사람도 있는데, 우리가 가능한 한 피해야 할 사람들이 바로 이런 유형이다. 그들은 낮은 자아에 지배당하고, 자기가 실수하고도 남을 탓하며, 책임 지려 하지 않는다. 그래서 건강한 관계를 유지하는 데 늘 어려움을 겪는다. 자기 자신에 대한 통찰이 없는 사람은 정서적으로 성장할 수 없다.

관계의 지옥으로 가는 길에는 매력은 있어도 자신에 대해 성찰해 본 적이 없는, 그래서 자기 인식이 부족한 사람들이 가득하다. 그들은 사랑을 오로지 '받는 것'으로만 여기고, '주는 것'이라는 생각은 하지 못한다.

불안의 밑바탕에 깔린 무력감

내가 운영하는 팟캐스트 〈질리언 온 러브Jillian on Love〉의 청취자 중 한 사람이 이런 질문을 했다.

"주로 제 문제 때문에 이별한 경우, 상처를 어떻게 치유할 수 있을까요? 저에게는 불안형 애착, 질투, 남자 친구에게 지나치게 의존하는 모습 등이 다 있었어요. 3년을 함께했던 약혼자와 3개월 전에 헤어진 상태입니다.”

나는 그 청취자에게 이런 종류의 이별을 극복하는 데 가장 중요한 것은 자존감, 자기 가치, 자기 사랑이라고 답했다. 치유는 지금 이 순간 우리를 부르는 여정에 기꺼이 ‘예스’라고 말하는 데서부터 시작한다. 이 여정은 감정적으로 홀로 서는 법, 자신을 사랑하는 법, 스스로 욕구를 채우는 법을 배우는 길이다. 그렇게 했을 때, 비로소 에리히 프롬의 말처럼 “누군가가 필요해서 사랑하는 게 아니라, 사랑하기 때문에 그 사람이 필요한” 관계를 맺을 수 있다.

그리고 관계 안에서 무력감을 느끼지 않으려면, 안정에 대한 욕구를 충족시킬 방법을 찾아야 한다. 우리가 극도의 불안을 느낄 때 그 밑바탕에 있는 건 결국 무력감이기 때문이다. 이 감정에 대해 충분히 논의된 적이 없기에 사람들은 흔히 불안형 애착, 질투, 지나친 의존성, 집착 등으로 부르지만, 본질적으로 우리가 경험하는 것은 무력감이다.

나는 각자가 걸어가야 할 여정이 어떤 모습일지 구체적으로 말해 줄 수는 없다. 어쩌면 그건 새 직장을 구하는 일일 수도 있고, 어떤 경력을 쌓는 과정일 수도 있으며, 위험을 감수하고 싶지 않아 계속 미루기만 했던 꿈을 마침내 좇는 것과 관련이 있을 수도 있다. 물론 이 여정에는 집착하거나 질투심을 느끼며 감정을 폭발하는 대신, 감정을 제대로 표현하는 법을 배우는 것도 포함된다. 또한 통제력을 잃었다고 느낄 때 자신을 진정시키는 법, 예민한 부분이 건드려졌을 때 불편한 감정을 견뎌 내는 법도 배워야 한다. 사랑하는 사람이 옆에 없으면 자신을 불완전하다고 느끼게 만드는 모든 생각을 의식적으로 내려놓는 일도 포함된다. 하룻밤 사이에 다 고칠 수 있는 일들은 아니다.

무엇보다, 우리는 관계가 끝나는 데 영향을 주었던 자신의 모습에 좀 더 친절해져야 한다. 그게 쉽지 않다는 건 알지만, 자신에게 친절해지는 일이야말로 이 여정에서 우리가 반드시 배워야 할 부분이다.

어쩌면 사랑하는 사람과의 이별은 인생에서 중요한 깨달음을 얻는 계기가 될 수 있다. 언젠가 스스로에게 이런 말을 하게 될는지도 모른다. '관계에서 이렇게 지독하게 무력해지는 느낌은 이제 정말 싫어. 나에게 특히 필요한 게 무엇인지, 삶이 나에게 무엇을 요구하는지 알아내야겠어. 그래야 내가 나를 지키며 온전한 존재로 살아갈 수 있을 테니까.'

거울 속의 자신을 마주하는 데는 큰 용기가 필요하다. 평소답지 않은 행동을 하거나 감정적으로 반응하며 관계를 스스로 망치려 할 때, 자신의 그런 모습을 주의 깊게 들여다보아야 한

다. 그 모습이 내게 가르쳐 주려는 건 무엇일까? 내가 반드시 깨
달아야 할 무언가를 드러내고 있는 건 아닐까? 혹시 당신도 비
슷한 이유로 관계를 망쳐 본 적이 있다면, 그런 경험을 가진 사
람이 생각보다 많다는 사실에 위로를 받게 될 것이다. 그러니 부
끄러워할 필요는 없다. 중요한 건, 그 경험을 통해 자신을 탐구
하고 배워 나가는 일이다. 그렇게 더 나은 길을 택하고, 더 나은
내가 되는 여정으로 기꺼이 나아갈 수 있으면 된다.

연습하기

내면의 방해자 알아차리기

연인과의 관계에서 화가 나거나, 스트레스가 심하거나, 불안할 때, 감정을 다쳤을 때, 자기 보호를 위해 내가 어떤 행동을 하는지 체크해 보자.

- 사랑과 관심을 일부러 숨기는가?
- 상대를 통제하거나 소유하려고 하는가?
- 상대도 불안하게 만들려 하는가?
- 마음을 닫아 버리는가?
- 화를 내며 소리를 지르는가?
- 상대에게 의존하게 되진 않는가?
- 상대와 거리를 두고 혼자 있으려고 하는가?
- 자신을 돌보는 일을 멈추는가?
- 너무 안일한 모습을 보이지는 않는가?

- 연애 초반의 좋은 모습을 유지하려는 노력을 그만두는가?
- 짜증을 내며 나쁜 감정을 연인에게 풀지는 않는가?
- 항상 자기가 옳아야 한다고 생각하는가?

감정 조절하기

나는 마음이 고요하고 차분하며 침착한 사람이 늘 부러웠다. 나도 쉽게 흔들리지 않고, 어려운 상황에서도 냉정하게 대응하는 사람이 되고 싶었다. 하지만 늘 예민했고, 일이 생기면 곧바로 반응하는 편이었다.

자극과 반응 사이에 잠시 생각할 시간을 갖는 것은 요가 수행자, 불교 승려, 심리학자들이 수 세기 동안 연구하고 수련했던 주제다. 반응하기 전에 호흡을 통해 신경계를 조절하면, 순간적으로 치솟은 감정에 휘둘리지 않고 좀 더 신중하게 대응할 수 있다.《죽음의 수용소에서》를 쓴 빅터 프랭클은 말했다. "자극과 반응 사이에는 찰나의 시간이 있다. 그 시간은 우리가 어떤 반응을 선택할지 결정하는 힘이며, 거기에 우리의 성장과 자유가 달려 있다."

사람과의 관계, 특히 로맨틱한 관계는 아프거나 예민한 부분을 자극하기 쉽다. 자극을 받고 즉시 말하거나 행동하기 전에 잠시 멈춰서 자신을 점검해 보자. '지금 내가 진짜로 느끼는 감정은 뭘

까? 정말로 슬픈 걸까? 피곤한 건 아닐까? 화가 난 걸까? 두려운 걸까?' 그런 다음 몸에 집중하여 긴장이 느껴지는 부위를 찾아 본다. 턱일 수도 있고, 허리일 수도 있다. '지금 내 턱이 말을 할 수 있다면 뭐라고 할까? 지금 내 허리가 말한다면?' 이것은 나의 몸과 마음이 하는 말에 귀를 기울여, 나도 모르는 새 쌓인 긴장을 풀 수 있는 훈련법이다.

다음에 소개하는 방법들도 도움이 된다.

- 매일 20분 정도 눈을 감고 차분한 시간을 보낸다.
- 매일 몸을 움직인다. 산책, 요가, 스트레칭, 춤 등 기분을 안정시키는 건 뭐든 좋다.
- 당과 카페인을 제한해서 혈당 수치를 일정하게 유지한다.
- 휴식한다. 피로와 스트레스는 사람을 더 감정적으로 만들기 때문이다.
- 문자를 보내거나 통화 버튼을 누르거나 이메일을 보내기 전에 잠시 기다린다. 얼마 동안 산책을 한 뒤, 정말 연락할 것인지 결정한다. 이런 짧은 멈춤이 관계를 지키는 데 도움이 된다.

때때로 내가 두려워하고 있고, 스트레스로 지쳐 있고, 감정이 잘 통제되지 않는 상태라는 걸 알아차리는 순간이 올 것이다. 그럴 때 이렇게 말할 수 있어야 한다. '잠깐 숨 좀 돌려야겠어. 그래야 이 대화를 침착하게 이어 갈 수 있을 것 같아.' '운동을 하면 마음이 차분해질 것 같아.' '잠시 낮잠을 자면 스트레스가 좀 풀릴 거야.' '친구에게 전화해야겠어.' '숨을 깊이 들이마시고 내쉰 다음, 물 한 잔을 마셔야겠어. 그리고 다르게 반응해 보는 거야.'

자기 인식을 높이는 질문

평소 자기 자신에 대해 인지하고 있어야, 우리가 자신 또는 아끼는 사람을 원하는 방식으로 대하지 못할 때 빨리 알아차릴 수 있다. 다음 질문에 답해 보자.

1. 관계 속에서 보여 주고 싶은 나의 가장 좋은 모습에 대해 묘사해 보자. 나는 어떤 식으로 진심을 다하고, 사랑하고, 행동하고, 느끼고 싶은가?

2. 누구에게나 상대가 나를 무시하고, 내 말을 듣지 않고, 제대로 인정해 주지 않는다고 느낄 때 나오는 행동 패턴이 있다. 내가 가진 패턴은 무엇인가?

3. 이기적인 자아는 '나는 이 싸움에서 이겨야 해. 내가 옳아. 내 욕구가 당신 것보다 더 중요해. 난 스스로를 지켜야 해'라고 말한다. 나의 이기적인 자아는 과거 또는 현재의 관계에서 어떤

식으로 걸림돌이 되었는가?

4. 인정받고 사랑받으려는 나의 욕구는 파트너에게 인정과 사랑
   을 주는 일에 어떻게 방해가 되었는가?

5. 우리는 너무 익숙해진 나머지 파트너를 당연한 존재로 여기기
   도 한다. 사랑하는 사람을 어떤 식으로든 당연하게 대우한 적
   이 있는가?

타인을 향한 기준을 세우는 건 쉽지만, 자신을 위한 기준을 세
우는 건 인생의 전환점이 될 만큼 중대하고 어려운 일이다. 다른
사람이 어떤 행동을 하든 안 하든 상관없이, 스스로 거울을 들여다
보며 '나는 할 수 있는 최선을 다했어. 진심으로 관계에 임했고, 나
에 대해 더 깊이 깨달았어'라고 말할 수 있는 것이 곧 자신을 사랑
하고 자존감을 높이는 길이다.

상대가

나를 사랑하도록

설득할 수는 없다

어떤 사람이 나를 사랑하도록 설득하는 건 불가능한 일이
다. 받아들이기 힘들겠지만, 이건 절대적인 진실이다. 누구도 피
해 갈 수 없는 법칙과도 같다. 대안도 없고, '만약에' '어쩌면' '두
고 보자'는 식의 말도 통하지 않는다.

누군가의 사랑을 쟁취하는 것이 영화나 문학 작품에서는 무
척 로맨틱하게 그려지곤 하지만, 사랑은 우리가 쟁취해야 할 어
떤 것이 아니다. 내가 사랑하는 사람이 나를 사랑하지 않는다면,
우리는 그 사람을 놓아 주어야 한다. 연인이든 배우자든, 그 사
람을 억지로 붙잡아서는 안 된다. 그걸로 끝이다. 더 이상 덧붙
일 말도 없다. 상대가 나와 함께하고 싶어 하지 않을 때, 우리에
게는 달리 선택의 여지가 없다.

이 말이 얼마나 가혹하게 들릴지 잘 안다. 특히 평생을 함께 하려던 사람에게 거절당한다는 것이 얼마나 혼란스럽고 가슴 찢어지는 일인지도 안다. 하지만 이 책의 다른 진실이 그러하듯, 이 진실 역시 궁극적으로는 우리를 자유롭게 해 줄 것이다. 상대방이 "이제 끝이야" 또는 "난 그만할 거야"라고 말할 때, 그 사람을 설득하려 해서는 안 된다. 협상도, 조종도, 죄책감을 주는 말이나 행동도 하지 말자. 나를 사랑하게 하려고 애쓰지 말고, 내게 관심을 보이거나 문자를 보내거나 전화하게 만들려는 시도도 하지 말자. 그래 봐야 통하지 않을 것이고, 앞으로도 그럴 것이다.

사실 그런 시도는 모든 면에서 나에게 해롭기만 하다. 설령 그 사람을 붙잡는 데 성공하더라도, 그 관계는 오래가지 않는다. 단지 상대를 잃는 것에 대한 두려움을 억지로 붙잡아 두는 데서 오는 고통과 맞바꾼 것뿐이어서, 그 사실이 우리를 더 불안하게 만들고, 사랑받지 못한다는 느낌만 더 커지게 한다.

내게 마음을 쏟지 않는 사람에게 인생을 낭비하는 일은 이제 그만두자. 그 사람이 헌신하는 관계를 두려워한다면, 그건 내가 해결해야 할 문제가 아니다. 나와 함께라면 다를 거라고 기대해선 안 된다. 절대 그럴 리 없으니까. 그 사람이 지금 이혼을 논의 중이라 새로운 관계를 시작할 마음의 준비가 안 됐다고 말하면, 그 말을 믿자. 그 사람이 가진 상처가 너무 많아서 함께하기 어렵다면, 내가 아무리 노력해도 그 사람을 마음이 건강한 파트너로 바꿔 놓을 수는 없다. 만약 그 사람이 나를 단지 가벼운 데이트 상대로 대한다면, 내가 그에게 딱 그 정도의 사람이라는 걸 받아들이는 게 좋다.

case study 1 ▶ 구원자 신드롬

요즘 소셜 미디어에서 시추에이션십situationship이라는 용어를 자주 보는데, 이 말이 수많은 사람이 처한 복잡한 상황을 아주 정확히 묘사하는 것 같아 마음에 든다. 시추에이션십이란 공식적인 연인 사이가 아니며 앞으로도 서로 헌신하는 관계로 진전될 기미가 보이지 않는, 육체적인 동시에 로맨틱한 관계를 가리키는 말이다. 물론 가벼운 관계가 다 나쁘다는 뜻은 아니다. 하지만 한 사람은 관계가 진전되길 원하는데 다른 한 사람은 그걸 원하지 않는다면, 헌신을 바라는 사람에게 그 관계는 고통이 될 수 있다. 언젠가는 진지한 관계가 될지도 모른다고 기대하면서 자신을 괴롭히는 셈이기 때문이다.

관계 코치로서 내가 중요하게 생각하는 한 가지 임무는, 사람들이 자신에게 관심이 없는 상대를 더 이상 쫓아다니지 않게 하는 것이다. 다시 말해, 상대가 자신을 선택하지 않았다는 사실을 받아들이고, 그 대신 내가 나 자신을 선택하도록 돕는다는 뜻이다.

두 사람이 의식적으로 선택하거나 명확히 합의하지 않은 채 헌신 없는 관계를 이어 가면, 둘 사이에는 필연적으로 권력의 불균형이 생긴다. 이때 깊은 관계를 원하지 않는 쪽이 더 큰 권력을 쥐게 되고, 다른 한쪽은 그저 가볍게 지내도 괜찮은 척 받아들이면서 스스로 권력을 내어 주게 된다. 사실 속으로는 상대가 마음을 바꿔 자신을 선택하길 간절히 바라면서도, 상대에게 부담을 줄까 봐 두려워 차마 말하지 못한다. 자신이 준 사랑을 돌려받지 못할 사람과 계속 함께하기로 선택할 때, 우리는 스스로의 행복과 미래를 심각하게 망칠 수 있다.

나는 시추에이션십에 머물다가 자기 삶을 엉망으로 만든 사람을 숱하게 보았다. 지난 몇 년 동안 내가 받은 수천 통의 메시지에는, 같은 감정을 공유하지 않는 상대에게 집착하거나, 여러 이유로 진지한 관계를 원하지 않는 상대 때문에 괴로워하는 사람들의 사연이 가득했다. "그 여자는 진지한 사이는 싫다면서 왜 자꾸 만나자고 할까요?" "어떻게 하면 그 사람이 저를 선택하게 할 수 있을까요?" "그 남자가 정말 아내와 이혼하고 저에게 올까요?" 이런 질문을 하는 사람들은 자신이 바라는 걸 상대에게 솔직히 요구하지 못한 채, 오직 상대가 나를 사랑하게 만드는 방법에만 몰두하다가 시추에이션십에 갇히고 만다.

어맨다는 사랑하는 사람의 상처가 아무리 깊어도 자신이 치유해 줄 수 있고, 그렇게 해서 결국 자신을 사랑하게 만들 수 있다고 믿었다. 나를 찾아왔을 때 그녀는 서른여덟 살이었고, 결혼해서 행복한 가정을 꾸리는 삶을 꿈꾸고 있었다. 문제는, 자신에게 호감을 보이는 괜찮은 남자들은 모두 거절하면서, 오히려 1년 넘게 만나고 헤어지기를 반복하는 한 남자에게서 벗어나지 못하고 있다는 점이었다. 피터라는 이름의 그 남자는 아내와 별거 중이라고 했고, 두 살 난 아이가 있었다. 피터는 아내가 매우 '해로운' 여자라서 하루빨리 이혼하고 싶다고 말하면서도, (각방을 쓰는 듯 보이긴 했지만) 여전히 아내와 함께 살고 있었다.

이 이야기를 듣자마자 나는 피터라는 남자가 마음에 들지 않았지만, 어맨다가 피해자는 아니라는 사실을 스스로에게 상기시켰다. 어맨다는 성인이고, 건강하고 괜찮은 남자를 선택하는 건 어디까지나 그녀의 책임이었다.

"그 사람 부인은 정말 이상한 여자라서 항상 피터를 힘들게 해요." 어맨다가 말했다.

나는 어맨다를 코칭하려면 단순한 조언을 넘어 진지한 개입이 필요하다는 걸 즉시 알아차렸다. 만약 피터의 아내가 실제로 해로운 사람이라면, 그건 피터에 대해 무엇을 말해 주는 걸까? 그는 그 여자와 무려 10년이나 함께하고 있었다. 거기에 그 남자의 책임은 전혀 없는 걸까?

"어떤 식으로요?" 나는 정말로 궁금해서 물었다.

"질투가 정말 심해서 피터가 다른 여자는 아예 만나지도 못하게 해요. 집을 나오지도 못하게 하고, 만약 이혼을 강행하면 아이 양육권을 두고 소송을 걸겠다고 협박까지 한대요. 그래서 피터가 진짜 힘들어하고 있어요." 어맨다가 대답했다.

그 순간, 어맨다가 지난 몇 년 동안 내가 상담해 온 많은 사람과 매우 비슷한 유형이라는 생각이 들었다. 그녀는 연인을 위해, 어떻게 보면 심리 치료사라고도 할 수 있는 치유자의 역할을 하고 있었다. 어맨다는 늘 문제가 많은 상황에 있는 남자들을 선택했고, 그들을 구해 주겠다는 마음으로 관계에 뛰어들었다. 그리고 마치 마더 테레사처럼 행동했다. 언제든 기대어 울 수 있게 어깨를 내어 주고, 한밤중에 걸려 오는 전화도 마다하지 않은 채 조언과 위로를 건네곤 했다. 남자가 자신을 보고 싶어 할 때면, 이미 잡힌 약속도 취소하고 그에게 달려갔다.

한마디로 그녀는 피터의 해로운 아내와 정반대의 사람이었다. 믿을 수 있고, 다정하며, 언제나 옆에 있어 주는 존재였다. 어맨다의 무의식적인 믿음은 이런 것이었다. '그 사람의 인생에서 필요한 사람은 안정감을 주는 따뜻한 여자라는 걸 보여 줄수록, 그는 나와 함께 있으려 할 거고, 결국 자기 아내와도 더 빨리 헤어지게 될 거야.'

"피터와 그의 아내에 대해 생각하는 데 얼마나 많은 시간을 쓰는지, 한번 생각해 볼래요?" 나는 이 질문이 작은 전환점이 되길 바라며 물었다.

"거의 온종일이요."

어떤 사람들은 치유를 간절히 바라면서도, 꼭 필요한 변화를 받아들일 준비가 되어 있지 않다. 서로를 사랑하고 헌신할 수 있는 관계를 원한다고 말하면서도, 정작 그 반대의 선택을 할 때가 많다. 반복되는 패턴을 끊는 데는 굳은 결심이 필요하다. 우리는 단지 더 나은 것을 원하기만 해서는 안 되고, 스스로가 그것을 누릴 자격이 있음을 진짜로 믿어야 한다.

나는 우리 모두에게 자신이 붙잡고 있는 관계의 패턴을 극복할 힘이 있다고 믿는다. 어맨다 역시 그렇다고 믿었지만, 내 직감은 이 일이 쉽게 해결될 문제가 아니라고 말하고 있었다.

애매한 관계에 빠지는 이유

"자꾸만 시추에이션십 같은 애매한 관계에 빠지는데, 그 관계에서 더 많은 걸 바라는 쪽은 항상 저예요. 도와주세요!!"

나는 이메일과 인스타그램 DM을 통해 이런 연락을 거의 매일 받는다. 진실 1을 기억하는가? 모든 건 '나로부터' 시작한다. 우리는 '어쩌다 보니' 그런 관계에 처한 게 아니라, 스스로 선택해서 그 관계에 이른 것이다. 그렇다면 왜 우리는 상대가 나를 원하게 만들기 위해 끊임없이 애써야만 하는 관계를 선택하는 걸까?

그 까닭은 하나가 아니었다. 사람들이 시추에이션십에 빠지는 데에는 일반적으로 다섯 가지 이유가 있다.

그릇된 신념

신념이란 어떤 것의 의미에 관해 굳게 믿는 마음을 가리킨다. 우리의 신념은 개인적 경험과 사회적 조건화를 통해 형성되는데, 고통스러운 과거 경험으로부터 생겨난 믿음은 종종 제한적 신념이 된다. 즉, 두려움을 기반으로 형성된 믿음이 자신의 가치나 능력에 제약을 걸어 우리를 잘못된 결정으로 이끈다는 뜻이다. 진실 4에서 얘기했던 제이드는 자존감이 낮아서 자신이 진정으로 사랑받을 가치가 있는 사람임을 믿지 않았고, 그 결과 사귈 수 없는 남자들을 쫓아다니곤 했다.

시추에이션십에 빠진 사람들이 이야기했던 공통적인 신념과 두려움은 이런 것들이다.

- 나는 다른 사람을 만날 수 없을 거야.
- 나를 좋다고 하는 사람은 다들 별로야.
- 내가 더 노력하기만 하면, 그 사람도 나를 사랑해 줄 거야.
- 내가 달라지면, 그 사람도 나를 원할 거야.

- 내가 그 사람을 바꿔 놓을 수 있어.

- 이렇게 깊이 마음이 통하는 사람은 두 번 다시 못 만날 거야.

- 다시 처음부터 시작하고 싶지 않아.

- 외로워지고 싶지 않아.

- 나처럼 나이 많은 사람을 누가 좋아하겠어.

- 세상엔 괜찮은 사람이 없어.

- 내가 원하는 그런 관계는 존재하지 않아.

사회적 조건화

주위를 둘러보면 자기 욕구를 희생하면서까지 관계를 이어 가려는 사람들을 흔히 볼 수 있다. 어쩌면 부모나 친구가 그런 방식으로 관계 맺는 모습을 본 적이 있을지도 모른다. 우리는 사랑을 '쟁취'할 수 있다고 믿도록 사회적으로 조건화되어 왔다. 앞에서도 언급했듯, 누군가의 사랑을 쟁취한다는 발상은 동화나 영화에서 낭만적으로 포장되곤 한다. 그러나 사랑은 억지로 느끼게 하거나 선택하도록 강요할 수 있는 것이 아니다.

외로움

누군가와 삶을 함께하고 싶어 하는 마음은 지극히 자연스럽다. 소셜 미디어가 일상화되면서 이론적으로는 사람 간의 거리가 그 어느 때보다 가까워졌지만, 역설적으로 오늘날처럼 진정한 연결에 갈증을 느끼는 시대도 드물다. 공동체나 소모임을 찾으려면 의식적인 노력이 필요하고, 모든 사람이 쉽게 접근할 수 있는 것도 아니다. 친구들이 대부분 연애 중이거나 배우자와 시간을 보내느라 바쁘다면 더욱 외로움을 느낄 수 있다.

지루함

사람은 삶에서 만족을 느끼지 못할 때 만성적인 지루함을 경험하고, 일상의 단조로움에서 벗어나려는 욕구로 크든 작든 극적인 사건을 찾게 된다. 미국 드라마 〈걸스〉의 주인공 해나와 마르니 역시 자기 삶에 만족하지 못하고 방향을 잃은 인물로 그려진다. 지루함에 빠진 두 사람은 복잡하고 극적인 관계에 몰두하며 시간을 채우려 한다. 언뜻 보면 해나와 마르니가 사귀는 남자들이 문제가 많은 것처럼 보이지만, 사실 두 사람 역시 그에 못지않게 꼬여 있다. 그런 모습이 드라마로서는 흥미로운 소재가 될지 몰라도, 건강한 관계의 본보기라고는 할 수 없다.

나는 삶의 진정한 의미와 목적을 찾지 못한 이들이 자신이 처한 현실을 외면하기 위해 의미 없는 관계에 매달리는 모습을 자주 목격해 왔다. 이에 관한 다른 사례들은 진실 8에서 다시 다룰 것이다.

상실에서 오는 슬픔과 고통이 너무 커서 감당하기 어려울 때가 있다. 어떤 사람들은 지루함을 느낄 때만큼이나 슬플 때도 복잡하고 어려운 관계를 선택하곤 하는데, 다른 사람에 관한 생각으로 그 슬픔을 덮어 버리기 위해서다. 혼란스럽고 이성적인 판단이 힘든 상태이기에, 우리는 종종 방향을 잃고 잘못된 곳에서 사랑을 찾게 된다. 상실의 고통과 허전함을 또 다른 사랑으로 메우려 한다.

너를 기다릴 시간에
나를 사랑하기로 했다

어맨다는 이미 결혼한 남자와 어떻게 1년 동안이나 허울뿐인 관계를 유지할 수 있었을까? 그녀는 그 관계가 자신에게 절대 이롭지 않다는 걸 잘 알았지만, 쉽게 벗어날 수가 없었다.

어맨다는 오랫동안 자기 일에 흥미를 느끼지 못한 채 지내왔고, 서른세 살이 되던 해에는 가장 가까운 존재였던 아버지를 잃었다. 심리 치료사였던 아버지는 인내심이 많고 다정했으며, 아내와 딸들에게 든든한 조언자이자 친한 친구 같은 사람이었다. 어맨다는 그런 아버지를 꼭 닮았다. 뛰어난 인내심과 공감 능력, 타인을 향한 연민이 큰 강점이었다. 가까운 친구들에게는 언제나 고민을 들어 주는 상담자였고, 사촌 동생들에게는 세심하게 챙겨 주는 큰언니 역할을 했다. 그러나 연애에서는 그 타고난 성향을 늘 잘못된 방향으로 쏟아 내곤 했다.

관계에는 수많은 모순이 존재한다. 그중 하나는, 잘못된 사람과 사랑에 빠질 때 한 인간의 강점이 도리어 치명적인 결함으로 작용할 수 있다는 것이다. 어맨다의 인내심과 공감 능력 역시 그녀를 관계의 지옥으로 끌고 갔는데, 사랑과 헌신이 오가는 건강한 관계에 꼭 필요한 경계를 세우지 못했기 때문이다.

"정말 많이 혼란스러우시겠어요. 그러니까 그 남자는 아내를 떠날 수 없다는 이유로 미래에 대해 어떤 약속도 하지 않았고, 그런 상태로 1년이나 관계를 이어 온 거잖아요?"

"네. 좋은 상황이 아니라는 건 저도 알아요." 그녀의 표정에 슬픔과 낙담이 묻어 있었다.

"피터에게서 벗어날 수 있도록 제 도움을 받고 싶으신 거죠?" 나는 어맨다가 그럴 준비가 되어 있는지 확신하지 못한 채 조심스럽게 물었다.

"네, 그러고 싶어요." 그녀는 진심이 잘 느껴지지 않는 어조로 대답했다.

어맨다가 피터에게서 벗어나기 위한 첫 단계는 자신의 관계 패턴을 알아차리는 것이었다. 나는 내가 본 어맨다의 행동 패턴,

즉 그녀가 자신이야말로 피터에게 '운명의 짝'임을 증명하기 위해 그의 아내와 정반대로 다정하고 참을성 있으며 연민이 가득한 모습을 보이려 애쓰고 있음을 그대로 설명했다. 사랑하는 아버지를 잃은 경험이 어맨다의 마음속에 깊은 공허함을 남겼고, 그로 인해 남성과의 관계에서 건강한 경계를 세우기가 어려웠을 것이라고도 말했다. 또한 일에 흥미를 갖지 못해 늘 지루함을 느끼던 그녀에게 그나마 피터와의 불확실한 관계가 단조로운 일상에서 벗어나는 탈출구 역할을 하는 것 같다고 덧붙였다.

어맨다의 눈이 커지더니 눈물을 글썽이기 시작했다. "정말 그런 것 같아요. 제가 어떡하면 이걸 바꿀 수 있을까요?"

내가 말한 사실에 강하게 동의하는 어맨다를 보며 일단은 안심이 됐다. 하지만 알아차리는 것이 변화로 가는 핵심 단계이긴 해도, 그것만으로는 충분하지 않다는 걸 나는 잘 알고 있었다.

그 후 거의 1년 동안 어맨다와 상담을 이어 갔다. 처음 석 달 동안 그녀는 두 차례나 피터와 관계를 끊었지만, 결국 그를 다시 받아 주었다. 답답하기 그지없었다. 어맨다가 자신이 원하는 것을 피터에게 용기 있게 말하고, 그가 그 요구를 들어줄 수 없음을 인정하자 단호히 돌아서는 모습을 보며, 드디어 그녀가 정신을 차렸다고 생각했다. 그러나 몇 주가 지나면 어김없이 마음을 바꿔 다시 그를 만나곤 했다. 어맨다가 피터를 자신의 삶에서 지워야 한다는 것을 머리로는 알면서도, 아직 완전히 관계를 끝낼

만큼 동기가 충분하지 않다는 사실을, 나도 받아들여야 했다.

　나는 피터와의 관계를 정리하는 데 매달리기보다, 어맨다와 그녀의 일에 집중하기로 했다. 아버지가 돌아가신 뒤 어맨다는 언젠가 심리 치료사가 되겠다는 꿈을 품었지만, 경제적인 이유로 실행에 옮기지 못했다. 생활비를 안정적으로 감당하고 원하는 집에 살기 위해 영업직을 선택한 것이다. 그러다 심리학 석사 학위를 받으려고 다시 학교에 갈까 고민하던 시기에 피터를 만났고, 그 순간 자신의 꿈을 포기하고 말았다.

　시추에이션십에 있는 사람들 대부분이 이런 식으로 자기 삶을 망친다. 이들이 맺는 관계가 워낙 불확실하기에, 그 안에서 안정감을 느끼려면 남들보다 더 많이 노력해야 하는데, 그러다 보면 온전하지도 않은 사랑을 좇느라 인생의 다른 중요한 부분을 놓치게 된다. 상대가 나를 원하도록 설득하는 일이 마치 전업처럼 되어 버리고, 개인적인 목표나 꿈은 미뤄진다. 그렇게 자신을 포기하는 일이 벌어진다.

　건강한 관계는 곧 안전한 관계다. 서로를 선택하되, 그 선택을 지키기 위해 자신을 희생하거나 부정해서는 안 된다.

　내가 어맨다를 도울 수 있는 가장 좋은 방법은 그녀가 심리 치료사의 꿈에 다시 도전하도록 힘을 보태는 것이었다. 나는 그녀를 강제로 피터에게서 떠나게 할 수도, 아버지를 잃으며 생긴 공허함을 대신 채워 줄 수도 없었다. 하지만 새로운 직업을 향해 용기 있게 첫발을 내디딜 때, 손을 잡아 줄 수는 있었다. 새 일은 그녀의 삶을 분명 더 나은 방향으로 이끌 터였다.

어맨다는 자신의 내면을 깊이 들여다보며, 아버지가 돌아가시기 전, 단호하고 의욕적이며 자신감 있던 본래 모습을 되찾아 나갔다. 그리고 내가 조언한 대로 빚을 지지 않기 위해 기존 일을 계속하면서 학교에 다니기 시작했고, 저녁 시간과 주말을 활용해 공부에 몰두했다.

석사 과정을 시작하고 1년 뒤, 부쩍 자신감이 쌓인 어맨다는 드디어 피터를 완전히 떠날 수 있었다. 이번에는 결정도 훨씬 쉬웠다. 그녀가 자신의 삶을 더 의미 있게 여기게 되자, 지루함을 덜 느끼기 위해 피터나 그가 주는 반쪽짜리 사랑에 목맬 이유가 없어졌기 때문이다. 어맨다는 피터가 자신을 사랑하도록 설득하는 노력을 그만두었고, 마침내 모든 걸 내려놓았다.

현재 어맨다는 심리 치료사가 되었고, 대학원에서 만난 동료와 진지한 관계를 이어 가고 있다. 물론 이 모든 것이 하루아침에 이뤄진 것은 아니다. 그녀는 수차례 좌절을 겪었고, 그 대부분은 변화에 대한 심리적 저항과 미지의 것을 마주하는 두려움에서 비롯되었다. 학위를 따는 일은 거대한 산과 같아 쉽지 않았지만, 그녀는 끝내 멈추지 않고 나아갔다. 많은 사람이 그렇듯, 어맨다 역시 변화가 두려웠지만 포기하지 않았다.

누구나 자기 앞에 놓인 산이 너무 커서 도저히 오를 수 없다고 느낄 때가 있다. 그럴 때는 어맨다의 이야기를 떠올리며 자기 내면을 들여다보길 바란다. 그리고 내가 마땅히 누려야 할 것보다 적은 것에 안주하지 않으려는 마음을 자기 안에서 찾아내면 좋겠다. 이 마음은 당신이 얼마나 강한 사람인지 끊임없이 일깨워 줄 것이며, 자기만의 산을 오르는 여정에서 가장 든든한 동반자가 되어 줄 것이다.

자신을 선택한다는 것

내가 아끼는 사람이 내 욕구를 충족시키지 못할 때, 과감히 그 관계에서 벗어나는 일은 우리가 할 수 있는 가장 용감한 행동 중 하나다.

사람은 누구나 존중받고 싶고, 신뢰를 얻고 싶고, 정서적 안정감을 느끼고 싶어 한다. 그러나 이런 욕구를 채워 줄 능력이나 의지가 없는 사람과 헤어지는 일이 어떤 이들에게는 감당하기 어려운 선택처럼 느껴진다. 그들에게 이별은 단순히 '내가 받아야 마땅한 대우를 받지 못했기 때문에 떠나는 것'이 아니라, '다시 혼자가 되어 깊고 불확실한 외로움 속으로 떨어지는 일'처럼 두렵기 때문이다. 삶을 갉아 먹는 혼란스러운 관계에 머무는 대신 평온과 안정이라는 더 나은 방향을 택하는 일, 다시 말해 해로운 관계를 끝내는 일이 자신의 모든 걸 걸어야 할 만큼 힘겹게 느껴지기도 한다.

우리가 어떤 관계를 허용하는지는 결국 자신을 어떻게 인식하느냐에 달려 있다. 따라서 타인에게서 어떤 대접을 받기 원하는지에 대한 기준을 세우고, 그 기준을 지켜 낼 수 있는 경계를 세워야 한다.

함께 있을 때 불편하거나 안전하지 않다고 느껴지는 사람에게서 벗어나는 것은 단순히 그 관계를 끝내는 것을 넘어, 내 안에 뿌리내린 오래된 관계의 패턴을 끊어 내는 일이기도 하다. 또한 장기적인 관점에서 내게 가장 이로운 것을 선택하기 위해, 누군가와 계속 연결되고 싶은 강한 본능에 용기 있게 맞선다는 뜻이기도 하다. 혼자가 되는 두려움이나 처음부터 다시 시작해야 한다는 막막함 때문에 관계를 붙드는 대신, 지금 이 순간 나에게 가장 이로운 선택을 하는 것. 그것이 곧 나 자신을 선택하는 길이다.

자신을 선택할 때, 비로소 우리는 자신을 사랑하게 된다. 인생에서 먼저 자신을 사랑한 뒤 자신을 선택하는 경우는 드물다. 오히려 대담하게 자신을 선택했더니, 그 결과 자신을 사랑하게 되는 경우가 더 많다. 나의 행복과 안녕에 해롭다는 걸 알면서도 관계를 이어 간다면 불안은 반드시 찾아온다. 아무리 강한 유대감이 있어도 그 불안을 다 잠재울 수는 없으며, 이것이 우리가 결국 마주해야 할 진실이다.

만약 지금 당신이 '시추에이션십'에 있다면, 이제는 그 롤러 코스터 같은 관계에서 내려올 때다. 어맨다처럼 어떤 사람과 몇 개월 또는 몇 년을 '복잡한' 관계로 지내고 있다면, 이제는 경계를 분명히 설정할 때다. 당신에게는 서로 사랑을 주고받는 관계, 같은 마음을 가지고 전적으로 서로에게 헌신하며, 감정을 솔직하게 드러내는 관계가 필요하고, 또 그걸 누릴 자격이 있다.

case study 2 ▶ <u>유효기한이 끝난 관계</u>

처음 올리비아를 만났을 때, 그녀는 완전히 절망한 상태였다. 남편 스티브가 별거를 원했기 때문이다. 지난 4년간 두 사람은 너무나도 힘들게 부부 관계를 유지해 왔다. 다양한 부부 상담 전문가들을 만나 도움을 받아 봤지만, 아무 소용이 없었다. 올리비아는 어떻게든 남편을 붙잡고 싶어 했다.

상담을 진행하는 동안 줌 화면 속의 올리비아는 금방이라도 무너질 듯한 모습이었다. 앞으로 말리며 높이 솟은 어깨, 이를 악문 채 꾹 다문 입술. 결혼 생활에 끝이 보이고 있는데, 그걸 거부하는 마음이 굳은 몸과 자세로 드러났다. 그 모습이 마치 흠씬 두들겨 맞은 채 링 위에 서 있는 권투 선수 같았다. 진 게 분명한

데도 싸우길 포기하지 않으려는 복서. 어떻게든 결혼 생활을 유지해 보려고 버티며 애썼던 예전의 내 모습이 떠올랐다. 아무런 소득도 없던 그 노력이 얼마나 사람을 지치게 했었는지도. 그녀가 얼마나 고통스러울지, 앞에 놓인 길이 얼마나 고되고 힘들지 알 것 같았다.

제일 먼저 든 생각은 올리비아가 그만 관계를 정리할 수 있게 도와줘야겠다는 것이었지만, 그녀는 자신이 아직 "충분한 노력"을 하지 못했다며 오히려 나를 설득하려고 했다.

"남편은 저한테 얘기를 잘 안 하는 편인데, 아무리 생각해도 그 사람이 옳은 결정을 하고 있는 것 같지가 않아요. 지금 남편한테는 정신을 차릴 수 있게 도와줄 사람이 필요해요." 그녀는 불안한 듯 눈물을 흘리며 말을 이어 갔다. "저랑 남편이 함께 상담에 참여할 수 있게 해 주시면 안 될까요?"

나는 두 사람을 함께 만나는 데 동의했다. 둘의 관계가 내 도움을 받으며 지켜 낼 만한 가치가 있는지, 아니면 이제 그만 내려놓아야 할 관계인지 알아야 했기 때문이다.

그녀의 남편 스티브를 만난 순간이 잊히지 않는다. 올리비아가 눈물을 흘리며 떠나지 말라고 애원하는 동안, 그는 이 상황이 불편해서 안절부절못하며 어쩔 줄 몰라 했다. 나는 당장이라도 달려가서 자존심도 없이 매달리는 올리비아를 구해 주고 싶었다. 스티브의 표정을 보니, 그는 이미 마음을 정한 게 분명했다. 떠나겠다는 결심이 바뀔 여지가 조금도 보이지 않았기에, 두 사람의 결혼은 끝난 거나 다름없었다.

올리비아는 스티브에게 "좀 더 노력해 보자"며 사정했고, 스티브는 "할 만큼 했다"면서 헤어지는 것이 최선의 해결책이라고 같은 말만 반복했다. 나는 그 모습을 20분쯤 지켜보다가, 더는 안 되겠다 싶어 끼어들었다.

"올리비아, 이게 얼마나 힘든 일인지 저도 잘 알아요. 하지만 스티브에게 마음을 바꾸라고 계속 요구하는 건 이제 멈추는 게 좋을 것 같아요. 지금 당신이 할 수 있는 건 남편분이 느끼는 고통에 귀 기울이는 겁니다. 그 역시 얼마나 힘들었을지 물어봐 주세요."

나는 스티브가 다 들리도록 크게 한숨을 내쉬는 모습을 지켜보았다. 긴장했던 그의 몸이 눈에 띄게 편안해지더니, 피로에 찌들어 충혈된 눈에 눈물이 고이기 시작했다.

"전 할 수 있는 건 이미 다 했어요." 그는 겨우 그렇게 말하고 더는 말을 잇지 못했다.

이별은 누구에게나 고통스럽다. 설령 서로 원만히 합의한 경우라 해도 이별은 여전히 감정적으로 큰 재앙이며, 그 충격에서 벗어나기까지 긴 시간이 필요하다. 언젠가 헤어질 거라고 생각하며 관계를 시작하는 사람은 없다. 비극적인 것은, 대부분의 관계가 사랑이 모자라서 끝나는 게 아니라는 사실이다. 상대에게 존중받지 못하고 이해받지 못한다는 느낌이 오래 쌓이며 거리를 만들고, 그 거리감이 결국 관계를 무너뜨린다. 많은 커플이 상처와 분노, 불안을 몇 달 혹은 몇 년 동안 억누르다 더는 버틸 수 없을 때 마침내 이별을 선택한다.

내가 아홉 가지 진실에 관한 이 책을 쓴 이유는, 버림받는다는 것, 그리고 자신을 버린다는 것이 어떤 기분인지 너무나도 잘 알기 때문이다. 나는 지금까지 두려움에 사로잡힌 채 관계 문제를 바로잡으려 애쓰는 수천 명의 사람들을 상담해 왔다. 오랜 관계를 끝내려는 이유는 대부분 사랑이 식어서가 아니었다. 그것 말고는 다른 해결책을 찾지 못해서인 경우가 훨씬 많았다. 그들은 지쳐 있었고, 지금보다 나아지기를 바라는 마음에, 떠나는 게 머무는 것보다 낫다고 판단해 이별을 택했다.

만약 나와 전남편이 이런 진실들을 알고 실천했더라면 결과가 달라졌을까? 그랬을 수도 있다. 그러나 우리는 그러지 못했고, 바로 그 점이 중요하다. 결국 우리는 그 순간에 자신이 할 수 있는 만큼만 할 수 있을 뿐이다. 그래도 다행인 것은, 인간이 성장하고 배워 나가는 존재라는 점이다. 시련 속에서도 우리는 스스로가 얼마나 회복력이 강한 존재인지를 발견하게 된다.

인생을 함께하며 헌신해 온 사람이 있다면, 문제가 생겼다고 해서 곧바로 관계를 포기할 수는 없다. 어떻게든 관계를 지키기 위해 일단은 싸워 봐야 한다. 그렇다면 '관계를 위해 싸운다'

는 건 어떤 의미일까? 그건 서로를 탓하는 일을 멈추고, 둘 사이에 생긴 거리감에 대해 각자 책임지는 태도를 보이는 것이다. 상대의 말을 귀 기울여 듣고, 내가 어떤 부분에서 그 사람의 욕구를 충족시키지 못했는지 살펴본 뒤, 그것을 채워 주기 위해 먼저 노력하는 것이다. 또한 사랑하는 사람이 힘든 일을 겪느라 한동안 관계에 충분히 집중하지 못하더라도 인내하며 기다려 주는 것도 관계를 위해 싸운다는 의미에 포함된다.

하지만 이런 일들은 둘이서 함께해야 하는 일이다. 상대가 이미 놓아 버린 것을 혼자 붙들고 애쓰며 싸울 수는 없다. 상대에게 마음을 바꾸라고 설득할 수도 없고, 거래를 할 수도 없다. 놓아 주는 수밖에 달리 도리가 없다. 관계가 원활하게 흘러가려면, 두 사람 모두 자유로운 상태에서 자발적으로 관계를 선택할 수 있어야 한다. 나를 사랑해 달라고 애원하거나 미안하게 만드는 건 그 사람을 감정적으로 억압하는 것이나 마찬가지다. 그렇게 해도 우리는 원하는 걸 얻지 못하고, 결국 그 관계 안에 스스로 갇히는 꼴이 된다. 그 과정에서 상처받을 자존감의 무게도 결코 가볍게 여길 수 없다.

사랑은 좇는 것이 아니다

살면서 가장 힘겹게 배우는 것 중 하나는, 우리 인생에서 누군가의 역할이 끝났음을 받아들이는 일이다. 이 사실을 부정한 채 버텨 보아도, 인정하는 것 말고는 다른 선택지가 없는 순간이 오고야 만다. 하지만 그 전까지는 종종 무의식적으로, 또 간절하게 상대의 사랑을 다시 붙잡으려 애쓰곤 한다.

어떤 사람은 자신이 상대에게 필요한 존재로 여겨질 만한 방법을 찾는다. 예를 들어, 어맨다처럼 정작 자신은 아무것도 받지 못하면서 상대에게 더 많은 관심과 에너지, 시간, 선물, 정신적 도움을 주려 하고, 심리 치료사나 코치 역할을 자청하기도 한다. 어떤 사람은 자신을 사랑해 달라고 애원하고, 어떤 사람은 둘이 얼마나 잘 맞는 짝인지 논리적으로 설득하려 한다. 또 어떤 사람은 완전히 무너진 모습을 보이며 상대가 죄책감 때문에 떠나지 못하게 만들기도 한다.

원치 않는 이별이 눈앞에 다가오자, 올리비아는 남편에게 애원도 하고, 논리적 설득도 하며, 때로는 죄책감이 들게 해 어떻게든 그를 붙잡으려 했다. 그래서 나는 한동안 그녀가 흔들리지 않도록 곁에서 중심을 잡아 주기로 마음먹었다. 일주일에도 여러 차례 대화를 나누며, 지난 결혼 생활을 차분히 되돌아보게 했다. 그 과정에서 올리비아는 지난 2년 동안 끊임없는 다툼과 이해받지 못한다는 외로움 때문에 힘들고 지쳐 있었다는 걸 털어놓았다. 마음 깊은 곳에서는 스티브와의 관계를 정리하고 싶었지만, 싱글맘으로 홀로 서서 모든 걸 다시 시작해야 하는 현실은 두려울 수밖에 없었다.

관계가 끝나길 바라면서도 한편으로는 어떻게든 붙잡고 싶어 하는 양가감정은 생각보다 훨씬 흔하다. 올리비아는 자신이 모순된 두 가지 감정을 동시에 품고 있다는 사실을 깨닫자, 남편의 사랑을 되돌리려는 행동을 멈출 수 있었다.

다만 분명히 해야 할 것은, 양가감정을 깨달았다고 해서 그녀의 고통이나 두려움이 사라진 것은 아니라는 사실이다. 올리비아는 여전히 상처 입은 채, 자기 앞에 놓인 길에서 갈피를 잡지 못하고 흔들렸다. 그러나 최소한 이제는 구체적인 이혼 절차나 아이들의 공동 양육 문제에 대해 스티브와 좀 더 생산적으로 논의할 수 있게 되었다. 올리비아가 이별의 아픔을 극복하는 데 가장 중요한 첫걸음은, 결국 스티브의 결정을 받아들이는 데서 시작되었다.

이혼 후 올리비아는 싱글맘으로서의 삶에 적응하고, 혼자서도 평온하게 지내는 법을 배우는 데 1년이 걸렸다. 그리고 5개월쯤 더 지나자 새로운 사람을 만나 데이트를 시작했고, 그때 만난 사람과 지금까지 행복한 관계를 이어 가고 있다. 올리비아의 이야기는 이별 후에도 다시 사랑할 수 있다는 희망을 보여 준다.

'상대가 나를 사랑하도록 설득할 수는 없다'는 진실을 통해, 나는 독자들에게 사랑을 좇는 행동을 멈추고, 떠나려는 사람은 누구든 보내 주어야 한다는 사실을 전하고 싶었다. 누군가가 우리에게 혼란스러운 메시지를 보낸다는 건, 자신의 비위를 맞추라거나, 무언가를 달라거나, 돌봐 달라거나, 상황을 조종해 관계를 유지해 달라는 의미가 아니다. 또한 자신이 선택할 때까지 기다려 달라는 뜻도 아니다. 오히려 그것은 우리가 우리 자신의 편에 굳건히 서서, 어떤 경우에도 자신의 존엄성을 희생하지 말라는 신호로 받아들여야 한다.

평생 내 삶에 가장 깊고 큰 영향을 준 결정은, 떠나려는 남편을 놓아 준 일이었다. 그 전까지 나는 온 힘을 다해 사랑을 지키려 애쓰며 그야말로 필사적으로 싸웠다. 그러나 남편이 끝내 이별을 결심했을 때, 나는 더 이상 버티지 않고 그를 보내 주었다. 지금도 내가 이 선택을 자랑스럽게 여기는 이유는 단순하다. 솔직히 말해, 그를 놓아 주는 것이 내 삶을 훨씬 더 편안하게 만들었기 때문이다. 놓아 줌으로써 나는 반복되는 거절로부터 나를 지켜 냈고, 그 덕분에 다친 마음을 좀 더 빨리 치유할 수 있었다.

어쩌면 당신은 잘 알지도 못하는 사람에게 자신의 모든 것을 내어 주었을 수도 있고, 혹은 더 많은 사랑을 얻기 위해 과도한 노력을 해야 하는 관계에 매여 있을 수도 있다. 지금 어떤 상황에 있든, 그 고리를 끊어 내는 건 불가능한 일이 아니다. 우리는 그 일을 해내야만 한다.

앞에서 시추에이션십에 빠졌던 사람들이 공통적으로 말했던 그릇된 신념과 두려움들을 기억하는가? 아래 목록은 오랜 관계가 끝나 가는 상황에서 사람들이 내게 주로 했던 말들이다.

- 모든 걸 다시 시작할 수는 없어. 너무 지치고 힘들어.
- 내 나이가 벌써 마흔인데, 이 나이에 다른 사람을 만난다는 건 불가능해.
- 새로운 사람을 찾으려면 시간이 너무 오래 걸릴 거야.
- 이혼한 사람은 어딘가 초라해.
- 이 관계가 끝나면, 나는 실패자가 되는 거야.

우리가 힘을 빼앗기는 것은 이런 잘못된 믿음 탓이 매우 크다. 그리고 이런 믿음 때문에 상대를 놓아 주어야 하는데도 놓지 못하고 집착하게 된다.

▼

연습하기

자기 긍정 명상

내가 준 사랑을 돌려주지 못하는 누군가를 계속 붙들고 있는 사람은, 어느 정도 생존 모드로 살고 있을 가능성이 크다. 사랑을 잃는 건 산소를 잃는 것과 비슷하기 때문에, 두려움을 느끼는 건 당연한 일이다. 그런 자신을 재단하지 말고, 우선 알아차려야 한다.

그런 다음 편안하게 앉아 눈을 감는다. 두 손은 허벅지 위에 자연스럽게 내려놓아도 되고, 아랫배에 갖다 대도 좋다. 혹은 한 손은 아랫배에, 다른 한 손은 가슴 위에 올려놓을 수도 있다. 입술을 살짝 다문 상태로, 코로 느리고 깊게 숨을 들이마셨다가 코로 천천히 숨을 내쉰다. 이 동작을 2~3분 동안 반복한다. 숨을 내쉴 때 크게 한숨을 쉬고 싶다면 그렇게 해도 괜찮다.

계속 눈을 감은 채로 내가 자신감과 생기로 가득 찼던 때를 떠올려 본다. 아주 오래전 과거까지 거슬러 올라가도 좋다. 그때 내가 어디에 있었고, 뭘 하고 있었는지, 누구와 함께 있었고, 어떤 옷을 입었는지 등 당시의 구체적인 상황들을 모두 떠올려 보자. 그리고 그 순간에 느꼈던 감정에 몰입한다. 나의 강점, 자부심, 기쁨, 정신력 같은 것들에 초점을 맞추며, 몇 분간 그때의 기억에 집중하자. 그다음에는 활력이 넘치며 스스로가 정말 자랑스러웠던 순간으로 가 보자. 이 연습은 필요한 만큼 오래 할 수 있고, 매일 여러 번 반복해도 좋다.

나에게 필요한 것에 집중하기

타인에게 초점을 맞추고, 그 사람에게 사랑받기 위해 안간힘을 쓰다 보면 자기 자신을 잊기 쉽다. 그러므로 '지금 당장 나한테 필요한 건 뭐지?'라고 질문하며, 서서히 생각의 중심을 자신에게로 되가져오자.

이제는 나에게 필요한 것에 집중할 시간이다. 작은 것부터 시작하자. 친구에게 전화하고 싶은가? 전문가와 상담이 필요한가? 운동을 하고 싶은가? 산책하고 싶은가? 물을 마시고 싶은가? 재밌는 영화를 보고 싶은가? 맛있는 식사가 필요한가? 이 순간 내가 원하는 것을 나에게 주자. 너무 뻔한 말처럼 들릴지 모르지만, 자신에게 뭔가를 주는 연습은 마음의 근육을 키우는 것과 같다.

솔직하게 소통하는 법

사랑하는 사람과 사이가 좋지 않을 때, 내가 설득하고 애원하고 협상하는 패턴에 빠져 있지 않은지 확인해야 한다. 둘 사이가 얼마나 특별했는지, 함께 있는 시간이 얼마나 좋았는지 설득하려고 상대에게 같은 얘기를 반복하거나 편지를 쓰는 일은 그만하자. 사귀는 사람(또는 적어도 3개월 이상 만난 사람)이 나에 대해 확신하지 못한다면, 억지로 사랑을 얻으려 애쓰지 말아야 한다. 그 사람이 나를 원하게 하려고 더 많은 걸 주고 더 좋은 사람이 되려고 노력하는 것도 그만두자.

우리가 유일하게 해야 할 일은, 끝이 보이는 관계에 대해 솔직한 태도와 진실한 마음으로 상대와 소통하는 것이다. 아래와 같은 대화를 시도해 보자. 말로 표현하기 어렵다면 편지를 쓸 수도 있다.

- "관계를 끝내는 게 내가 원하는 건 아니지만, 당신이 그렇게 결정했다면 받아들이려고 해. 지금도 당신을 아끼고, 좀 더 노력해 보고 싶지만, 혼자서는 할 수 없는 일이니까."

- "너에 대한 내 감정이 점점 커지고 있고, 나는 좀 더 진지한 관계

를 원해. 네가 아직 마음의 준비가 되지 않았다고 해도 괜찮아. 하
지만 이런 애매한 상태로 계속 지낼 수는 없어."

- "난 당신을 아끼고, 함께 시간을 보내는 것도 좋아해. 하지만 사
실 나는 서로의 성장을 응원하며 함께 인생을 꾸려 갈 수 있는 관
계를 원해. 우리가 같은 마음이 아니라면, 이쯤에서 각자의 길을
가는 게 최선일 것 같아."

상대와 소통을 해 봐도 내 기본적인 욕구가 충족되지 않을 때, 또는
관계에서 두 사람이 기대하는 바가 서로 다를 때:

- "당신을 사랑하지만, 나는 나 자신이 더 소중해. 더는 이런 식
으로 지낼 수 없을 것 같아. 이건 당신 잘못이 아니야. 이제는 내가
원하는 걸 찾아 떠나는 게 좋겠어."

내 탓의 늪에 빠지지 않기

상대가 나를 사랑하거나 나에게 헌신하도록 설득할 수 없다는
사실이 분명해지면, 그건 내가 사랑받을 만한 사람이 아니라서 그
렇다는 생각이 들 수 있다. 자신이 가치 없는 사람이라는 이 거짓
말을 믿는 것이 나를 원하지도 않는 사람을 계속 쫓아다니는 패턴
에 갇히게 만드는 원인이다.

어맨다와 올리비아를 기억하는가? 피터가 어맨다를 선택하지 않은 것은 어맨다와 아무 상관이 없었다. 단지 그 남자는 아내에게서 벗어날 수 없었을 뿐이다. 올리비아와 스티브는 사이가 단절된 채 지내다 서로를 소외시킨 문제를 안고 있었다. 많은 사람이 이별을 택하는 이유는 자신의 고통을 끝내고 싶어서다. 그러니 내가 부족해서 그런 일이 벌어졌다는 생각은 이제 그만하자.

자신과의 약속

때로는 내가 사랑하는 사람이 나를 더 이상 사랑하지 않을 수 있고, 내가 너무나도 간절히 원하는 사람이 그 정도로 나를 간절히 원하지 않을 수도 있다. 사랑은 결코 한쪽이 애써 노력한다고 얻어지는 것이 아니다. 두 사람이 감정을 서로 주고받아야 관계가 원활하게 굴러간다. 시기와 상황도 잘 맞아떨어져야 한다. 한 사람이 떠나고 싶어 하거나, 상대편과 같은 마음이 아니거나, 관계에 전념할 수 없는 상황에 있다면, 그 관계가 억지로 잘 유지되게 만들 수는 없다. 만약 그런 현실을 받아들이지 않는다면, 우리는 다른 사람에게 자기 삶의 주도권을 내어 주게 된다.

이제 나 자신과 약속의 글을 작성하고 지킬 때다. 스스로 진심을 담았다고 느껴지도록 써야 한다. 가능하면 이 약속을 적어서 매일 볼 수 있는 곳에 붙여 두길 권한다. 다음을 참고하자.

나는 더 이상 선택받기를 기다리는 사람으로 살지 않겠다고 나 자신과 약속한다. 누가 나에게 맞는 사람인지 스스로 정할 것이며, 서로 마음이 통하고 삶의 방향이 일치할 때만 그 관계에 시간과 에너지를 쏟을 것이다.

나는 마음을 다하지 않는 관계를 더는 받아들이지 않겠다고 약속한다. 애매한 관심, 불확실한 태도에 나를 맞추는 대신, 내 욕구와 감정을 솔직하게 표현할 것이다. 만약 상대가 어떤 이유에서든 나와 같은 마음이 아니라면, 그 사실을 받아들이고 떠날 것이다. 나는 관계를 개선하기 위해 할 수 있는 최선을 다하겠다고 약속한다. 하지만 혼자만 노력하는 일은 하지 않겠다. 상대가 관계를 끝내길 원한다면, 내가 느끼는 아픔과 바라는 바를 솔직히 말하되, 그래도 그 사람이 떠나길 원한다면 붙잡지 않고 놓아 줄 것이다.

나는 두 번 다시 나를 원하지 않거나, 무관심하거나, 나와 맞지 않는 사람의 마음을 얻으려 애쓰지 않겠다고 약속한다. 나는 사랑받기에 충분한 사람이 아니라는 이야기를 스스로에게 하지 않을 것이다. 내 선택에는 내가 책임을 지며, 또 다시 거절당한다 해도, 내가 가치 없는 사람이어서 그렇다는 거짓말은 하지 않겠다.

누구도 나를
구하러 오지
않는다

모든 인간은 정서적 결핍을 안은 채, 온전한 자기 자신이 되기를 갈망하며 살아간다. 그러다 자신에게 꼭 맞는 상대를 만나면, 그 사람이 나를 행복하게 해 줄 거라고 생각한다. 어쩌면 초반에는 그럴 수도 있다. 하지만 또 다른 불완전한 인간에게 자신의 행복을 의존할 때, 아이러니하게도 그 의존이 결국 우리를 불행으로 이끈다. 아무리 나와 잘 맞는 사람이라 해도, 그 사람이 항상 나를 안전하고 행복하게 해 줄 수는 없다. 상대의 한계를 깨닫는 순간, 우리는 무너진 기대감의 무게에 짓눌리게 된다. 실망하고, 상처받고, 진실 6에서 소개한 로렌처럼 도리어 상대를 탓하며 분노를 느낄 수도 있다.

우리가 타인과 관계를 맺고 싶어 하는 가장 큰 이유는 긍정적인 감정을 극대화하기 위해서다. 기쁨, 설렘, 유대감 같은 감정을 더 많이 느끼고 싶어서다. 하지만 사랑에 빠지는 초기 단계를 지나 헌신하는 단계로 들어서면, 불편한 현실을 마주해야 하는 순간이 찾아온다. 내가 안고 있던 문제들이 여전히 그대로 존재하며, 그걸 직접 해결해야 한다는 사실을 새삼 깨닫게 된다. 혼자 지낼 때 느꼈던 공허함도 그대로고, 마음에 들지 않았던 직장 일도 여전히 내 일이다. 잠시 잊고 있었던 불안감도 다시 찾아온다. 완벽하다고 믿었던 그 사람도 사실은 나와 똑같이 결점 많은 존재임을 알게 된다.

진실은 이렇다. 관계란 우리를 행복하게 만들어 주는 게 아니라, 이미 있는 행복을 더 크게 만드는 것이다. 삶에서 우리를 구해 주는 게 아니라, 삶의 질을 더 낫게 만드는 것이며, 부정적인 감정으로부터 우리를 보호하는 게 아니라 긍정적인 감정을 더 크게 느끼도록 하는 것이다. 파트너가 주는 사랑과 정서적 유대감은 분명 우리의 인생 길을 좀 더 수월하게 만들어 준다. 하지만 그 길을 실제로 걸어가야 하는 사람은 결국 우리 자신이다.

우리는 관계 속에서 안정을 느껴야 하지만, 연인이 안정감을 주는 유일한 존재여서는 안 된다. 연인에게 사랑받고 연결되어 있다고 느껴야 하지만, 그 관계가 우리가 느끼는 사랑과 유대감의 전부여서는 안 된다. 우리는 연인에게 자신이 충분한 사람이라고 느끼고 싶어 한다. 하지만 스스로 충분하다고 느끼지 못한다면, 그 어떤 관계에서도 충분하다고 느낄 수 없다. 우리는 관계 속에서 행복하길 원한다. 하지만 스스로 기쁨을 찾는 법을 알지 못한다면, 그 누구도 우리를 지속적으로 행복하게 해 줄 수는 없다.

나와 꼭 어울리는 운명의 상대가 내 불행을 해결해 줄 거라는 기대가 우리 문화에 깊이 뿌리내리고 있다. 사람들은 수 세기 동안 로맨스 소설과 영화에 영향을 받아 사랑이 모든 걸 해결해 준다고 믿게 되었다. 새로운 관계를 시작한 이들은 '아, 다행이다. 이제 내 연인과 우리의 사랑이 모든 걸 다 좋아지게 만들 테니까 나는 아무것도 하지 않아도 되겠어'라고 생각하면서, 대부분은 자신이 그런 생각을 한다는 것조차 인지하지 못한다.

case study 1 ▶ 사랑과 사랑에 빠진 낭만주의자

케이시는 내가 관계 코치로서 일을 막 시작했을 때 만났던 사람이다. 스물아홉 살의 케이시는 캘리포니아 출신에 요가를 좋아하고, 심리학과 자기 계발에 관심이 많았다. 이혼한 부모 밑에서 외동딸로 자란 그녀의 꿈은 어린 시절부터 좋은 남자와 결혼해서 가정을 이루는 것이었다. 어린 케이시는 감수성이 풍부하고 상상력이 뛰어난 아이였다. 몇 시간씩 장난감을 가지고 혼자 놀면서, 언젠가 키 크고 멋진 기사님과 사랑에 빠져 결혼하는 꿈을 꾸곤 했다. 상상 속 친구와 자주 이야기를 나눴으며, 엄마 옷을 입고 인형 셋을 유모차에 태우고는 집 안을 이리저리 뛰어다니며 노는 것도 좋아했다. 십 대 시절에는 이뤄지지 않은 사랑에 관한 노래를 들었고, 제인 오스틴과 에밀리 브론테의 소설을 읽었으며, 로맨틱 코미디 영화를 즐겨 보았다.

한편, 맨해튼의 콘크리트 숲에서 두 언니와 함께 자랐고, 열다섯 살부터 클럽에 다니기 시작한 나는, 겉으로 보기에 케이시와 완전히 다른 삶을 산 것처럼 보였다. 그런데도 나와 정말 닮은 사람을 만났다고 느낀 건 케이시가 처음이었다. 나 역시 예민하면서도 상상력이 풍부한 아이였고, 상상 속 친구가 있다는 점도 같았다. 몇 시간씩 혼자 놀면서 엄마 옷을 입고 어른 흉내를 냈고, 반짝이는 갑옷을 입은 기사와 사랑에 빠지는 상상을 했었다.

누군가 코칭을 받기 위해 찾아오면, 나는 항상 과거 연애에 관해 먼저 물어본다. 그 사람이 반복하는 관계 패턴이나 끌리는 사람의 유형을 파악하는 데 도움이 되기 때문이다. 케이시의 연애 이력을 듣고 나는 그리 놀라지 않았다. 그녀는 크리스라는 남자와 5개월간 애매한 관계를 맺은 적이 있었다. 크리스는 카리스마 있고 지적이며 자기애가 강한 바람둥이였는데, 케이시는 그런 그에게 강하게 끌렸다. 크리스를 만났을 당시, 케이시는 1년 넘게 사귀는 사람이 없었다. 기사님과 사랑에 빠지는 상상을 하며 살아온 사람에게 그 시간은 몹시 괴롭고 초조했다. 늘 누군가를 기다리는 상태였고, 인생에 남자가 없다면 결코 진정으로 만족할 수 없을 것 같았다.

이렇게 혼자인 상태를 견디지 못하는 불안감은 케이시가 제대로 된 연애를 하지 못하게 만드는 요인이었다. 외로움을 많이 타고 남성의 관심에 목말라했기에, 그녀는 크리스 같은 나쁜 남자에게 쉽게 넘어갔다. 크리스는 케이시 같은 여자를 표적으로 삼아 확실하게 유혹하는 법을 알고 있었다. 호의적인 말과 칭찬으로 환심을 산 뒤, 고급스러운 식당에 데려가 저녁을 먹고, 주말에는 카리브해에 있는 5성급 리조트에서 즐거운 시간을 보냈다. 두 사람은 인생의 의미에 관해 긴 철학적인 대화를 나누기도 했는데, 케이시가 좋아하는 주제였기에 그녀는 크리스와 얘기가 정말 잘 통한다고 느꼈다.

그러나 불행하게도 자기애 강한 바람둥이가 흔히 그렇듯, 크리스는 금세 믿음이 가지 않는 모습을 보이기 시작했다. 케이시와 건실하게 인생을 꾸려 가기보다는 파티와 섹스를 즐기는 데 더 큰 관심을 보였다. 그러던 어느 날 저녁, 데이트를 하기 위해 데리러 오겠다던 그는 끝내 나타나지 않았다. 아무리 연락을 해 봐도, 문자나 전화에 어떤 답도 하지 않았다.

그 전에 케이시는 팀이라는 남자와 만났다. 주위 사람을 잘 보살피는 성향의 팀은 케이시보다 나이가 스무 살이나 많아 민

음직스러운 아버지 같은 사람이었다. 문제는, 팀에게 이미 두 자녀가 있어 더는 아이를 낳고 싶어 하지 않는다는 점이었다. 케이시는 아이를 몹시 원했음에도 불구하고 팀과 계속 관계를 이어 갔다. 혹시라도 시간이 지나면 그의 마음이 바뀌지 않을까 기대 했지만, 예상대로 그런 일은 일어나지 않았다. 언젠가 엄마가 되길 꿈꾸는 케이시를 위해 마침내 팀이 먼저 결단을 내리고 둘 사이를 정리했다.

그리고 에릭이 있었다. 그는 케이시가 어린 시절부터 꿈꿔온 모든 조건을 갖춘 남자였다. 키가 크고 잘생겼으며, 집안도 좋고, 경제적으로 안정되어 있고, 아이도 원했다. 조건만 보면 완벽했지만, 두 사람은 본질적인 면에서 서로 맞지 않았다.

야외 활동이 취미인 에릭은 하이킹을 가거나 자전거 타는 걸 좋아했다. 그가 생각하는 완벽한 여행이란 한겨울 추위에도 캠핑을 가는 것이었다. 반면, 케이시는 야외 활동을 좋아하지 않았고, 캠핑은 특히 싫어했다. 그녀는 미술관에 가는 걸 즐겼고, 스파에서 마사지를 받거나 해변에서 시간을 보내는 것을 이상적인 여행으로 생각했다. 케이시는 신과 영성, 인생의 의미에 관해 철학적인 대화를 나누길 좋아했지만, 에릭은 무신론자였다. 케이시에 따르면, 에릭은 그녀의 유머 감각을 이해하지 못했고, 반대로 그가 하는 유머가 케이시에게는 왠지 무례하게 느껴졌다. 광고 분야에서 일하던 케이시는 일을 그만두고 전업주부가 되고 싶었지만, 에릭은 아내가 아이를 낳은 후에도 계속 일하길 원했다.

이렇게 서로 안 맞았는데도 두 사람은 거의 2년을 함께 지냈고, 자주 다퉜다. 결국 에릭이 먼저 헤어지자고 하자, 케이시는 큰 충격을 받았다. 그녀가 나를 찾아온 건 그 무렵이었다.

케이시는 사랑 자체를 사랑하는 사람이었고, 일곱 살 때부터 자신을 구하러 올 기사님을 끊임없이 기다리며 지냈다. 사랑과 사랑에 빠진 낭만주의자의 가장 큰 문제점은, 혼자일 때 삶에서 의미를 찾기 힘들다는 것이다. 그래서 자기와 전혀 맞지 않는, 만족하기 힘든 관계에 자신을 가두곤 한다. 사랑 없이 혼자 있는 것보단 차라리 그게 낫다고 생각하기 때문이다.

실제로 케이시는 조금이라도 자신의 기사가 될 가능성이 있어 보이는 사람이면 쉽게 마음을 줬다. 낭만주의자들이 관계의 주도권을 내주는 과정은 이런 식으로 이뤄진다. 이들은 분별력을 유지하고 인내심을 발휘하는 대신, 잘못된 사람과 관계를 유지하면서 자신을 희생한다.

크리스는 카리스마로 케이시의 눈길을 끈 뒤, 전형적인 '애정 공세'를 퍼부었다. 멋진 곳에 데려가고, 계속해서 칭찬을 하고, 있어 보이는 그럴듯한 대화로 마음을 사로잡았다. 이런 대접을 받으면 많은 여성이 넘어가기 십상이지만, 특히 싱글일 때 공허함을 느끼는 속수무책의 로맨티스트에게는 더더욱 거부하기 힘든 유혹이다.

팀은 안정되고 균형 잡힌 사람이었지만, 케이시와는 인생의 완전히 다른 단계를 지나고 있었고, 가정을 이루고 싶다는 그녀의 욕구를 충족시켜 주지도 못했다. 그럼에도 어릴 때부터 아버지와 떨어져 지냈던 케이시는 이 나이 많은 남자에게 자연스럽게 끌렸다.

에릭은 여러 면에서 케이시와 맞지 않아 좋은 결혼 상대가 아니었는데도, 그와 함께 인생을 꾸려 나갈 꿈에 부풀어 있던 케이시는 그런 상황을 냉정하게 보지 못했다. 에릭과 헤어지고 극도로 불안해진 케이시는 평생 혼자가 될지도 모른다는 두려움에 사로잡혔다.

나는 혼자일 때도 행복한 사람인가

그동안 만난 세 명의 남자에 관해 얘기하는 케이시는 무척이나 슬프고 좌절한 것처럼 보였다.

"정말 답답해요. 이 사람들이 전부 저를 저버린 것 같은 기분이 들어요. 전 이렇게 혼자 남았고요."

어쩐지 케이시에게는 아주 직설적으로 말해도 괜찮을 거라는 생각이 들었다. 그녀가 자기 성찰과 도전에 큰 가치를 두는 사람이라는 것을 알았기 때문이다. 그래서 나는 있는 그대로 말하기로 마음먹었다.

"어떤 기분일지 이해해요. 하지만 이 남자들이 정말로 당신을 저버린 건 아니에요. 그저 당신과 전혀 맞지 않았고, 경고 신호가 있었지만, 당신이 그걸 보려고 하지 않았던 거죠. 보시다시피, 아무도 당신을 구하러 오지 않아요, 케이시. 당신을 데려가 영원히 행복하게 해 줄 그런 기사님은 없어요. 사랑이 모든 걸 해결해 주지도 않고, 사랑만으로는 관계를 오래 유지할 수도 없어요."

케이시의 눈이 커졌다. 나는 문득 다섯 살짜리 아이에게 산타클로스는 존재하지 않는다고 말하는 듯한 기분이 들었다.

"'정말로' 존재하는 건 인생을 함께 만들어 갈 사람이에요. 당신이 살면서 시련을 겪을 때 옆에서 도와주고, 또 상대방이 힘든 시기를 보낼 때 당신이 의지가 되어 줄 사람이요. 함께 인생을 즐기고, 재미있는 일도 같이하고요. 하지만 그 사람이 당신을 구하러 당신 인생에 찾아오는 건 아니에요. 왜냐하면 당신은 구해야 할 대상이 아니거든요. 많은 사람이 그런 것처럼, 당신도 혼자라면 인생이 무의미하다고 착각하고 있는 거예요. 그건 사실이 아니죠. 저는 당신의 연애를 응원하지만, 그렇다고 아무 연애나 응원하지는 않아요. 당신에게 꼭 맞는 사람을 만나야죠. 그리고 그런 사람을 만날 때까지 계속 괴로워하며 사는 것도 옳지 않다고 생각해요."

케이시는 내 말을 이해한 표정이었고, 몸의 긴장도 풀리는 듯 보였다. 내 생각이 제대로 전달된 것 같아 나 역시 마음이 놓였다.

드디어 내가 늘 받는 그 질문이 나왔다.

"그렇지만 '어떻게'요? 혼자인데 어떻게 괜찮을 수 있죠? 그리고 결혼할 남자는 어떻게 만나고요?"

"흠, 이런 말 해서 미안한데, 일단은 혼자 잘 지내는 것부터 시작해야 해요. 혼자 있는 시간을 더 가치 있게 느낄 수 있게 제가 도와드릴게요."

그 후로 케이시와 함께한 6개월은 많은 것을 깨닫게 한 시간이었고, 지금까지도 내 신념과 일에 커다란 영향을 미치고 있다. 누구든 스스로 원하면 바뀔 수 있고, 깊이 뿌리박힌 신념과 조건화를 극복해 삶에 도움이 되는 더 나은 선택을 할 수 있다는 사실을 케이시 덕분에 확신하게 되었다.

당시 나는 기껏해야 스무 명 정도를 상담한 경험이 전부여서, 내 코칭이 효과가 없을까 봐 무척 긴장하고 있었다. 내가 단계별로 제안하는 내용을 그녀가 거부하고, 더 이상 코칭을 받고 싶지 않다고 말할까 봐 걱정도 됐다. 그녀는 이전에 심리 치료를 받은 적이 있었고, 연애 코치의 상담도 잠깐 받은 적이 있다고 했다. 내가 그녀를 도울 수 없다면 어떡하지? 예전에 만난 남자들처럼 내가 그녀를 실망시키면 어떡하지? 머릿속이 복잡했다.

다른 전문가의 눈에 케이시는 '사랑 중독' 혹은 '공의존타인의 인정과 필요에 의존하여 자존감을 유지하려는 관계 패턴—옮긴이' 상태로 보였을 수 있다. 이제 와 돌이켜 보니, 실제로 그런 모습을 일부 가지고 있기도 했다. 하지만 그녀를 코칭할 때, 나는 겉으로 드러나지 않은 모습을 보려고 노력했다. 그녀를 단순히 사랑에 중독된 사람으로 보지 않고, 연인의 사랑을 통해 단조로운 삶에서 구원받아야 한다고 믿도록 조건화된 사람으로 보았다. 실연으로 낙담한 사람이 아니라, 아직 깨닫지 못한 내면의 힘과 깊이를 지닌 사람으로 보았다. 그렇게 나는 그녀의 잠재력을 보았고, 운이 좋게도 그녀 역시 기꺼이 달라지려고 노력해 주었다.

내가 케이시에게 제안했던 내용은 이런 것들이다. 먼저, 6개월 동안은 누구와도 데이트하지 않겠다고 의식적으로 선택할 것. 그리고 당시 케이시에게는 가깝게 지내던 친구 모임이 있었는데, 그중 몇 명이 연애 중이라는 사실이 혼자인 그녀를 더 불안하게 했다. 그래서 케이시는 싱글인 친구들과 더 자주 만났고, 그들과 힘든 연애에 관해 하소연을 늘어놓거나 악몽 같았던 데이트 경험을 공유하며 지냈다. 내가 보기에, 그런 대화는 오히려 서로의 두려움만 부추긴다는 생각이 들었다. 나는 케이시에게 남자나 연애와 전혀 상관없는 활동, 예를 들면 전시회나 콘서트 관람, 하이킹, 요가, 서핑 같은 것을 친구들과 함께 해 보라고 조언했다. 남자를 찾으러 다니거나 혹은 남자 이야기조차 하지 않는, 흥미롭고 신나는 경험을 하는 게 여러 면에서 도움이 될 것 같았다.

그런 뒤에는 커플인 친구들과 그들의 파트너와 더 자주 시간을 보내라는 과제도 내 주었다. 예전에는 짝이 있는 친구들을 보며 질투하고 자신의 처지를 비관했다면, 이번에는 커플들을 유심히 관찰하면서 그들에게서 본받고 싶은 점이나 자신의 가치관과 맞지 않다고 느껴지는 점들을 기록해 보라고 했다.

나는 케이시에게 아버지와 함께하는 시간을 더 늘려 보라고도 했다. 아주 어렸을 때부터 아버지의 물리적 부재가 분명 그녀의 마음속에 큰 상처로 남았을 거라는 판단에서였다. 평소 케이시가 아버지와 직접 만나는 횟수는 한 달에 한 번도 되지 않았지만, 그래도 아버지를 사랑한다고 했다. 그녀가 아버지와 좀 더 의미 있는 시간을 보내겠다고 결정했을 때, 나는 정말 기쁘고 안심이 됐다.

그리고 슬프거나 외로운 날, 미래에 대한 불안과 자기 의심으로 마음속이 복잡할 때, 긴 산책을 하거나 친한 친구에게 전화하거나 기분 전환이 되는 음악을 들으며 스스로 감정을 조절하라고 알려 주었다. 또한 두려운 생각이 들 때마다 모두 글로 적어 내게 보내도록 했다. 처음 몇 달 동안은 그런 내용을 적은 문자가 거의 매일 왔고, 그중 일부는 편지만큼 긴 것도 있었다. 그러다 문자가 오는 횟수가 차츰 줄어들었다.

케이시는 대개 연애 중에만 하던 활동들을 혼자 또는 친구와 하며 주말을 보냈고, 주위 커플들과도 꾸준히 만나 그들의 관계를 관찰하고 기록했다. 그렇게 5개월이 지났을 때, 케이시가 내게 정말 놀라운 말을 했다.

"이번 여름에 이탈리아에 갈까 생각 중이에요. 혼자서요."

나는 막 한 모금 마신 물에 거의 사레가 들릴 뻔한 걸 겨우 삼켰다. "정말요? 혼자 간다고요?"

"네. 사실은 남자 친구랑 함께 가고 싶다고 늘 생각했는데, 그동안 아무도 가려고 하질 않았어요. 그래서 그냥 제가 저의 친구가 되어 혼자라도 가야겠다고 결심한 거죠!"

"친구랑 같이 가는 건 어때요?" 나는 떠보듯 물었다.

"안 그래도 그 생각도 했어요. 하지만 혼자 여행하는 거 정말 해 보고 싶었는데, 그동안 엄두가 나지 않았거든요. 지금도 무섭긴 한데, 한편으로는 엄청나게 기대돼요. 빨리 가고 싶은 마음이 더 커요."

문득 케이시가 완전히 다른 사람처럼 보였다. 지금 내 앞에는 자신을 구원한 한 여성이 나를 보며 장난스러운 표정으로 웃고 있었다. 그녀를 꼭 껴안아 주면 좋겠다고 생각하며, 나도 같이 웃어 주었다.

구원자 역할 패턴
알아차리기

반짝이는 갑옷을 입은 기사가 사랑으로 자신을 구해 줄 거라는 신화를 믿는 여성이 많은 것처럼, 남성 중에도 사랑받을 자격을 얻기 위해 연약한 여인을 구해 주는 영웅이 되어야 한다고 믿는 사람이 많다. 이런 남자들은 어떤 식으로든 마음에 상처를 입고 도움을 필요로 하는 여성에게 자연스럽게 끌리는 경향이 있는데, 이는 서로를 만족시킬 수 없는 복잡한 관계로 이어지곤 한다. 자신이 중요하고 필요한 사람이라고 느낄 수 있을지는 몰라도, 상대와 진정으로 연결됐다는 느낌을 받기는 어렵기 때문이다. 어느 시점이 되면, 남자는 자신이 상대를 구할 수 없고, 정서적 공허함을 채워 주지도 못한다는 것을 알게 된다.

여성 중에도 구원자 역할을 자처하는 사람이 있다. 진실 7에서 소개한 어맨다를 기억하는가? 그녀는 순탄하지 않은 결혼 생활로 힘들어하는 피터를 치유해 주려고 무의식적으로 노력했다. 공감 능력이 뛰어난 사람들, 가령 교사나 심리 치료사, 상담가로 일하는 사람 대부분이 남을 돕는 걸 좋아한다. 타인의 잠재력을 알아보고, 그 사람이 자신의 가능성을 실현하도록 돕는 데서 인생의 의미를 찾는다. 사랑하는 사람의 가능성을 발견하는 것은 멋진 일이다. 문제는, 현재 그 사람의 모습을 있는 그대로 받아들이지 않고 바꾸기를 바랄 때 생긴다. 또한 타인의 성장, 치유, 변화에만 집중할 때, 자신의 욕구와 잠재력에는 신경 쓰지 못하게 된다.

분명히 해 두자. 누군가와 관계를 맺을 때 상대에게 정서적으로 몰입하는 것은 당연한 일이다. 그 사람과 같은 편이 되어 주고, 가장 든든한 지지자이자 응원자가 되어 주어야 한다. 그러나 상대를 내가 추진할 프로젝트로 만들어서는 안 된다. 그 사람의 문제는 그 사람의 것이지 우리가 해결해야 할 과제가 아니기 때문이다.

내가 치유하거나 고쳐 줘야 하는 사람과 사귀어서는 안 된다. 우리에게 필요한 건 파트너지 환자가 아니다. 그리고 항상 기억하자. 중요한 건 그 사람이 아니라 우리 자신이다. <u>자신이 누군가를 바꾸거나 변화의 동기가 될 수 있다고 믿는 생각 패턴을 끊는 것이 핵심이다.</u> 아무리 노력해도, 다른 사람이 겪은 과거를 없던 일로 만들 수는 없다. 그 사람이 자신의 상처를 직접 마주하지 않는 한, 우리가 그걸 대신할 수는 없다.

다음은 우리가 관계에서 해결사 또는 구원자 역할을 반복하는 패턴을 보인다는 몇 가지 신호들이다.

- 문제가 있거나 자기 성찰이 필요한 사람을 파트너로
  선택한다. 그 사람은 뭔가에 중독됐을 수도 있고, 아직 해결하지 못한 상처를 가졌을 수도 있다.

- 상대가 가진 '가능성'에 끌린다. 정작 그 사람은 변하려는 의지가 없는데도, 당신은 변화의 가능성이 있다고 생각하며 계속 옆에 머문다.
- 이별, 이혼이나 상실 등 인생에서 특히 힘든 시기를 지나고 있는 사람을 선택한다.
- 자신이 종종 파트너의 부모나 멘토, 심리 치료사가 된 듯한 기분이 든다.
- 파트너를 도와주고 싶은 마음에, 자신이 하는 좋은 것을 그 사람에게도 모두 알려 준다. 그 사람의 인생에서 중심을 잡아 주는 존재처럼 행동하며, 항상 조언을 건넨다.
- 파트너가 이전 관계에서 문제가 있었는데도(바람을 피웠거나, 거짓말을 자주 했거나, 마음을 열지 못했거나, 지속적인 관계를 맺은 적이 없는 등) 그 사람의 행동을 정당화하면서 나와 함께할 때는 다를 거라고 생각한다.
- 파트너에게 간섭하는 경향이 있고, 그 사람이 습관을 없애거나 바꾸도록 강요하기도 한다.

이런 패턴을 깨는 데 필요한 방법을 이번 장 끝에 정리해 놓았다. 우리가 자신의 잠재력을 실현하는 것을 중요하게 여길 때, 더 이상 관계를 현실 도피 수단으로 이용하지 않게 된다. 자신을

구하는 법을 배울 때, 다른 사람을 구해야 할 필요도 사라질 것
이다.

case study 2 ▸ 연인이 내 삶의 전부가 될 때

삶이 길을 잃은 것처럼 느껴질 때, 우리는 삶의 방향키를 바
로잡는 데 집중하기보다 관계를 핑계 삼아 이를 회피하려 한다.
일상에 새로운 경험이 주는 신선함이나 모험이 부족할 때도, 관
계를 이용해 삶에서 놓치고 있는 것들을 외면하려 한다.

진실 3에서 소개한 애덤을 기억하는가? 나는 그가 전 여자
친구 안드레아처럼 겉모습만 잘 꾸민 사람보다, 좀 더 현실적이
고 바람직한 가치관을 가진 여성을 만나도록 돕고 싶었다. 그런
데 가장 우려됐던 점은, 애덤이 스스로 뭘 해야 할지 모르는 상
태였고, 인생의 목적을 찾는 데 필요한 의지나 욕구가 잘 보이지
않는다는 것이었다.

나는 1년 반 동안 애덤을 코칭하면서 삶에서 더 큰 의미를
찾게 하는 데 집중했다. 그는 제약회사 영업부에서 일했는데, 자
기가 하는 일에 그리 만족을 느끼지 못하고 있었다. 스포츠를 좋
아했지만, 시간이 없다는 핑계로 하지 않았다. 여행을 좋아하
고 어디든 갈 수 있을 만큼 경제적 여력이 있는데도, 집을 나서

는 일이 거의 없었다. 기댈 수 있는 좋은 친구들이 없는 것도 아니었다. 친구들이 함께 저녁을 먹자거나 모임을 갖자고 부르는데도 그는 주로 혼자 시간을 보내며 고립된 생활을 했다. 애덤은 확실한 것만을 추구했다. 어떤 위험도 감수하지 않았고, 그날이 그날 같은 단조롭고 절제된 삶을 살았다.

나와 전화 상담을 하던 중, 애덤이 대뜸 이렇게 말했다. "제 삶이 전혀 만족스럽지가 않아요."

"알아요. 그럴 수밖에요." 나도 직설적으로 대답했다.

그날 상담에서 애덤은 나오미라는 여자와 만나고 있다고 말했다. 전 여자 친구에게 차인 지 대략 5개월이 지났을 무렵이었다. 나는 그 소식을 듣고 적잖이 안도했는데, 사람 보는 눈을 키워 주려고 했던 노력이 헛수고가 아니었다는 생각이 들어서였다.

나오미는 안드레아와 비슷한 구석이 전혀 없었다. 외모도 완전히 달랐을 뿐 아니라 좀 더 확고한 가치관을 가진 사람처럼 보였다. 결혼까지 이어질 진지한 관계를 찾고 있었고, 유대인이기도 했다. 애덤은 자기 아이에게 유대교 신앙을 물려주고 싶어 했기 때문에, 같은 종교를 가진 사람을 만나는 게 중요했다. 나오미는 매우 성실한 직장인이었고, 기술 관련 중소기업에 다니며 스스로 생계를 유지하고 있었다. 또한 다양한 사람들을 주변에 두었고, 친구들과 흥미로운 일에 도전하며 의미 있는 시간을 보내는 걸 좋아했다. 여행을 즐겼고, 주말마다 새로운 경험을 하려고 노력했다. 그녀는 애덤이 삶에서 놓치고 있는 걸 다 갖춘 사람이었다.

가끔 우리는 꼭 필요하다는 걸 알면서도 두렵고 결단력이 부족해서 변화를 시도하지 못할 때가 있다. 그렇게 어딘가에 갇힌 기분이 들 때, 새로운 연인을 만나 삶을 확장할 동기를 얻게 되기도 한다. 하지만 이런 기회가 왔을 때 스스로 변하려는 생각은 하지 않고, 연인이 자신을 불만족스러운 상황에서 구해 주길 바라며 의존하게 되는 경우가 더 흔하다. 애덤도 그랬다.

그는 오로지 나오미에게만 집중했다. 자기 친구들과 약속을 잡는 대신, 그녀가 시간이 날 때만을 기다렸다. 나오미가 친구들과 약속이 있으면, 그는 나오미가 집에 돌아가서 전화를 걸어 줄 때까지 소파에 앉아 있었다. 애덤은 나오미와 '함께 있던지', 나오미를 '기다리던지' 둘 중 하나였다. 그의 삶에는 주의를 사로잡는 다른 관심사가 없었기에, 모든 삶의 초점이 나오미와의 관계에 맞춰졌다. 두 사람은 10개월 동안 연인 관계를 이어 갔지만, 결국 나오미가 먼저 헤어지자고 말했다.

앞서 말했듯, 연애의 성공은 주로 두 가지 선택에 의해 좌우된다. 하나는 내가 어떤 사람을 연인으로 선택하느냐고, 다른 하나는 그 관계에 어떤 태도로 임하느냐다. 과거에 만났던 사람과 비교했을 때 애덤이 나오미 같은 여자를 선택한 걸 보면, 그가 한 단계 성숙한 것은 분명했다. 하지만 여기서 쓰라린 진실은,

우리가 자기 내면을 들여다보며 감정적 공허를 채우기 위해 스스로 노력하지 않는다면, 그 역할을 사랑하는 사람에게 떠넘겨 너무 많은 부담을 주게 된다는 사실이다. 요컨대, 연인이 우리를 구해 주기를 기대하게 된다는 말이다.

애덤은 자신의 본모습에서 멀어져 있었다. 사람과의 연결을 중시했지만, 동료나 친구들과 함께 시간을 보내지 않았다. 성장을 중시했지만, 심리적 안전지대 밖으로 나가려 하지 않았다. 자기 직업을 싫어하면서도, 영감을 주는 다른 일을 찾아보려고 하지 않았다. 스스로 인정했듯이, 그의 삶은 전혀 만족스럽지 않았고, 그는 무의식적으로 나오미를 이용해 거기서 벗어나려고 했다.

결과적으로 애덤의 세계는 나오미에게 너무 좁았다. 그녀는 그의 전부가 되어야 한다는 사실에 큰 부담을 느꼈다. 그래서 결국 둘 사이를 끝냈다.

이 이야기를 듣고 '내 세계가 너무 좁은 건 아닐까?' 하고 미리 걱정할 필요는 없다. 애덤의 이야기는 당신을 겁주거나 불안하게 만들려는 게 아니다. 단단하고 오래가는 관계를 맺기 위해 세계 여행을 다녀와야 한다거나, 여러 친구와 모임을 가져야 한다거나, 끊임없이 새로운 경험을 추구해야 하는 것은 아니다. 다만 당신에게 의미 있는 삶을 살아야 하는 건 분명하다. 우리가 살아가는 방식이 우리가 만나고 싶은 사람과 꼭 맞아떨어져야 할 필요는 없지만, 분명한 목적이나 계획 없이 살아가는 상대에게 끌리는 사람은 별로 없기 때문이다.

나오미와 헤어지고 슬퍼하는 애덤을 보며 나도 마음이 좋지 않았다. 하지만 동시에, 그에게는 이런 경험이 꼭 필요하다는 걸 알고 있었다. 나오미는 애덤을 구해 줄 마음이 전혀 없었고, 그건 오히려 다행스러운 일이었다. 그는 자신을 구하는 법을 스스로 터득해야만 했다.

행복보다 중요한 삶의 의미

대부분의 사람은 연인이 자신을 행복하게 해 주어야 한다고 믿는다. 그래서 "그 사람은 나를 행복하게 해 주지 않아"라거나 "함께 있어도 행복한 것 같지 않아"라며 불평한다. 때로는 주변 사람, 특히 가족들이 "그 사람이 널 행복하게 해 주니?"라고 묻기도 한다. 그런 질문을 받으면 우리는 자신이 행복하다는 증거를 찾으려고 마음속을 들여다본다. 그러다 찾지 못하면, 상대가 나를 실망시켰다고 여기며 서운함과 원망을 품기도 한다.

나는 사랑하는 관계에서 서로가 서로의 삶의 가치를 높일 수 있어야 한다고 믿는다. 그 관계 덕분에 삶이 전반적으로 더 나아져야 한다. 많은 사람이 좋지 않은 관계가 삶의 질을 얼마나 크게 떨어뜨리는지 잘 알고, 나 역시 그런 관계에 계속 머무는 것을 권하지 않는다. 그러나 관계가 내 삶에 가치를 더해 주길 기대하는 것과, 내 행복에 대한 책임을 전부 파트너에게 지우는 것은 전혀 다른 문제다.

진실 6에서 소개한 로렌을 떠올려 보자. 그녀는 연애 초반이 지나면 감정 기복이 심한 본모습을 드러내는 패턴이 있었다. 자신의 기분 변화를 상대가 받아 주고, 그럼에도 계속 사랑해 주길 바라며, 그러지 않을 경우 오히려 파트너를 비난했다. 자기 감정 상태에 책임을 지지 않았고, 스트레스를 받을 때 스스로 진정시키는 법도 알지 못했다. 그러면서 마치 부모가 아이를 달래듯이, 파트너가 자신을 달래 주길 기대했다.

로렌이 특이한 경우라고 생각할지도 모르지만, 그렇지 않다. 로렌의 모습이 곧 당신의 모습이고, 나의 모습이기도 하다. 모든 사람의 내면에는 보살핌을 받고 싶어 하는 어린아이가 있다. 자신의 감정적 욕구를 항상 충족시켜 줄 파트너를 간절히 원하면서 그런 마음을 몰래 숨기고 있을 뿐이다. 우리는 자신이 상대에게 사랑받을 만한 행동을 하지 않을 때조차 사랑받기를 바란다. 파트너의 사랑이 자신의 존재론적 위기를 해결해 줄 거라 믿는다. 아니면 적어도 그런 게 있다는 사실을 잊게 해 줄 거라 기대한다.

나 역시 때로는 '누군가가 나를 내 문제로부터 구해 주었으면’ 하고 바랄 때가 있다. 특히 부정적인 생각으로 마음속이 전쟁터 같을 때, 나를 그곳에서 해방시켜 줄 사람을 바라게 된다. 하지만 나 말고는 그 누구도 내 행복을 책임질 수 없다는 것 또한 알고 있다. 이것은 변하지 않는 진리다.

이혼과 함께 내 인생이 완전히 무너져 내렸을 때, 나는 삶에 목적의식을 불어넣는 일들을 좇으며 다시 일어섰다. 그 당시 나는 여러 가지 일이 한꺼번에 겹치며 깊은 우울에 빠져 있었기에, 그저 “행복해지자”라고 마음먹는 것조차 불가능하게 느껴졌다. 그러나 지난 2년간 결혼 생활을 지키는 데에만 몰두하다가 비로소 나 자신에게 집중할 수 있게 된 것은 오히려 다행이었다.

그 과정을 통해 나는 내 인생을 바꿔 놓은 두 가지 교훈을 얻었다. 첫째, 나를 평온하게 만드는 일에 집중하는 것은 마음을 낫게 하는 약과도 같다. 둘째, 억지로 행복을 좇기보다는 내 삶에 의미를 주는 것이 무엇인지 찾아내는 일이 훨씬 중요하다. 그렇게 나는 남은 모든 에너지를 새로운 삶의 목적을 향해 쏟아부었고, 그 결과 관계 코치가 될 수 있었다.

사람은 삶에서 의미를 찾을 때 비로소 진짜 자신과 연결되는 느낌을 받는다. 더 큰 목적을 발견할 때, 자신과 맺는 관계에도 변화가 일어난다. 그리고 반드시 알아야 할 진실은, 대부분의 사람이 인생에 목적과 방향성이 없는 이에게 매력을 느끼지 못한다는 사실이다.

인생의 목적은 사람마다 다르며, 위대하거나 화려하거나 금전적 보상이 뒤따르는 일이 아닐 수도 있다. 아무리 힘들더라도 자신에게 의미 있는 일을 할 때, 우리는 목적의식을 느낀다. 반대로 큰 성공을 거두고도 여전히 길을 잃은 것처럼 느낀다면, 자신이 하는 일에 정신적으로 만족을 느끼지 못하기 때문일 가능성이 크다. 수천 명의 사람들이 더 나은 삶을 살도록 코칭하면서, 나는 각자가 지닌 인생의 목적이 사랑하는 사람과의 관계에도 매우 결정적인 역할을 한다는 사실을 알게 되었다.

연습하기

내가 나의 구원자 되기

건강하고, 안정적이고, 사랑이 충만한 관계를 맺길 바란다면, 놀랍도록 자기 자신에게 솔직해져야 한다. 예를 들어, '내 기분이 좋아지도록 파트너가 다른 말과 행동을 하길 바란 적이 몇 번이나 있었나?' '연인에게 얼마나 자주 완벽한 모습을 기대했나?' 같은 불편한 질문을 스스로에게 던질 수 있어야 한다. 여러 가지 생각으로 머릿속이 복잡할 때 상대가 나를 구해 주길 바라지는 않았는지, 내 아픔을 그 사람이 치유해 주길 기대하지는 않았는지 생각해 보자.

이 말은 자신 외에는 아무도 필요하지 않을 만큼 강인하고 독립적인 사람이 되라는 뜻이 아니다. 당신이 때때로 외로움을 느끼고 관심, 칭찬, 신체적 접촉을 원한다고 해서 스스로를 부끄러워하거나 이상하게 여기는 일은 결코 없었으면 한다. 내가 나를 구한다는 것은, 내면에 생긴 감정적 틈새를 타인이 전부 채워 주기를 기대하지 않고, 스스로 채워 나가는 법을 터득하는 것을 뜻한다.

스스로 내적 만족에 이르는 법을 알게 되면, 우리는 누구도 함부로 대할 수 없는 단단한 존재가 된다. 다른 사람에게 기대지 않고 내 힘으로 마음의 평화와 삶의 목적, 충족감을 찾아 갈 때, 우리는 느리지만 확실하게 더 온전한 존재가 된다. 그렇게 온전해진 자아로 관계에 임할 수 있다.

스스로 삶의 의미와 만족을 얻는 법

연인에게 의존하지 않고 삶의 의미를 찾는 법, 관계와 상관없이 스스로 만족감을 얻는 방법을 소개한다. 앞서 진실 4 연습하기에서 다뤘던 내용들을 다시 함께 훑어보는 것도 좋다.

1. 작은 것에서 기쁨을 찾자

'행복하다'고 느끼기 위해 하루하루가 완벽하게 즐겁고 여유롭고 화창해야 한다면, 우리는 항상 비참할 수밖에 없을 것이다. 작은 것에서 기쁨을 찾는 것은, 감사할 일들을 더 많이 발견할 수 있게 자신을 훈련하는 일이다. 부정적인 생각도 습관이다. 그 습관을 깨는 유일한 방법은 좋은 기분을 더 쉽게 느끼도록 만드는 것이다. 노트에 "나는 ＿＿＿＿＿＿＿＿일 때/할 때 기분이 좋다"라고 적어 보자. 그런 다음 그중에서 쉽게 할 수 있는 일들을 목록으로 만들어 보자. 예를 들면 이런 식이다. '나는 아침에 눈을 뜰 때 기분이 좋다.' '나는 산책할 때 기분이 좋다.' '나는 친구에게 전화할 때 기분이 좋다.' '나는 동물을 볼 때 기분이 좋다.'

한 달 동안 작은 것에 감사하는 연습을 해 보자. 만약 비가 오는데 나는 비를 좋아하지 않고 화창한 날씨를 좋아한다면, 비에 관해 감사할 수 있는 뭔가를 떠올려 보자. 어쩌면 비 냄새를 좋아할 수도 있고, 비를 핑계로 쉴 수 있을지도 모른다.

2. 몸을 자주 움직이자

몸을 움직일 수 있다면 그것만으로도 매우 기뻐할 일이다. 운동과 신체 활동은 스트레스, 불안감, 우울감을 완화하는 데 도움이 된다는 사실이 다양한 연구를 통해 밝혀졌기 때문이다. 상황에 따라 몇 가지를 제안해 보면 다음과 같다.

- 마음을 차분하고 단단하게 하고 싶다면: 웨이트 트레이닝
- 반복적으로 드는 감정을 놓아 버리고 싶다면: 춤, 요가
- 관절에 무리를 주지 않고 집중력을 높이고 싶다면: 수영, 요가
- 창의성을 높이고, 예민한 마음과 신경계를 진정시키고 싶다면: 산책, 등산
- 전반적인 건강을 원한다면: 스트레칭

대부분의 사람에게 득이 되고, 쉽게 할 수 있는 한 가지는 스트레칭이다. 매일 스트레칭을 하며 심호흡을 같이 해 보자.

부정적인 감정과 트라우마가 우리 몸에 남는지의 여부에 관해서는 과학적 논란이 있지만, 나는 그렇다고 굳게 믿는 편이다. 베셀 반 데어 콜크의 베스트셀러 《몸은 기억한다》는 트라우마가 어떻게 몸에 각인되고 어떤 영향을 미치는가에 관해 설득력 있게 다룬 책이다. 개인적으로도 근육 조직에 깊숙이 자리 잡은 긴장을 풀어 주었더니, 억눌린 감정이 동시에 사라지는 것을 경험한 적이 있다.

3. 다양한 관계 기반을 마련하자

우리가 사랑을 느끼는 대상이 연인 외에 아무도 없다는 건 그리 바람직하지 않다. 다시 말해, 파트너에게 자신의 전부가 되어 주길 기대하는 건 지나친 바람이란 뜻이다. 우리에겐 속마음을 털어놓고, 다양한 주제에 관해 이야기할 수 있는 친구가 필요하다. 자신만의 취미가 있어야 하고, 의지할 수 있는 가족이나 멘토도 있어야 한다.

연애를 하면서 친구와의 약속을 소홀히 한 적이 있는가? 평소 좋아하던 일을 그만둔 적이 있진 않은가? 가족과 보내는 시간을 줄인 적은? 많은 사람에게 흔히 있는 일이고, 나 역시 그런 적이 있다. 이제부터라도 시간을 들여 인생에서 중요한 사람들을 챙기도록 하자. 가까이 지내는 사람이 많지 않다면, 다음과 같은 방법을 활용해 보자.

- 같은 관심사를 가진 사람들과 어울릴 수 있는 취미나 봉사 활동을 한다.
- 체육관이나 요가 스튜디오에 정기적으로 나간다.
- 같은 목표를 공유하는 온라인 모임에 가입한다.
- 동네 스포츠 팀에 가입한다.
- 종교 단체나 모임을 활용한다.

4. 익숙하지 않고 설레는 일을 하자

확실성과 안전을 지나치게 중시하면, 삶이 '어떻게 하면 최대한 통제력을 유지할 것인가'를 중심으로 돌아가게 되고, 신체적·정신적으로 긴장한 채 지내기 쉽다. 하지만 인생을 진정으로 즐기려면 마음 깊은 곳에서 '살아 있다'는 느낌을 받아야 한다. 그리고 살아 있다고 느끼려면, 언제나 안전한 방향으로만 움직여서는 안 된다. 이것이 치유의 가장 큰 역설 가운데 하나다. 확실성에 집착하는 것은 대개 너무 많은 불확실성을 견뎌야 했던 과거 경험에서 비롯된 반응이다. 그럼에도 자신이 설레는 일을 하도록 스스로 허락하는 것만이 결국 우리를 치유한다.

책임져야 할 일들을 외면하거나, 몸과 마음을 건강하고 안정적으로 유지해 주는 일상을 내던지라는 뜻이 아니다. 단지, 약간의 변화를 시도해 보라는 것이다.

노트에 내가 좋아하는 일을 모두 적어 보자. 오랫동안 하지 않았거나 하면 안 되는 이유가 있는 일이어도 상관없다. 예를 들면, 여행, 콘서트, 춤, 노래, 롤러코스터 타기 등이 있을 수 있다. 일단 가능한 한 많이 적는 게 좋다. 당신이 이런 일들을 좋아하는 이유는, 그 일이 당신의 내면 깊은 곳, 즉 불안이나 걱정, 두려움, 규칙을 내려놓은 본모습과 맞닿아 있기 때문이다. 한 달 동안은 매주 목록에 있는 일 한 가지 이상을 실천하려고 노력해 보자. 점차 익숙해지면 활동을 늘려 나가도 좋다. 지금 당장 더 큰 일도 도전할 수 있겠다는 생각이 든다면, 주저하지 말고 바로 실행에 옮기자!

5. 경제적 자유를 이루자

스스로를 책임질 경제적 기반이 취약한 것만큼 사람을 무기력하게 만드는 일은 없다. 요즘도 많은 이들이 오랜 기간 관계에 갇혀 벗어나지 못하는 이유 중 하나가 경제적 기반이 약하기 때문이며, 결혼 당시 나 역시 비슷한 처지였다. 만약 지금 파트너에게 경제적으로 기대고 있다면, 이제라도 경제적 자유를 향한 노력을 시작할 때다.

사람들은 돈에 대해 묘한 태도를 보인다. 충분히 벌 수 있는 능력이 있음에도 심리적 장벽 때문에 스스로를 가로막는 경우가 많다. '나는 돈에 대해 잘 몰라' '나는 돈을 잘 벌 만큼 똑똑하지 않아'

'아무나 쉽게 돈을 버는 게 아니지' 같은 믿음은 우리를 경제적 독립에서 멀어지게 만든다. 따라서 자신이 돈과 돈 버는 능력에 대해 어떤 제한된 믿음을 가졌는지를 먼저 파악해야 한다. 이럴 때 읽으면 도움이 될 만한 책이 있다. 젠 신체로Jen Sincero의 《나는 돈에 미쳤다You Are a Badass at Making Money》는 이러한 믿음을 비판적으로 바라보도록 돕는다. 토니 로빈스가 쓴 《머니: 부의 거인들이 밝히는 7단계 비밀》은 적은 돈으로도 현명하게 투자해 부를 쌓는 방법을 알려 주는 책이다.

6. 타인과 사회에 기여하자

더 온전한 존재로서 자신을 느끼고 싶다면, 나와 관련이 없는 다른 것에 시간과 에너지를 쏟는 노력이 꼭 필요하다. 우리는 항상 행복할 수는 없다. 슬프고 힘든 일은 언제나 생기기 마련이다. 그러나 행복 대신 충만함을 추구할 때, 우리는 자신을 구하는 법을 배우게 된다. 안타깝게도 많은 이들이 베풀고 나누는 일의 필요성을 간과하는데, 자신을 넘어서는 무언가에 기여하는 일이야말로 인생에 가장 큰 충만함을 가져오고, 어지러운 마음에서 벗어나 명료한 정신 상태로 들어가는 가장 빠른 길이다. 기여하는 대상은 내가 지지하는 대의를 추구하는 사회단체일 수도 있고, 도움을 필요로 하는 개인이나 동물이 될 수도 있다.

7. 파트너를 고치려 하지 말자

현재 관계에서 해결사 또는 구원자의 역할을 하고 있다면, 한 가지를 기억해야 한다. 변화를 강요한다고 해서 바뀌는 사람은 없다. 사람은 오직 '스스로' 변화할 동기를 느낄 때만 변한다. 그래서 파트너의 좋지 않은 습관을 고치려 애쓸수록, 상대는 오히려 방어적으로 자신을 지키려는 태도를 보인다. 그 과정에서 우리는 부모처럼 잔소리하게 되고, 상대는 십 대 아이처럼 반항한다. 이런 관계 역학은 결국 서로의 매력을 갉아먹는다.

말하는 방식을 이렇게 바꿔 보자.

파트너가 예전만큼 자신을 돌보지 않는 것 같다면:

- "요즘 왜 운동 안 해? 더 건강한 음식을 먹어야지"라고 하는 대신 이렇게 말해 보자. "최근 들어 잠을 무척 많이 자는 것 같네. 뭔가 생각대로 안 풀리는 거야? 힘든 일이라도 있어? 네가 얘기하고 싶다면 난 언제든 들을 준비가 돼 있어."

아무리 노력해도 상대의 안 좋은 습관이 바뀌지 않는다면:

- "당신이 ＿＿＿＿＿＿＿＿ 하는 걸 그만두지 않으면, 난 더 이상 함께 지낼 수 없어"라고 하는 대신 이렇게 말해 보자. "나는 내 행복과 마음의 건강을 돌보는 게 정말 중요한데, 이런 관계로는 힘들 것 같아."

부모와의 관계를
치유해야 한다

case study 1 ▶ 아버지를 닮은 연인들

내가 열두 살 때, 아버지는 내가 왜 그렇게 자신에게 반항적인지 이유를 찾기 위해 반드시 심리 치료사를 만나야 한다고 고집했다. 아버지는 나를 '고치면' 우리 관계도 좋아질 거라고 믿었다. 심리 치료사가 아버지에 대한 내 감정을 알아내려고 이것저것 캐물었을 때, 나는 이렇게 말했다. "아무래도 저는 아버지에게 알레르기가 있는 것 같아요."

그 말은 내 신념이자, 내가 스스로에게 들려주는 삶의 이야기, 내 정체성의 일부가 되었다. 부모와의 관계에 문제가 있었던 사람이라면 누구나 알 것이다. 그 불편한 관계가 자기 인생의 중

심 주제가 될 수도 있다는 것을. 만약 부모와의 관계를 직면하고 해결하지 않으면, 그 문제는 결국 연인과의 관계 속에서 드러나게 된다.

내가 어렸을 때, 아버지는 공식적으로 진단받은 적은 없지만 양극성 장애를 앓고 있었다. 나는 매우 예민한 아이여서 아버지의 어두운 모습을 더 강하게 느꼈고, 그게 나를 불안하게 만들었다. 아버지는 자기중심적이었고, 수동 공격적 성향이 있었으며, 어머니에게 자주 폭력적인 모습을 보였다. 또한 알코올과 처방 약을 남용하는 문제도 안고 있었다. 항상 어떤 일을 곱씹거나 생각하느라 혼자 멀리 다른 곳에 가 있는 듯 보였다.

심각할 정도로 감정 조절이 되지 않는 아버지와 함께 산다는 건, 가족 모두에게 깊은 마음의 상처를 남긴다. 나는 엄마, 언니들과 집에 있을 때는 마음이 편안했지만, 저녁에 아버지가 퇴근하고 집으로 돌아오면 곧바로 불안해졌다. 조금이라도 심기를 거스르면 아버지는 가족들에게 금세 짜증을 냈고, 그 불똥이 어디로 튈지는 누구도 짐작할 수 없었다. 살얼음판도 아니고 깨진 유리 위를 걷는 것 같았다.

아버지는 자신의 정체성을 정신과 의사라는 직업에 전적으로 의지했고, 가족도 마치 환자처럼 대했다. 우리 중 누군가가 그날 있었던 일을 얘기하려고 하면, 아버지는 이렇게 묻곤 했다. "그래서 그때 어떤 기분이 들었지?" 그 질문을 들을 때마다, 나는 바위 밑으로 기어들어가 두 번 다시 아버지에게 어떤 얘기도 하고 싶지 않은 기분이었다.

당연히 아버지와 어머니의 결혼 생활은 끔찍했다. 두 분은 자주 다퉜고, 늦은 밤 부모님 침실에서 들려오던 아버지의 성난 목소리가 지금도 기억난다. 아버지가 감정을 마구 쏟아 내는 동안 어머니는 아무 말도 못 하고 묵묵히 듣기만 했다. 수입이 전혀 없는 전업주부였던 어머니의 삶은 비참했고 희망이 보이지 않았다. 아버지는 집안의 생계를 책임지는 동시에 모든 권력을 쥐고 있었다.

내가 열한 살이 됐을 때, 부모님이 할 말이 있다며 나를 불렀다. 두 사람은 이혼할 예정이고, 아버지가 이 집에서 나갈 거라고 했다. 나는 그제야 마음이 놓였다. 마침내 우리 모두의 미래가 조금은 밝아지는 듯했다.

아버지가 《까다로운 아이》라는 책을 쓸 때, 그 책이 내 인생에 얼마나 큰 영향을 미칠지 전혀 알지 못했다. "까다로운 아이"라고 이름 붙여지는 것이 내 수치심의 원천이 되리라는 것도 몰랐다. 아버지와의 불편한 관계는 마치 셔츠에 묻은 핏자국 같아서, 아무리 지우려고 애를 써도 평생 지워지지 않았다.

스물한 살이 된 어느 날, 나는 아버지의 전화를 받지 않기로 결심했다. 이후 13년에 걸쳐 아버지는 나와 다시 연락하려고 몇 번인가 시도했지만, 나는 전부 무시했다. 아버지와 대화를 나눈다는 생각만으로도 온몸에 두려움과 긴장이 파도처럼 몰려왔다.

아버지와 연락이 끊긴 동안, 몇 주, 몇 달, 심지어 몇 년 간 아버지를 전혀 떠올리지 않고 지내기도 했다. 마치 아버지가 존재하지 않는 것 같았고, 그래서 아버지와의 관계가 더 이상 내게 문제 될 게 없다고 생각했다. 하지만 그건 결코 없다고 칠 수 있는 성질의 문제가 아니었다. 왜냐하면 내가 살면서 마주해야 했던 많은 싸움, 특히 자존감과 관련된 것들은 원인을 거슬러 올라가면 항상 아버지로부터 시작되었기 때문이다.

내 인생에서 중요한 비중을 차지했던 파트너 세 명이 전부 약물 및 알코올 남용 이력이 있는, 우울하고 수동 공격적인 남자였던 건 우연이 아니었다. 세 명 중 한 사람은 진실 4에서 썼던 것처럼 내게 신체적·정신적 폭력을 가하기까지 했다.

나는 아버지와의 끔찍한 관계가 내 연애에 영향을 미치고 있다는 사실을 오랫동안 부정했다. 마치 아버지가 없는 사람처럼 굴면서, 아버지와 나 사이에 있었던 모든 문제는 그냥 다 사라질 거라고 자신을 속이며 살았다. 그러나 삼십 대가 되자, 아버지의 존재를 부정하는 것이 내게 도움이 되지 않는다는 사실을 인정하게 되었다. 아버지를 내 삶에 받아들이는 것보다 완전히 차단하는 데 드는 에너지가 오히려 더 크다는 것을 깨달았다. 그래서 다시 최소한의 연락을 하며 지내기로 했고, 일정한 경계를 유지할 수 있었다.

이제 나는 어린아이가 아니고, 우리가 어떤 식으로든 관계를 맺는다면 그건 내가 원하는 방식으로 하게 될 거라고 스스로에게 상기시켰다. 그러나 나는 여전히 아버지에게 알레르기가 있는 것처럼 느꼈다. 아버지를 생각하거나, 연락을 주고받거나, 직접 만날 때마다 내 몸은 두려움과 분노로 가득 찼다. 서른다섯 살이 되었어도, 아버지와 관련된 문제 앞에서는 여전히 일곱 살 아이로 돌아가곤 했다. 그러다 인생의 모든 것이 무너져 내린 후에야, 비로소 그 상처를 치유할 수 있게 되었다.

유산, 남편의 변심, 이혼, 그리고 어머니의 죽음 등을 겪으며 나는 변했다. 관계 코치가 되어 수많은 사람을 만난 경험 역시 나를 변하게 했다. 그리고 우리가 변할 때, 타인을 바라보는 우리의 시선 또한 바뀌게 된다.

나는 여전히 아버지의 어두운 면을 잘 알고 있다. 하지만 이제는 그것 때문에 불안해하지 않는다. 아버지의 어둠은 내가 아니라 '아버지가' 싸워야 할 존재라는 걸 이해하게 됐다. 내 안에도 끊임없는 갈등과 부정하고 싶은 그림자가 존재한다. 그로 인한 고통을 자각하게 되면서, 아버지의 고통에 대해서도 예전처럼 쉽게 판단하거나 피하지 않고 공감할 수 있게 되었다. 이제 나는 어른이고, 아버지는 전처럼 나를 함부로 대할 수 없다. 아버지는 나이가 들고 성격도 조금 누그러지면서 자신이 부모로서 실패했다고 인정하며 뉘우치기도 했다. 하지만 그러지 않았더라도, 상관없었다.

기억에는 부정할 수 없는 힘이 있다. 어쩌면 나는 어린 시절의 기억에 집착할 수도 었고, 예전처럼 다시 아버지를 증오할 수도 있다. 하지만 더 이상 그럴 필요가 없어졌다. 나는 현재의 나, 진정한 내 모습에 단단하게 머물기로 선택했다. 이런 이해는 내가 연인들과 맺는 관계에 어떤 깨달음을 주었고, 당신에게도 그럴 거라고 믿는다.

이번 장에서 내가 말하려는 진실은 성장에 관한 것이다. 부모와의 관계를 치유하기 전까지, 우리가 성인이 되어 맺는 관계는 어린 시절에 경험한 갈등과 패턴을 반복해서 재연하게 된다. 이 말은 당신을 괴롭힌 부모와 다시 연락해야 한다는 뜻이 아니다. 어떤 가족과는 여전히 경계선을 유지할 필요가 있다. 다만 과거의 눈으로 부모를 바라보는 대신, 더 성숙하고 현명해진 어른의 눈으로 그들을 바라보는 법을 배워야 한다는 뜻이다.

관계에 드리운 부모의 그림자

때로 우리는 부모가 맺었던 관계 형태를 그대로 모방한다. 또 어떤 때는 정확히 반대로 하기도 한다. 사이가 좋지 않은 부모를 보고 자랐다면, '나는 절대 저러지 않을 거야'라고 다짐하며 건강한 관계를 만드는 데 온갖 노력을 쏟을 수도 있다.

부모나 양육자는 성인이 된 우리의 관계 청사진에 깊은 영향을 미치지만, 그 영향이 항상 부정적인 것은 아니다. 우리는 종종 부모와 여러 면에서 닮은 사람과 사랑에 빠지는데, 그게 반드시 나쁜 일은 아니다. 또 어떤 경우에는 정반대의 선택을 하기도 한다. 중요한 것은 '맥락'이다. 사회적 환경, 직장 생활, 신체적·정신적 건강 같은 요소들 역시 관계의 성격을 결정짓는 데 중요한 역할을 한다.

내 경우를 보더라도, 이십 대에 5년 반 동안 만났던 사람과는 특별한 문제가 없었다. 대학 시절에 했던 두 번의 짧은 연애역시 갈등 없이 안정적인 관계였다. 어떻게 그런 일이 가능했을까? 정확한 이유를 단정하긴 어렵지만, 아무리 건강하지 않은 관계를 여러 번 경험한 사람이라도, 살면서 건강한 관계를 맺을 가능성이 없는 것은 아니라는 게 내 생각이다. 문제적인 관계가시작되는 이유를 들여다보면, 대개 그 시기에 그 사람의 삶을 짓누르던 다양한 스트레스 요인과 관련이 있다.

그렇다면 왜 어떤 사람은 이혼 가정에서 자랐는데도 좋은 파트너를 만나 만족스럽고 오래가는 관계를 맺는 반면, 또 어떤 사람은 안정된 가정에서 자랐는데도 누구와도 쉽게 관계를 이어 가지 못할까? 전문가들은 이런 현상을 이론적으로 설명하려 애쓰지만, 우리는 인생이 논리만으로 설명하기 힘든 불가사의로 가득 차 있다는 사실 또한 인정해야 한다.

우리의 잠재의식은 주로 익숙한 것에 끌린다. 그래서 파트너를 선택할 때도, 어린 시절에 경험했던 익숙하지만 문제가 있는 관계 패턴을 되풀이하곤 한다. 그렇다고 해서 우리가 모두 비극적인 결말을 맞이할 운명이라는 뜻은 아니다. 서툰 관계의 기술을 보고 배우며 자랐다 해도, 자신의 관계 패턴을 인식하고, 어린 시절 경험에서 비롯된 상처와 문제를 다루기 시작하면, 우리는 관계의 방향을 바꿀 수 있다. 더 나은 선택을 하고, 더 건강하게 소통하며, 더 깊이 사랑할 수 있는 길은 언제나 열려 있다.

우리는 관계 속에서 쉽게 상처받는 존재다. 사랑받지 못할지도 모른다는 근본적인 두려움이 우리를 자주 뒤흔든다. 더구나 사랑과 소통, 갈등을 다루는 법을 처음 가르쳐 준 사람은 대개 부모나 양육자였다. 많은 사람이 사랑을 어렵게 느끼는 이유가 여기에 있다. 부모나 양육자 역시 사랑을 다루는 데 서툴렀을 가능성이 크기 때문이다.

나처럼 정서적으로 단절된 부모 밑에서 자란 사람이라면, 연인이 자신에게서 멀어지려고 할 때, 무의식적으로 어린 시절의 결핍을 떠올리게 된다. 그리고 마음 깊은 곳에 자리한, 사랑받지 못하고 버려졌다는 상처가 되살아난다.

만약 마음의 벽이 높고 감정을 자유롭게 표현하지 못하는 부모를 가진 사람이라면, 자신의 감정을 표현하는 일이 힘들지도 모른다. 약점을 솔직히 드러내지 못하고, 연인과 깊은 친밀감을 형성하는 데 어려움을 겪을 수도 있다.

부모가 서로에게 애정보다 적대감을 더 많이 드러내는 모습을 보고 자랐다면, 연애나 결혼을 고통과 연결 짓게 될 가능성이 크다. 그래서 자신도 파트너와 자주 싸우거나, 반대로 갈등을 회피하기 위해 소통을 거부하고 마음을 닫아 버릴 수도 있다.

정서적으로 미성숙하거나 자기중심적인 성향이 강한 부모 밑에서 자랐다면, 비슷하게 정서적으로 미성숙하거나 자기중심적인 사람을 만날 가능성이 크다.

알코올 중독인 부모가 있는 가정에서 자랐다면, 뭔가에 중독되는 성향이 있는 사람과 사랑에 빠질 가능성도 있다.

과거에 아빠의 사랑을 독차지하는 딸이었다면, 지금껏 아빠만큼 좋은 사람을 만나지 못했을 수도 있다. 또는 누구도 아빠를 대신하게 하고 싶지 않아서 '나쁜 남자'만 만났을지도 모른다.

어렸을 때 잘못된 행동을 해도 혼내지 않고 모든 걸 허용해 주는 부모 밑에서 자란 사람이라면, 자신의 태도와 관계없이 파트너가 자신을 무조건 사랑해 주길 기대할 가능성이 크다.

거칠고, 화내고, 감정 조절이 안 되는 아버지의 모습을 자주 본 아들이라면, 자신은 결코 아버지와 닮지 않은 '좋은 남자'가 되기로 결심했을지도 모른다. 하지만 그 결심 때문에 정작 자신이 필요한 것을 파트너에게 말하지 못하고, 상대를 기쁘게만 해주려는 사람으로 살았을 수도 있다.

이 세상에 의지할 수 있는 사람은 자기 자신뿐이라는 말을 듣고 자란 사람이라면, 타인을 믿는 게 어려울 수 있다. 어쩌면 누군가의 사랑을 마음속에 들이는 것 자체가 힘들었을 것이다.

가브리엘라가 이런 경우였다.

case study 2 ▸ 엄마의 기대대로 사는 딸

서른세 살의 가브리엘라는 금융업계에서 일하는 성실하고 목표 지향적인 여성이었다. 강인하고 독립적인 홀어머니 밑에서 자랐는데, 어머니는 딸이 최고 수준의 교육을 받을 수 있도록 헌신적으로 일하며 강인함과 근면함, 책임감을 삶의 가치로 가르쳤다. 이러한 자질들은 분명 훌륭한 덕목이었고, 가브리엘라가 직업적으로 성공하는 데 큰 밑거름이 되었다. 그러나 그것이 연애 생활에까지 도움이 된 것은 아니었다.

가브리엘라는 어머니가 암으로 돌아가시고 몇 개월이 지나 나를 찾아왔다. 어머니는 항상 딸이 결혼하기를 바라셨고, 가브리엘라 역시 가정을 꾸리고 싶은 마음이 있지만, 어디서부터 시작해야 할지 모르겠다고 했다. 그동안 가장 진지했던 연애도 고

작 6개월을 만난 게 전부였다.

첫 상담에서 가브리엘라는 말했다. "어머니가 저한테 '여자는 우는 거 아니야'라고 말씀하신 적이 있어요. 그래서 전 감정에 너무 휘둘리지 않으려고… 무척 노력했어요."

나는 그 말을 듣고 놀랐다. "남자는 울지 않는다"는 (말도 안 되는) 말은 많이 들었지만, 여자는 울지 않는다는 말은 처음 들었다.

자신의 약한 모습을 솔직히 드러내는 것은 어떤 면에서 큰 능력이다. 그러나 사회는 아이들에게 정서적 자아를 느끼고 표현하라고 격려하기보다는, 나약함을 드러내는 것은 곧 약점이라고 가르쳐 왔다. 본래 여성은 직관적이고 정서적인 자아와 더 쉽게 연결되는 경향이 있지만, 가브리엘라는 그런 자아를 철저히 끊어 낸 채 살았고, 그 점이 연애에서 큰 걸림돌이 되고 있었다.

그녀는 강하고 책임감 있으며 쉽게 무너지지 않는 사람이 되기 위해 자신의 모든 나약함을 밀어내야 한다고 믿었다. 하지만 부드럽고 열린 마음, 타인에게 도움을 청하고 기댈 수 있는 용기는 친밀한 관계를 형성하는 데 꼭 필요하다. 경계를 세우는 것과 벽을 쌓는 것은 다른데, 가브리엘라는 철벽을 세우고 그 안에 자신을 가둔 채 살고 있었다.

나는 가브리엘라를 관찰하면서, 그녀가 감정이 북받쳐 울고 싶을 때마다 그걸 억누른다는 걸 알았다. 눈에는 슬픔이 가득했고, 말린 어깨는 축 처져 있었다. 입꼬리 주변이 잔뜩 긴장해 있었는데, 주로 이를 꽉 깨문 사람에게서 볼 수 있는 모습이었다. 감정을 겉으로 드러내지 않으려 애쓰다 보니 몸도 많이 경직되어 있었다. 강한 사람처럼 보이려고 감정을 통제하는 것은 학습된 행동이었고, 나는 그것이 그녀의 행복에 심각한 악영향을 미친다는 걸 알아차렸다.

"자기 기분을 표현할 수 없다니, 누군가를 만날 때 분명 매우 힘들었을 거라는 생각이 드네요." 내가 말했다.

"예전 남자 친구랑은 서로에 대해 그리 깊이 알지 못한 채로 지냈어요. 제가 그 사람을 좋아하지 않았다는 뜻은 아니고요. 항상 뭔가를 놓치고 있는 기분인데, 뭐가 문제인지를 모르겠더라고요."

"좋아요. 지금까지 당신은 어머니의 기대대로 자신이 강하고 책임감 있는 사람이라는 걸 증명했고, 직업 면에서도 큰 성과를 거뒀어요. 그럼 이제 기쁨, 사랑, 자유를 누릴 수 있게 삶의 균형을 찾는 데 초점을 맞추면 어떨까 싶은데요?"

가브리엘라는 쑥스러운 듯 웃었다. "그럴 수 있으면 좋겠어요. 그런데 어떻게요?"

"만약 당신이 사랑하는 사람에게 마음을 잘 열지 못한다는 걸 어머니가 아셨다면, 좋아하셨을까요?"

"아뇨. 어머니는 항상 제가 빨리 결혼해서 가정을 꾸리는 걸 보고 싶어 하셨어요. 마지막으로 만난 두 남자와도 왜 2~3개월 만에 헤어졌는지 이해를 못 하셨죠. 어머니도 저도, 그때는 제가 아직 꼭 맞는 사람을 만나지 못해서 그런 거라고 생각했어요."

"지금도 어머니가 당신을 지켜보고 계신다고 믿으세요?"

"그럼요." 그녀의 대답은 매우 단호했다.

"그럼 어머니가 당신에게 어떤 말을 해 주고 싶어 하실 거라고 생각해요?"

"글쎄요, 어머니는 제가 정말 좋은 남자를 만나 행복하길 바라실 거예요. 그건 제가 바라는 것이기도 하고요."

"그렇게 되려면, 당신이 어떻게 해야 한다고 어머니가 말씀하실까요?" 나는 가브리엘라의 눈을 부드럽게 바라보며 물었다.

그녀는 고개를 들고 잠시 생각에 잠겼다. "너무 그렇게 긴장하면서 살지 말라고 하셨을 거 같아요." 그녀는 작게 소리 내어 웃었다. "그리고 해야 할 일이나 업무 성과에 대해서도 집착하지 말라고 하셨을 것 같고요. 그러니까 일에 충실하되, 저 자신에게 조금 더 너그러워지길 바라셨을 것 같아요."

이 순간이 가브리엘라와의 대화에서 결정적인 전환점이었다. 그녀는 거의 평생 어머니에게 부족하지 않은 모습을 보이기 위해 울지 않는 여자가 되어야 한다고 믿으며 살아왔다. 불공평하고 거친 세상에 꿋꿋하게 맞서는 사람이 되어야 한다고 여겼다. 싱글맘이자 이민자로 살아온 그녀의 어머니는 자신의 경험을 바탕으로 딸을 키우고 교육했으며, 그 의도에는 악의가 전혀 없었다. 그러나 그 결과 가브리엘라는 독립심과 야망 같은 자질은 크게 발달시킨 반면, 여유와 섬세함 같은 면모는 충분히 보살피지 못했다. 그런데 이제 가브리엘라가 "너무 긴장하며 살 필요는 없다" "집착하지 않아도 된다"라는 어머니의 말을 상상할 수 있게 되었다는 사실은, 더 이상 경직되고 억눌린 상태로 살지 않아도 된다는 것을 스스로 받아들이기 시작했다는 증거였다.

나 역시 엄마가 돌아가신 후, 내가 어떤 일을 하거나 하지 않으면 '엄마가 나한테 실망할 텐데'라고 생각했던 순간이 수도 없이 많았다. 그리고 깨달았다. 내가 여전히 '엄마'가 원하는 걸 염두에 두고 대부분의 결정을 내리고 있었다는 사실을. 엄마라면 분명히 내가 하길 원했을 일을 하지 않았을 때는 심한 자책감이 들기도 했다. 이젠 엄마가 곁에 있지 않은데도, 나는 여전히 엄마의 인정과 허락을 구하고 있었다.

엄마가 살아 계셨을 때보다 세상을 떠난 지금 오히려 여러 면에서 엄마를 더 가깝게 느낀다는 건, 나로서도 전혀 예상하지 못했던 일이다. 엄마와 나는 항상 가까운 사이였다. 아버지라는 폭풍 속에서 엄마는 내게 안전한 피난처였다. 하지만 여느 모녀처럼 다투기도 했고, 때로는 엄마의 어떤 모습이 짜증 나거나 상처가 되기도 했다. 그러다 엄마가 돌아가시고 나니 더 이상 짜증낼 기회도, 모녀간의 기싸움을 벌일 일도 없었다. 남은 건 오로지 사랑하는 마음뿐이었다.

부모의 죽음 이후, 반항심 가득한 자아는 이런 생각을 할지도 모른다. '아, 이제 어머니가 안 계시네? 드디어 완전히 해방됐어. 원하는 건 뭐든 할 수 있어! 원치 않는 조언도, 끝없는 잔소리도 더 이상 들을 필요 없어!' 그러나 또 한편으로는 여전히 부모에게 매여 있다고 느끼고, 그들을 기쁘게 해 주고 싶은 마음이 들기도 한다.

그런데 많은 이들이 잊고 있는 사실이 있다. 부모는 거의 예외 없이, 자식이 안전하고 행복하기를 바란다는 점이다. 그들이 기대하는 것은 우리의 완벽한 모습이 아니다. 완벽한 가정을 꾸리거나 엄청난 돈을 벌라는 것도 아니다. 부모가 진정으로 원하는 것은 단 하나, 우리가 스스로에게 진실되고 충만한 삶을 사는 것이다. 그것이 부모가 바라는 전부다.

나를 가로막는 신념과의 결별

나는 가브리엘라가 어머니에 대해 더 현명한 시각을 가질 수 있도록 도와야겠다고 생각했다.

"'여자는 울지 않는다'는 말이 당신 안에 그렇게 많은 벽을 세우게 될 줄 아셨다면, 그래도 어머니가 똑같이 말씀하셨을까요?"

"아뇨." 가브리엘라는 망설임 없이 대답했다.

"그럼 어머니가 왜 그런 말씀을 하셨을 거라고 생각해요?"

"제가 이 세상에서 살아남기를 바라셨던 게 아닐까요?"

딩동댕! 정답이었다. 가브리엘라는 돌파구를 눈앞에 두고 있었고, 나는 그 사실에 짜릿한 흥분을 느꼈다.

가브리엘라의 어머니는 아메리칸드림의 전형이었다. 스무 살에 홀로 미국에 건너와, 플로리다의 작디작은 쪽방 같은 아파트에서 살기 위해 곧바로 남의 집 청소 일을 시작했다. 그리고 7년 만에 청소 전문 회사를 설립했고, 이후 그 회사를 플로리다에서 가장 큰 청소 대행업체로 키워 냈다. 어머니가 가브리엘라에게 "여자는 우는 거 아니야"라고 말한 것은, 그녀가 더 강하고 능력 있는 사람이 되길 바랐기 때문이었다. 세상이 가브리엘라를 집어삼키지 못하도록 지켜 주려는 어머니의 방식이었다.

"맞아요." 나는 가브리엘라에게 말했다. "어머니가 하셨던 그 말의 영향력이 무척이나 강해서 사실상 지금의 당신을 만들어 냈다고 해도 과언이 아닐 것 같아요. 하지만 어른으로서 우리가 할 일은, 우리에게 영향을 준 말의 이면에 숨은 의미를 찾아내는 거예요. 그래야 그 말을 문자 그대로 받아들이지 않을 테니까요. 그 말에 담긴 맥락을 알아야 해요. 제 말이 이해되시나요?"

"네, 이해돼요. 와… 진짜 충격이에요. 그 말이 저한테 그렇게 크게 작용했다니. 사실 상담을 시작하기 전까지는 그 말을 제대로 기억조차 못 하고 있었거든요."

가브리엘라는 세 명의 남자에게서 비슷한 말을 들은 적이 있다고 털어놓았다. 그들은 그녀의 속마음을 도무지 읽을 수 없고, 늘 일정한 거리를 두고 밀려나는 것 같다고 말했다고 한다. 세 남자 모두 자신에 대한 그녀의 감정이 어떤지 전혀 짐작할 수 없었고, 그래서 더 가까워지기가 어려웠을 것이다.

그 말을 들으니 문득, 나를 찾아온 많은 내담자와 소셜 미디어 팔로워들이 늘 불평하곤 했던, 마음을 열지 않는 남자들이 떠올랐다. 가브리엘라의 겉모습은 그런 남자들과 닮아 있었지만, 내가 그녀의 내면에서 본 것은 사랑과 자신만의 가정을 간절히 바라는, 믿을 수 없을 만큼 연약한 모습이었다. 그 두 모습의 불일치가 그녀가 겪고 있는 주요한 내적 갈등이었다. 이제 어머니의 죽음을 계기로 가브리엘라에게는 진정한 자율성을 찾을 기회가 온 셈이었다.

나는 약간 위험할 수도 있는 유머를 섞어 이렇게 말했다. "제가 감정을 잘 표현하지 못하는 남자들에 관해 상담을 많이 하는데, 그런 남자들 중 한 명을 보는 줄 알았어요!"

다행히 그녀는 내 농담을 재밌게 받아 주었다.

"세상에, 완전히 맞는 말이에요. 여태껏 저는 제가 만난 '그 남자들'이 감정 표현을 잘 못한다고 생각했었거든요!" 그녀가 신이 나서 말했다.

"가브리엘라, 어머니의 좋은 면은 본받을 수 있지만, 어머니와 똑같이 될 필요는 없어요. 일단 상황이 서로 다르잖아요? 살아남기 위해 자신을 그렇게까지 몰아붙이지 않아도 돼요. 자기 일에서 성공하고 싶은 사람도 약한 모습을 보일 수 있어요. 좀 울 수도 있고요."

내가 이 말을 하는 순간, 그녀의 몸이 오랫동안 붙들고 있던 긴장을 조금씩 내려놓기 시작하는 것이 보였다. 경직됐던 어깨가 내려가고, 턱에서도 힘이 빠졌다. 그리고 두 눈에는 눈물이 솟기 시작했다.

"괜찮아요. 울어도 돼요. 울면 기분이 훨씬 나아지거든요. 몸도 마음도 한결 편안해질 거예요. 울음은 갇혀 있던 에너지가 자유롭게 흘러가도록 그냥 내버려두는 거예요."

가브리엘라와 나는 대략 5개월간 상담을 지속했다. 그리고 상담이 없는 날에는 그녀가 내게 이런 문자를 보내곤 했다. "저 오늘 정말 실컷 울었어요^-^."

그러면 나는 이렇게 답장을 보냈다. "잘했어요! 당신이 운 걸 보면 어머니가 뭐라고 하실까요?"

"울면서 제가 행복했으니, 어머니도 좋아하셨을 거예요."

다시 쓰는
나의 인생 서사

부모와의 관계를 지키거나 개선하고 싶다면, 오히려 우리는 부모의 신념 체계로부터 독립해야 한다. 많은 사람이 부모에게 인정받고 싶은 무의식적 욕구에 휘둘리느라, 겉은 멀쩡해 보여도 속은 상처투성이인 채로 살아간다. 부모들을 탓하려는 게 아니다. 어른이 되어서도 부모의 영향에서 벗어나지 못한 채로 여전히 무의식 속에 살고 있는 내면 아이에 관해 이야기하는 것이다.

우리는 부모를 보고 배우며 신념과 사고방식을 조건화하게 되는데, 물론 그중에는 긍정적인 부분도 있다. 낯선 사람에게 예의를 지키는 법이나 훌륭한 직업 윤리를 물려받았을 수도 있다. 혹은 가족을 우선시하는 부모 밑에서 자라, 가족이라는 렌즈로 세상을 바라보게 되었을 수도 있다.

모든 조건화가 나쁜 것은 아니다. 중요한 것은, 자신이 계속 지키고 싶은 부분이 무엇인지, 온전한 자기 자신으로 사는 데 방해가 되는 부분은 무엇인지를 구분해서 알아차리는 것이다. 자신을 지배하는 부모의 신념과 결별할 때, 우리는 그동안 '그래서는 안 된다'고 여겼던 자신의 일부와 다시 만날 수 있다. 그리고 스스로에게 온전한 존재, 즉 진정한 자신이 되어도 좋다는 허락을 하게 된다. 진정한 자신이 될 때, 우리는 도움이 필요한 어린

아이가 아닌 어른으로서 부모를 사랑할 수 있다. 부모를 기쁘게 하려 애쓰는 마음 없이 존경하고, 필요하다면 경계도 세울 수 있다. 그럴 때 우리도 성장하고, 부모와 자식 간의 관계 역시 성장한다.

가브리엘라가 진정한 자기 자신으로 살아가기 위해서는, 그동안 '나는 이런 사람이 되어야 한다'고 믿어 왔던 이야기와 결별이 필요했다. 자신의 취약한 모습을 계속 억누르는 한, 그녀는 자신이 인생의 동반자를 만나 가정을 꾸리기를 그토록 바라는데 왜 그럴 수 없는지 알지 못한 채 계속 괴로워했을 것이다. 그렇다고 그녀가 믿어 온 것이 틀렸다는 뜻은 아니다. 어머니는 가브리엘라에게 영웅 같은 존재였고, 둘은 누구보다 가까운 사이였다. 어머니는 그녀에게 강하고, 용기 있고, 독립적인 여성이 되기 위해 울지 말아야 한다고 말했고, 가브리엘라는 기꺼이 그렇게 하려 했다.

하지만 이 이야기는 다른 시각에서 다시 들여다볼 필요가 있었다. 더 큰 그림을 보기 위해, 가브리엘라는 어머니의 입장에 서서 '왜' 그런 말을 했는지 이해해야 했다. 잃어버린 자신의 일부를 되찾기 위해, 그 이야기에 새로운 의미를 부여하고, 어머니가 계속 옆에 있었다면 이제는 다르게 말했으리란 사실을 깨달아야 했다. 가브리엘라는 사랑하는 어머니로부터 정신적으로 독립하여, 자신의 진정한 자아와 다시 연결되어야 했다.

성인이 된 지금, 모든 변화는 우리 자신으로부터 시작된다. 만약 자신의 문제, 특히 관계에서 생기는 문제를 고치고 싶다면, 더 현명하고 성숙한 시선으로 과거를 들여다보는 건 우리의 몫이다. 호기심을 갖고, 질문하고, 탐구해야 한다. 대부분의 경우, 부모는 우리에게 거의 낯선 사람이나 다름없다. 아무리 가까운 사이라 해도 자식이 부모에게 그들의 꿈이나 가장 깊은 열망, 후회에 관해 묻는 일은 드물다. 처음 사랑에 빠졌던 순간이나 큰 어려움에 처했던 때가 언제인지도 잘 모를 것이다. 대신, 우리는 여전히 어릴 적 자아의 시선으로 부모를 바라본다.

이 글을 쓰기 몇 주 전, 아버지가 돌아가셨다. 아버지가 위독해지기 전에 나는 아버지와의 관계를 상당 부분 치유한 상태였다. 하지만 막상 아버지가 돌아가시고 나니, 내 자존심과 두려움을 더 넘어서지 못하고 아버지와 좀 더 깊은 관계를 만들지 못했다는 사실이 부끄럽게 느껴졌다. 그렇지만 지금은 다행히도 부족한 나를 너그럽게 용서할 수 있다. 그게 내가 할 수 있는 최선이었음을 알기 때문이다. 한편으로는, '오늘 아버지에게 전화해야 해'라는 생각을 더는 하지 않아도 되어서 약간의 안도감이 드는 것도 사실이다. 치유와 놓아 주기는 단번에 끝나는 일이 아니어서, 나는 여전히 그 과정을 겪어 가는 중이다.

나는 아버지와 완전히 다른 사람이다. 나는 정신 질환을 앓은 적이 없다. 누구나 그렇듯 이기적인 성향이 있을지는 모르지만, 늘 자기중심적이진 않다. 폴란드에서 태어나 나치의 지배를 피해 미국으로 넘어온 이민자도 아니다. 그럼에도 내 인생의 행로가 어떤 면에서 아버지와 매우 닮았다고 느낀다. 아버지처럼 정신과 의사는 아니지만, 심리학 분야에서 폭넓은 훈련을 받은 코치로서 사람들의 상처를 치유하는 일을 하고 있다. 아버지가 자신의 분야에 관한 책을 집필했듯, 나 역시 지금 책을 쓰는 중이다. 우리는 마음껏 부모를 부정할 수 있지만, 결국 자식은 부모를 닮을 수밖에 없다는 사실까지 바꾸진 못한다.

아버지가 돌아가신 뒤, 이전에는 한 번도 본 적 없던 아버지의 사진들을 우연히 보게 되었다. 그중 한 장의 사진이 특히 강한 인상을 남겼는데, 내 나이 정도의 아버지가 요가의 비둘기 자세를 취하고 있는 모습을 담은 사진이었다. 아버지는 내게 요가를 했다는 말을 한 적이 없기에, 나는 그 사진을 보고 무척 놀랐다. 아버지의 비둘기 자세는 소름이 돋을 만큼 내 비둘기 자세와 비슷해 보였다. 항상 내 긴 팔다리가 어머니를 닮은 거라고 생각했는데, 이제 보니 아버지를 더 많이 닮아 있었다.

문득 어쩌면 이 남자에게 단순히 괴팍한 아버지 혹은 고약한 남편 외의 다른 모습이 더 있을지도 모르겠다는 생각이 들면서, 아버지라는 사람을 좀 더 애정 어린 눈으로 바라보게 되는 순간이었다. 사진 속 아버지는 그저 자신이 할 수 있는 최선을 다하려는 또 한 명의 인간일 뿐이었다. 어떻게든 비둘기 자세를 유지하며 자기 감정을 지켜 내려 애쓰는 사람이 거기 있었다. 그리고 나는 내가 생각했던 것보다 훨씬 더 아버지와 닮아 있었다.

사람들이 내가 아버지를 미워하는 건 충분히 그럴 만하다며 인정해 준다 하더라도, 어쨌든 진실은, 아버지의 존재와 그로 인한 과거의 상처가 없었다면 지금의 나도 없었을 거라는 점이다. 나는 억울함과 두려움, 긴장 속에 나를 가두는 이야기에 계속 얽매일 수도 있고, 내가 겪은 고통에는 더 깊은 목적이 있다는 걸 받아들일 수도 있다. 그 이야기가 나에게 갖는 의미를 바꾸면, 이야기 자체가 바뀔 수 있다.

내 개인적인 성장을 보여 주는 가장 큰 신호는, 아버지의 나쁜 면을 닮은 사람과는 더 이상 만나지 않는다는 점이다. 이제 나는 어린 시절에 겪은 상처와 갈등을 떠올리게 하는 사람을 선택하지 않는다. 마음이 닫혔거나, 수동 공격적인 성향이 있거나, 약물·알코올 문제가 있거나, 감정을 조절하지 못하는 사람은 내 삶에 절대 들어올 수 없다. 그 패턴은 이제 끝났다. 부모와 화해하고, 이 책에서 말한 모든 것을 실제 삶에서 실천함으로써 나는 그 패턴을 끊어 냈다.

▼

연습하기

부모와 화해하기

나와 잘 맞지 않는 부모와 화해한다는 건, 그동안 생긴 모든 상처가 치유되어 좋은 관계를 맺게 된다는 의미는 아니다. 또한 부모를 있는 그대로, 혹은 그렇지 못한 모습까지 받아들이고 사랑해야만 한다는 뜻도 아니다. 부모가 이미 세상을 떠났거나 아예 만난 적이 없다 해도, 우리는 여전히 그 관계를 회복할 수 있다.

1단계: 내가 바라던 부모의 모습을 떠나보내자

부모와 더 안정되고 평화로운 관계를 맺으려면(설령 부모와 더 이상 만나지 않더라도), 먼저 '내가 바라던 부모의 모습'을 떠나보내야 한다. 우리 모두는 건강하고 다정한 양육자를 만날 자격이 있다. 하지만 자격이 있다고 해서 그게 반드시 주어지는 것은 아니다. 우리는 그런 부모를 만나지 못했다는 사실을 받아들여야 하며, 그 이유는 우리의 부모 또한 그런 부모를 만나지 못했기 때문이다.

떠나보내기는 감정을 충분히 느끼고, 필요하다면 글로 써 내려가며, 고통이 올라왔다가 자연스럽게 흘러가도록 내버려 두는 과정이다. 이 과정을 필요한 만큼 되풀이해도 좋다. 나 역시 지금도 내가 바랐던 아버지의 모습을 놓아 주기 위해 애쓰는 순간들을 마주한다. 그럴 때 마땅히 받아야 할 것을 받지 못했기에 오히려 내가 성장할 수 있었다는 사실을 기억하면 도움이 된다. 어쩌면 내가 늘 꿈꾸던 아버지를 가졌더라면, 지금 이렇게 책을 쓰고 있지 않았을지도 모른다.

2단계: 마음을 열고 부모를 다르게 바라보자

부모와 화해하는 일은 실제 부모보다는 부모에 관한 '이야기', 특히 나와 부모 사이의 이야기와 더 깊은 관련이 있다. 부모에 관한 기억은 영화의 한 장면이나 책의 한 페이지와 같아서 잘 지워지지 않는다. 이야기는 쉽게 잊히지 않기 때문이다. 하지만 이야기를 어떻게 해석하느냐에 따라 이야기가 흘러가는 방향을 완전히 바꿀 수 있다.

부모와의 어린 시절을 회상할 때, 우리는 아주 오래전부터 가지고 있던 기억들을 반복 재생하고, 그 과정에서 다음과 같은 생각들이 점차 굳어진다. '부모님은 절대 변하지 않아.' '그 사람들은 정말 엉망진창이야.' '부모가 나를 망쳐 놨어.' '어떻게 나한테 그럴 수 있지?' '그들은 나를 전혀 신경 쓰지 않았어.' '나를 사랑했다면 그러지 않았을 텐데.' 그러고 나면 남는 건 분노, 슬픔, 무기력, 더 깊은 트라우마뿐이다. 관계 속에서 되풀이되는 부정적인 패턴들이 또다시 만들어지게 된다.

이야기를 해석하는 방식을 바꾸려면, 부모를 바라보는 방식을 바꿔야 한다. 어린 시절 우리는 부모를 평범한 사람이 아니라 슈퍼맨으로 보았다. 나이가 들어서도 우리는 그들을 나름대로 최선을 다해 살아가는 불완전한 인간으로 보는 대신, 여전히 슈퍼맨이기를 무의식적으로 기대한다. 흠잡을 데 없이 안정적이고 이타적인 보호자가 되어 주길 바란다. 이제는 부모를 약하고 의존적인 어린 아이의 시선이 아닌, 더 성숙한 어른의 눈으로 바라볼 때다.

부모를 다르게 바라보기 위해, 다음 열 가지 질문에 답해 보자.

1. 나는 부모님이 지금과 같은 사람이 된 이유를 이해하고 있는가?
2. 부모님을 다르게 보는 것이 지금 내가 맺는 관계에 어떤 도움이 될까?
3. 부모님에 관해 내가 생각해 온 이야기가 나에게 어떤 작용을 하는가? 나를 정당화해 주는가? 가족들과 유대감을 형성하는 데 도움이 되는가? 내가 옳다고 느끼게 해 주는가?
4. 나는 부모님과 어떤 면에서 닮았나? 그 닮은 부분을 어떤 식으로든 부정한 적이 있는가?
5. 부모님 자신이 나와 다른 사람들에게 어떤 영향을 끼쳤는지 전

혀 몰랐을 수도 있을까?

6. 내가 부모님를 바라보는 관점이 다른 가족에게 영향을 받은 것
   인가?

7. 부모님은 어떤 고통을 겪어 왔는가? 그들의 어린 시절은 어땠
   나?

8. 내가 강하고 회복력이 좋은 사람이 된 것은 부모님 덕분인가?
   나는 부모님의 어떤 장점을 물려받았나?

9. 부모님과의 관계에서 여전히 기대하고 있는 것은 무엇인가?
   그중에서 이제는 내려놓아야 할 것은 무엇인가?

10. 부모님이 조금이라도 변했을 가능성은 없는가? 부모님에 대
    해 내가 믿고 있는 것이 잘못된 생각이거나, 더 이상 유효하지
    않은 정보일 수도 있을까?

3단계: 가능하다면 부모님과 직접 대화해 보자

진실 5에서 살펴보았듯이, 사람들은 불편한 대화를 되도록 피하려
는 경향이 있다. 자신의 어머니 또는 아버지와 대화하는 게 불가능
하거나 안전하지 않은 경우라면 억지로 시도하지 말아야 한다. 하
지만 그런 게 아니라면, 부모님 중 한 분 또는 두 분과 직접 대화를
나눠 보길 권한다. 가급적 호기심 어린 마음으로 대화를 시작하는
게 좋다. 대화의 목적은 어머니, 아버지라는 역할을 넘어선 부모
님의 진짜 모습을 알아 가는 데 있다. 부모님의 어린 시절, 인생의

목표, 가장 좋았던 기억, 가장 힘들었던 기억 같은 것에 대해 물을 수도 있다. 다음은 몇 가지 질문의 예시다.

1. 부모님(나의 조부모님)과의 관계는 어땠나요?
2. 부모님이 자랄 때 가정에서 애정 표현은 어떤 식으로 이뤄졌나요?
3. 어떤 벌을 받았나요?
4. 어렸을 때 가장 좋아했던 취미는 뭐였나요?
5. 가장 후회되는 일은 무엇인가요?
6. 다른 직업을 선택했다면, 또는 다른 식으로 살았다면 하고 바란 적이 있나요?
7. 최근 정말로 즐거웠던 때는 언제였나요? 무엇 때문에 그렇게 즐거웠나요?
8. 처음 사랑에 빠졌던 때는 언제였나요? 처음으로 실연의 아픔을 느꼈던 때는 언제였나요?
9. 부모님에게 가장 중요한 것은 무엇인가요? 그것이 세월이 흐르면서 바뀌었나요?

경계를 세울 때 주의할 점

내가 아버지와의 관계를 치유한 첫 번째 단계는, 아버지와 나 사이에 경계를 세우는 일이었다. 나는 더 이상 자기 목소리를 내지 못하는 어린아이가 아니었다. 만약 부모와의 관계에서 여전히 목소리를 낼 수 없다고 느낀다면, 자신이 더 이상 무력한 존재가 아님을 기억하는 것이 무엇보다 중요하다. 어른으로서 부모와 관계 맺기는 내가 진정한 어른이 되는 데서 출발한다. 부모가 나를 어떻게 대해야 하는지 기준을 세우고, 내가 그들을 위해 해 줄 수 있는 것과 없는 것을 명확히 구분하자. 궁극적인 목표는 내 자아가 더 이상 휘둘리지 않는 상태가 되는 것이다. 부모가 하는 모든 말을 개인적인 비난이나 공격으로 받아들이지는 않아야 한다. 경계를 세우는 것은 중요하지만, 불필요하게 방어적일 이유는 없다.

- **만약 양육자로부터 신체적·성적 학대를 겪었다면:** 그 양육자를 용서할 필요는 전혀 없다. 애초에 그런 사람은 용서받을 자격조차 없다. 다만 내가 진심으로 바라는 것은, 당신이 '자신'을 새로운 눈으로 바라보는 일이다. 당신은 단순한 생존자가 아니라 영웅이다. 그런 끔찍한 트라우마를 견뎌 내고 살아온 사람은 세상 누구보다도 용기 있는 사람이다.

- 당신이 어떤 어린 시절을 보냈고, 현재 파트너와 얼마나 잘 맞는지와 상관없이, 두 사람은 여전히 서로의 상처를 자극하게 될 것이다. 그런 일이 너무 자주 일어나지 않길 바라지만, 어쨌든 아예 피할 수는 없다. 그럴 때 중요한 것은 알아차리는 것이다. 파트너가 어떤 상처를 안고 있는지 알아야 하며, 그 상처를 자극하는 이야기가 되풀이되지 않게 하겠다고 스스로 다짐해야 한다. 다시 말해, 두 사람은 서로를 다시 상처 입히지 않기 위해 최선의 노력을 기울여야 한다. 예를 들어, 상대의 어머니가 자주 거리를 두는 사람이었다면, 우리도 똑같이 거리를 두지 않도록 특히 신경 써야 한다. 만약 상대의 아버지가 가족을 통제하는 사람이었다면, 똑같이 통제하는 모습을 보이지 않기 위해 최선을 다해야 한다.

나 자신을 선택하기에 너무 늦은 때란 없다

만약 당신이 삼십 대의 나를 만났다면, 내가 관계에 문제가 있는 사람이라고는 전혀 생각하지 못했을 것이다. 나는 인생을 내 방식대로 당당히 살았고, 탄탄한 우정을 나누는 친구들이 있었으며, 불필요한 갈등 없이 안정적인 연애를 했다.

하지만 앞서 말했듯이, 나는 매우 폭력적인 사람과 만난 적도 있었다. 너무나 간절히 사랑받고 싶고 인생의 동반자를 찾고 싶어서 나를 원하지도 않는 남자에게 매달리기도 했다. 결혼하고 길을 잃었다고 생각했지만, 사실은 전남편을 만나기 전부터 길을 잃은 상태였다. 사는 게 전혀 만족스럽지 않았고, 내가 진정으로 원하는 게 무엇인지도 몰랐다. 다만 누구나 그렇듯이 사랑받기를 원한다는 것만큼은 분명히 알았다.

　서른 후반에 결혼했을 때, 나는 스스로 정한 한계에 완전히 갇혀 있었다. 나 자신과의 관계보다 남편과의 관계가 더 중요하다고 믿었고, 관계를 유지하려고 몇 번이나 자신을 배신했다. 갈등이 생겼을 때 제대로 소통하는 기술을 갖지 못했고, 내게 필요한 것을 말하는 법조차 알지 못했다. 솔직히 말해, 관계에서 자신이 필요한 걸 요구하는 게 무척 중요하다는 사실조차 몰랐다. 또한 자신을 늘 피해자라고 여겼기에, 상대가 힘들어할 때 내 욕구를 잠시 접어 두고 그 사람의 말에 귀 기울이지도 못했다. 둘 사이가 좋지 않은 게 분명한데도 거기서 벗어날 용기가 없었다. 내게 '이혼'은 금기어나 마찬가지였고, 이혼하면 실패하는 거라고 생각했다. 그를 떠날 수 없었던 또 다른 이유는, 그 사람 없이는 내가 아무것도 아닌 것처럼 느껴졌기 때문이다.

　이것이 나의 한계였다.

　나는 마치 결혼 생활을 유지하는 게 본업이고, 요가를 가르치는 게 부업인 것처럼 지냈다. 길을 잃었고, 나 자신이 어른의 몸에 갇힌 어린아이처럼 느껴졌다. 그러다 남편과 헤어지고 어머니까지 돌아가시고 나자, 나는 단숨에 어른이 될 수밖에 없었다. 모든 걸 바로 잡고, 마침내 나 자신을 선택한 건 바로 그때였다. 하지만 깨달음을 얻기 위해 반드시 나처럼 비극이나 이별을 겪어야 하는 건 아니다. 필요한 건, 오로지 자신의 내면을 들여다보려는 의지다.

나는 세상 속에서 진짜 내 목소리를 찾는 일이 내게 주어진 과제라고 믿었다. 이혼 후에는 더 이상 엄마가 되기 위해 애쓰지 않기로 마음먹었다. 나 자신은 물론, 사회가 늘 내게 기대했던 길을 포기한다는 게 무척 힘들었던 것도 사실이다. 그러나 삶은 나를 위해 다른 길을 준비하고 있었고, 나 자신을 선택한다는 건 새로운 길로 나아가는 일임을 나 역시 어렴풋이 느끼고 있었다.

다음 관계를 맞이하기 전에 스스로 준비된 사람이 되고 싶어서 관계를 공부하기 시작했다. 예전에는 시간이 지나면 자연스럽게 이별의 아픔을 극복하고 새로운 인연을 만나 행복해질 거라고 믿었다. 물론 시간이 상처를 치유하는 데 도움이 되긴 하지만, 반복되는 패턴까지 없애 주는 건 아니다. 시간이 지나거나 새로운 사람을 찾으면 되는 문제가 아니라는 걸 깨달았다. 나 자신부터 변화해야 했다. 좋은 사람을 선택하는 방법뿐 아니라 더 나은 관계를 만드는 방법도 알고 싶었다.

내가 관계를 맺는 역량이 높아지면, 마찬가지로 관계 역량이 높은 사람을 만나게 된다. 비슷한 사람끼리 서로를 끌어당기듯, 연애할 때도 자신과 의식 수준이 비슷한 사람에게 끌리게 되어 있다.

내가 해야 할 일은, 나의 애착 성향을 파악하고, 나아가 나 자신을 사랑하는 법을 배우는 것이었다. 또한 자존심을 덜 내세우며 타인을 사랑하는 법도 알아야 했다. 그리고 그 과정에서 배운 모든 걸 다른 사람들에게 가르쳐 주었다. 그러면서 나 역시 한층 더 성숙해질 수 있었다.

어렸을 때 나는 꿈을 좇는 사람으로 자라지 못했다. 오히려 꿈을 쉽게 포기하고 연인을 따라가는 쪽에 가까웠다. 인생의 대부분이 두려움, 의심, 불확실성으로 가득 차 있었기에, 나 자신을 선택한다는 것은 내 안에서 안전함과 확신을 키우는 법을 배우는 일이었다. 그 과정에서 요가 강사를 과감히 그만두고, 사랑과 관계에 관해 가르치는 일을 시작했다. 이는 내 모든 에너지를 자기가치감self-worth을 쌓는 데 쏟아붓는 것을 의미했다.

그 첫걸음으로 나는 내 욕구를 스스로 충족시키기로 했다. 코치가 되기 위해 학교로 돌아갔고, 경제적 독립을 위해 불가능할 것만 같았던 창업에 뛰어들어 이를 악물고 돈을 벌었다. 또한 연애와 무관하게 삶에서 더 많은 사랑과 유대감을 느끼기 위해 우정을 돌봤다. 수많은 책을 읽고, 세미나에도 참석했다. 글을 써 본 적은 없었지만 쓰고 싶었기에 뉴스레터를 만들기 시작했다. 그 안에 사람과 사랑, 관계에 관해 내가 아는 모든 걸 담아 사람들과 나누었다.

이 모든 과정 내내, 나는 자신을 이해하고 용서하며, 더 이상 내게 도움이 되지 않는 패턴을 깨기 위해 끊임없이 내면을 들여다보았다. 2014년 내 마음은 산산조각 났지만, 그 재앙이 내 인생의 끝이 아닌 새로운 시작을 의미하도록 만들어야 했다.

부모님은 내게 건강한 관계를 맺는 법을 보여 주지 못했고, 건강한 자존감을 가진 사람으로서 본보기가 되어 주지도 못했다. 그래서 나는 훌륭한 멘토와 탁월한 전문가들의 가르침을 탐독하며 스스로 배우기로 했다. 내 학생들과 내담자들 또한 나의 스승이 되었다. 이 책에 담긴 아홉 가지 진실을 내 삶에 통합하면서, 나는 좀 더 온전한 내가 될 수 있었다.

지금의 나는 결코 완벽하지 않다. 하지만 나 자신을 선택할 수 있고, 내가 그럴 가치가 있는 사람이라는 걸 안다. 여전히 가끔은 자신에게 엄격할 때가 있지만, 그래도 건강한 사랑이 무엇인지, 자신을 사랑한다는 게 어떤 건지 안다. 내가 어떤 내면의 괴물과 마주하고 있는지 아는 동시에, 나만 이런 싸움을 하는 건 아님을 알 만큼 현명해지기도 했다.

사람은 누구나 나이를 먹지만, 모두가 그만큼 지혜로워지는 건 아니다.

나는 내 실수를 실패가 아니라 지혜의 원천이라고 여긴다. 실수로부터 도망치기만 한다면, 앞으로도 같은 패턴을 반복할 수밖에 없다. 하지만 실수가 내게 가르치려는 게 무엇인지 귀 기울인다면, 그것을 영광의 상처로 바꿀 수 있다. 그 실수야말로 우리를 더 나은 사람으로 성장시키는 가르침이기 때문이다. 나처럼 여러분도 그 가르침을 배우길 바란다.

부모를 더 이상 두려워하지 않아도 된다. 사랑받기 위해 상대의 비위를 맞출 필요도 없다. 관계 속에서 반복해 오던 밀고 당기는 게임도 필요 없다. 이제는 더 나은 길을 선택할 수 있다. 이 책을 읽는 것만으로도 당신은 이미 변했다. 더 깊은 자각과 더 단단한 인격을 갖게 됐을 거라 믿는다.

내 인생의
주인공이 되는 여정

행복하고 안정적인 관계를 맺기 위해, 내면의 상처가 다 치유되어야만 하는 것은 아니다. 우리는 모두 여전히 성장하고 있는 존재다. 하지만 반드시 필요한 것은, 바로 나 자신을 선택하는 일이다. 이 말은 싱글이든, 연애 중이든, 결혼했든 관계없이 누구에게나 해당된다.

자신을 선택한다는 것이 꼭 혼자 지내야 한다는 뜻은 아니다. 물론 그런 경우도 있다. 예를 들어, 많은 사람들이 건강하지 못한 관계를 겪은 뒤, 자신을 돌보고 오래된 패턴을 끊기 위해 한동안 혼자 지내기를 선택한다.

하지만 자신을 선택한다는 건, 나에게 상처 준 사람에게 맞서 그들을 악당으로 만드는 일이 아니다. 가능한 한 온전하고 진실한 태도로 자기 인생을 살기로 결심하며, 궁극적으로 내 인생

이야기의 주인공이 된다는 뜻이다. 부모가 원하거나 사회가 정해 놓은 길이 아니더라도, 자신이 믿고 바라는 대로 살기 위해 온 힘을 다하는 것이다.

자신을 선택한다는 건, 자신이 원하고 마땅히 누려야 할 관계를 파트너와 함께 만들어 가는 방법을 배우는 것이다. 가능한 한 높은 자아의 모습으로 관계에 임하려고 의식적으로 노력해야 한다. 건강하지 못한 사람이나 관계에서 벗어나야 하며, 내 삶을 위해 더 많은 걸 요구해야 한다.

자신을 선택한다는 건, 도망치거나 피하거나 통제하고 싶을 때조차 그 불편함을 있는 그대로 받아들이는 것을 의미한다. 감정적으로 반응하는 대신 잠시 멈춰야 한다.

자신을 선택한다는 건, 사회가 주입한 나이에 관한 통념에 발목 잡히지 않는 것이다. 마흔에 이혼하고, 쉰에 결혼하고, 예순에 꿈을 좇아도 된다.

자신을 선택한다는 건, 정서적·경제적 자립을 배우는 것이다. 그럴 수 있다고 생각조차 못 해 봤고, 방법을 배운 적이 없다 해도 상관없다.

자신을 선택한다는 건, 이별 후에도 새로운 삶을 살아가도록 스스로에게 허락하는 것이다.

평생 갈등을 피하며 살아왔던 사람에게는 어려운 대화를 마다하지 않는 용기며, 타인에게 자신의 가치를 증명해 보이려고 애쓰지 않는 것이다. 거칠지 않고 단호하게 자기 목소리를 내는 것이며, 힘들어 보이는 산을 오르는 일이다.

자신을 선택한다는 건, 상대가 바랄 것 같은 모습이 아닌, 있는 그대로의 나로 사는 것이다.

상대를 벌주고 싶은 마음이 들 때도 사랑을 선택하는 것이며, 무엇보다 자기 자신을 연민을 가지고 대하는 것을 뜻한다. 상처받을 위험을 무릅쓰고도 약한 모습을 드러내는 것이며, 마음을 주지 않는 사람을 쫓아다니는 대신 내 꿈을 좇는 것이다.

이 책을 읽음으로써, 당신은 이미 자신을 선택했다.

어떤 상처를 가졌든, 과거 연애가 어땠듯, 현재 만나는 사람이 있든 없든 상관없이, 우리는 모든 것을 바꿀 수 있다. 모든 변화는 진정 나로부터 시작된다. 너무 늦었다거나, 자신은 그럴 능력이 부족하다는 생각을 믿어서는 안 된다.

지금까지 맺었던 관계들을 돌아볼 때, 당신은 스스로에게 어떤 이야기를 들려주고 있는가? 그 이야기는 고통으로 가득한가, 아니면 희망의 여지가 있는가? 이야기에 등장하는 악당은 몇 명인가? 희생자는? 당신은 악당과 희생자 중 어느 쪽인가?

나를 찾아오는 사람들은 대부분 관계 안에서 자신이 힘이 별로 없다고 느꼈다. 무언가에 갇혀서 어쩔 줄 모르고 두려움에 사로잡히기도 했다. 과거의 나처럼, 왜 똑같은 문제가 반복되어 원하는 관계를 가로막는지 이해하지 못했다. 안타깝게도 많은 이들이 자신은 사랑에 재주가 없고, 사랑받을 만한 자격이 없다는 결론에 다다랐다.

하지만 진실은 다르다. 많은 사람이 사랑 앞에서 어려움을 겪지만, 마음만 먹으면 누구든 더 잘 사랑하는 법을 배울 수 있다. 고통스러운 관계나 진지하게 이어지지 못하는 연애, 혹은 우리를 채워 주지 못하는 공허한 사랑이 당신의 운명이 될 이유는 없다. 우리 안에는 아직 깨닫지 못한 더 큰 힘이 있다. 그 길 위에 서 있는 건 결국 우리 자신이다. 우리는 완벽하지 않아도 되고, 여전히 실수할 수 있다. 이것은 성장의 과정이며, 자신과 타인에게 솔직해지고, 의지할 만한 사람이 되어 가는 여정이다.

이 변화의 여정은 지금까지 말한 아홉 가지 진실을 이해하고 실천하는 데서 출발한다.

첫째, 모든 건 나로부터 시작된다. 힘을 가진 사람은 '상대'가 아니라 '나'다. 과거 관계에서 겪은 모든 실망, 혼란, 갈등의 근원을 추적해 보면, 자신이 충분하지 않다는 보편적인 두려움에서 온 경우가 많다.

둘째, 우리의 마음은 끊임없이 이야기를 만들어 낸다. 그 생각과 믿음을 의심하지 않으면, 머릿속은 순식간에 전쟁터로 변할 수 있다.

셋째, 욕망은 사랑이 아니다. 오래 지속될 관계를 맺으려면, 그 차이를 알아야 한다.

넷째, 자신을 사랑하는 일은, 모두가 강조할 만큼 관계에서 가장 핵심적인 부분이다. 관계를 잘 꾸려 나가려면 반드시 자신을 사랑해야 한다.

다섯째, 목소리를 내어 진실을 말해야 한다. 자신이 본 것, 느낀 것, 필요한 것을 숨기면 관계는 금세 무너진다.

여섯째, 스트레스와 두려움은 안정적인 관계도 엉망으로 만들 수 있다. 우리는 가능한 한 더 높은 자아로 관계에 임하는 것을 최우선으로 삼아야 한다.

일곱째, 아무리 애써도 누군가가 나를 사랑하도록 설득할 수는 없다.

여덟째, 행복은 우리 내면에서 온다. 우리 자신으로부터 우리를 구해 줄 완벽한 사람은 세상에 존재하지 않는다.

아홉째, 어린 시절의 상처를 다루지 않으면, 그것이 현재의 관계에 영향을 미친다. 우리는 상처받은 어린아이가 아니라 현명한 어른의 시선으로 부모를 대하는 법을 배워야 한다.

인생 사용 설명서를 가지고 태어난 사람은 없다. 우리는 그저 충분하고 행복한 사람이 되기 위해 최선을 다할 뿐이다. 자신의 내면을 들여다보는 데는 용기가 필요하며, 그 용기를 내는 순간이 바로 우리가 각자의 이야기 속에서 주인공으로 첫발을 내딛는 순간이다. 모든 것은 나로부터 시작한다.

인생은 하나의 교실입니다. 살면서 맺게 될 모든 관계도 마찬가지고요. 그 안에서 우리는 모두 학생이자 교사입니다. 저는 운 좋게 훌륭한 스승들을 많이 만났고, 그동안 배운 지식을 다른 사람에게 전달하는 특권을 얻었습니다. 지난 21년 동안 제게 가장 좋은 스승이 되어 준 이들은 다름 아닌 제 학생들과 내담자들이었습니다. 그들이 저를 더 나은 교사로 성장할 수 있도록 이끌어 준 것에 평생 감사하며 살겠습니다. 저는 앞으로도 끊임없이 배우고 탐구하고 성장하고 진화하여, 여러분 모두에게 더 나은 교사가 되겠다고 약속합니다.

먼저, 자신을 사랑하고 늘 겸손한 마음으로 내면을 들여다보며 성장하기 위해 노력하는 온라인 커뮤니티 '깨어 있는 여성들The Conscious Woman'의 회원들께 감사드립니다. 저를 믿어 주고, 서로에게 늘 영감과 지지를 보내 주어 진심으로 고맙습니다.

내가 그리 좋은 동생이 아니었는데도 늘 좋은 언니가 되어 준 제니스와 데브라, 정말 고마워. 내 편이 되어 주는 두 사람이 있다는 것만으로도 언제나 사는 게 훨씬 덜 외롭게 느껴졌어.

사랑하는 새아버지, 우리에게 안전한 삶이 어떤 것인지 보여 주셔서 감사합니다.

아버지, 이제는 부디 편히 쉬시길 바랄게요.

엄마, 엄마는 언제나 제 안에 살아 있어요.

처음부터 지금까지 제 곁을 지켜 준 준 코치 딜레인에게 감사를 전합니다. 포기하고 싶었던 순간들에도 저를 믿어 주었고, 귀중한 조언과 자료를 아끼지 않았고, 명확한 방향을 제시해 주셨어요.

저의 멘토 토니 로빈스와 클로에 마다네스에게 감사드립니다. 가장 어두운 순간에 환한 빛이 되어 주고, 상상조차 못 했던 방식으로 사람들을 도울 수 있게 영감을 준 토니, 고마워요. 당신이 진행했던 라이브 행사에 참여한 이후부터 제 인생은 완전히 달라졌어요. 영원히 당신의 제자로 남겠습니다. 그리고 탁월한 재능으로 사람들을 진심으로 이해하는 법을 가르쳐 준 클로에, 당신 덕분에 사람들이 변화하도록 도울 수 있었어요. 정말 감사합니다.

북 코치인 리 스타인에게도 감사드립니다. 당신이 없었다면 이미 오래전에 이 책을 쓰는 걸 포기했을 거예요. 책을 집필하는 동안 옆에서 지지해 주고, 머릿속에 쌓여 있던 20년간의 지식과 경험을 글로 풀어낼 수 있게 도와줘서 고마워요. 당신을 만난 건 정말 행운이에요. 이 책을 쓰도록 격려해 주고 늘 현명한 조언을 아끼지 않은 에밀리 스톤에게도 감사의 말을 전합니다.

저의 첫 번째 북 코치 조엘 한에게도 감사드립니다. 제안서 쓰는 법을 가르쳐 준 것은 물론이고, 책을 써야겠다는 결심을 품게 하셨죠. 여기까지 저를 이끌어 준 것을 결코 잊지 않을게요.

하퍼원 출판팀에도 감사드립니다. 특히 안나 파우스텐바흐, 샹탈 톰, 가브리엘라 페이지-포트, 훌륭한 에이전트 사라 패식, 미아 비탈리에게 고맙습니다. 이 책과 제 비전을 믿어 주고, 제가 흔들릴 때마다 힘을 실어 준 모두에게 감사드립니다.

홍보 담당자 니콜 페레즈 크루거와 얼라인 피알의 멋진 팀원들, 저를 도와주고 성장할 수 있게 해 주셔서 감사합니다.

팟캐스트 '질리언 온 러브'가 세상에 나올 수 있게 해 주고, 그걸 통해 사람들을 가르치고 도울 수 있게 해 준 QCODE의 스티브 윌슨, 데이비드 헤닝, 롭 허팅, 윌 텐디, 신 옌 히유, 릴리 매킨타이어, 리안 쿤츠하우스에게도 감사의 마음을 전합니다.

모든 건 제가 처음 요가를 가르치기 시작했던 뉴욕의 쿨라 요가 프로젝트에서 시작되었다고 해도 과언이 아닐 거예요. 쿨라는 언제나 제 마음속 고향이고, 그곳에서의 기억은 제 인생 최고의 순간들입니다. 스카일러 그랜트, 니키 빌렐라, 니키 코스텔로, 제가 땀 흘려 수련하고 제 몸을 편안하게 느끼도록 도와주셔서, 가르칠 수 있는 기회를 주서서 고맙습니다.

오랫동안 나를 응원해 주고 항상 곁에 있어 준 소중한 친구들(말 안 해도 누군지 알겠지?), 모두 고마워.

마지막으로 전남편에게도 인사를 전합니다. 우리 관계는 정말 힘들 때도 있었지만, 정말 좋을 때도 있었어. 그 덕분에 내가 정신을 차렸고 여기까지 올 수 있었어. 우린 서로 다른 길을 가는 것뿐이라고 당신이 말했었지. 그때는 몰랐지만, 그 말이 맞다는 걸 이제야 알았어.